도리천 가는 길

* 이 도서의 국립중앙도서관 출판예정도서목록(CIP)은 서지정보유통지원시스템 홈페이지
(http://seoji.nl.go.kr)와 국가자료공동목록시스템(http://www.nl.go.kr/kolisnet)에서
이용하실 수 있습니다. (CIP제어번호 : CIP2018008307)

도리천 가는 길 〈2〉

정글의 지배자들

목차

1장

거친 바람은
아침을 넘기지 못하고
폭우도 하루를 넘기지 못한다

동방의 밝은 빛이 되리라
깨어나라, 깨어나라!
내 마음의 고향이여!

2
장

3장

그러나 그들은
언제나
내일은 태양이 떠오를 것이란
믿음을 버리지 않는다

1 장

거친 바람은
아침을 넘기지 못하고
폭우도 하루를 넘기지 못한다

한풀이 한마당

두 사자의 엇갈린 행로

    살을 에던 추위가 한 발 건너뛰려는지 매섭던 바람이 잦아들고 햇빛도 찬란했다.

    날씨가 그렇다 보면 몸을 잔뜩 웅크리고 찝찝하던 기분도 말끔해 지기 마련이다. 새벽부터 혼례준비에 부산한 강서영의 일가친척들 이 일하는 손길이 흥겨워 보였다. 어제까지만 해도 예식장에서 올 리는 혼례가 아니라서 뒷말도 많았지만 직접 잔치준비를 하는데다 날씨까지 쾌청해서 모두들 소매를 걷어붙이고 한 가지 일을 해도 신명이 났다.

    거실이 넓어서 길고 넓은 예식 탁자 하나를 가운데 놓아도 식을 올리기에는 그리 비좁지가 않았다. 친척 중에 80세가 넘은 경험 많 은 노인의 지시에 따라 혼례식을 준비했다. 탁자 가운데에 정한수 한 그릇과 삼색 과일 그리고 시루떡을 가지런히 놓았다. 양쪽 끝 가까이에는 대나무를 세워 오색실을 가지에 감아 서로 연결하고, 그 아래 암탉 한 마리와 수탉 한 마리를 마주 앉혀 하늘에 고하고 넉넉한 생산의 상징으로 삼았다. 그리고 기러기 한 쌍을 나란히 놓아 질서와 불변의 사랑을 상징하게 하고, 탁자 이쪽저쪽에 촛불도 밝혔다. 그러고 보니 혼례식 분위기가 완연해져서 사람들은 그제야 예식장에 온 기분이 드는지 곱게 입은 옷을 여미어 정숙한 분위기를 자아냈다.

"허어! 이래 놓으니까 결혼식답군! 내 생전에 옛 풍습대로 하는 결혼식을 또 보게 돼서 감개가 무량하네 그려!"

혼례준비가 끝나자 예식 탁자를 중심으로 빙 둘러선 사람들을 돌아보며 노인이 흐뭇한 웃음으로 한 마디 했다.

"작은아버지 보시기에도 그렇습니까?"

강서영의 아버지가 그 말이 듣기가 좋아서 얼른 되물었다. 재산도 남 못 지가 않은데 그동안 하나뿐인 딸을 시집보내면서 일류 호텔에서는 못할망정 집안에서 옛날식으로 혼례를 올려 준다는 말에 친척들이 말도 많고 흉도 많았다.

돈이 아까워서 그런다느니 딸이 한쪽 다리를 절어서 창피해서 그런다느니 별의별 소리를 다 들었다. 하지만 옛날에 자신이 그랬던 것처럼 신부집에서 옛 방식대로 혼례식을 준비해 놓고 보니 감회도 새롭고 뜻도 깊었다. 거기다가 집안어른까지 그리 말해주니 이런저런 뒷소리도 훌훌 털어낼 수 있어서 마음이 한결 가벼웠다.

"아암! 얼마나 좋나? 서양식으로 하는 요새 결혼식보다야 백 배낫지! 의미도 있고. 참 잘 생각했네! 내 손자사위가 이러자고 했다니 참 기특한 사람일세!"

노인이 또 한 번 칭찬했다.

그러자 여기저기서 쑥덕쑥덕거리는 소리가 들렸다. 결혼식 끝나고 밥 먹고 술 먹고 그렇게 뿔뿔이 헤어지는 것보다야 낫고말고! 집안에서 오붓하게 치르는 것이 훨씬 좋다. 우리도 다음에 이랬으면 좋겠다는 말도 들렸다.

그런 사람들 중에 한쪽 구석에서 말없이 서서 오빠의 결혼식을 지켜보고 있던 한선희는 뜨거워진 눈시울을 연신 닦아내고 있었다. 부모님도 없는 오빠의 결혼식이 슬프기도 하고, 한편으로는 평생 혼자 살 것 같던 사람이 부부의 연을 맺는 기쁨이 뒤섞인 눈물이었다. 강철호는 사범들을 좌우에 거느리고 자못 흐뭇한 표정으로 두 사람이 어서 나와 혼례를 올리기를 부푼 마음으로 고대하고 있었다.

이윽고 한성민이 사모관대 차림으로 먼저 테이블을 마주보고 서쪽에 서고, 노인이 신부 출! 하고 부르자 강서영이 원삼족두리 차림으로 친척 아낙의 부축을 받으며 나와 동쪽에 섰다.

그리고 노인의 구령에 따라 신랑신부가 맞절하여 삼신에게 혼인을 고하고, 또 백년해로를 맹세하는 합환주를 주고받은 다음 또 맞절하여 서로를 공경하는 마음을 표하는 순서로 식을 진행하였다.

한성민은 식을 올린 뒤에 옛 방식대로 처가댁에서 신부 강서영과 사흘간 합방한 뒤에 신혼여행을 떠났다.

그들은 신혼 여행지를 인도로 정했다.

한성민이 유학했던 곳이라 정겨움이 있는데다 화려하게 놀기 좋은 곳보다 신비스러운 종교의 나라에 가보고 싶다는 아내의 제안이 있어서 인도를 택했다. 특히 넓은 땅에 분포돼 있는 여러 고대 유적지를 둘러보려면 줄잡아 스무날은 걸릴 것 같아서 신혼여행 이상의 의미를 기대하였다. 말도 많고 생각할 것도 많고 별로 의미도 없는 일에 매달려 바쁘기도 하고 사건사고도 많아서 정신을 산만시키는 곳을 떠나 오직 사랑만을 생각하고 떠나는 가슴 부푼 여행이었다. 그리고 마치 그간 살아왔던 정글을 벗어나 전혀 새로운 환경의 정글을 찾아가서 무언가 큰 깨달음을 얻고 돌아올 것 같은 느낌이랄까? 강서영의 가슴은 그저 환희롭기만 하였다.

하지만 한성민은 마음 한 구석에 왠지 모를 불길한 걱정거리가 있어서 마냥 행복한 여행만을 생각할 수 없었다. 이제 정식으로 사촌처남이 된 강철호가 암만 생각해도 마음에 걸렸다. 꼭 무슨 일을 저지를 것 같아서 마음이 놓이지 않았다. 그래서 생각 끝에 몇 가지 충고를 줄 생각으로 여행을 떠나기 하루 전날 저녁에 강철호를 불러 앉혔다.

"형님, 아니지! 이제 자형이시지. 하지만 형님이라 부르는 것이 편해요. 그냥 형님이라 부를게요. 괜찮지요? 좌우지간 축하드립니다. 그리고 누님도요."

강철호는 방문을 열고 들어오기가 바쁘게 싱글벙글댔다. 그녀는 자형이라는 소리가 듣기 좋아서 그리 불렀으면 했으나 그가 편한 대로 부르라 해서 입을 다물었다.

"형님, 옛날이 그립습니다. 제가 인도를 떠나올 때 밤새워 술 마시던 생각이 잊혀지질 않아요. 그런데 이번에도 행선지를 카트만두로 해서 가실 겁니까?"

"그럴 생각이다."

"참 대단하십니다. 신혼여행이 아니라 고행하러 가는 사람 같습니다. 방콕에서 일박을 하시고, 카트만두로 가서 또 하루를 보내고, 다음 날은 룸비니, 그리고 쿠시나가라, 바라나 시의 갠지스, 캘커타, 붓다가야, 왕사성 유적지, 죽림정사 영축산을 둘러서 몸베이, 엘로라 아잔타 석굴을 빼놓지 않으실 테고, 또 남인도… 하여간 여행이 아니라 고행입니다 고행! 누님, 고생을 각오해야 해요! 형님이 잡은 여행지 길이 장난이 아니에요! 얼마나 험한 데요! 거리는 또 얼마고… 몇 천리는 될 걸요?"

강철호는 옛적에 그와 함께 다녀본 길이라 눈에 선한지 여행지를 줄줄이 꿰었다.

"너는 고생하는 것만 생각하고 그곳을 왜 택했는지는 생각 안 하니? 내가 좋아서 가는 길이니까 걱정하지 마. 자형이 걱정하시니까 우리가 없는 동안 너한테나 아무 탈 없었으면 좋겠다."

"누님 걱정도 팔자요. 내 걱정은 붙들어 매시고 편안히 여행이나 잘 다녀오세요. 내가 가만히 있는데 설마 무슨 일이 있겠어요?"

강철호는 여전히 싱글대며 말했다. 그러나 저지른 일이 있어서 내심은 좀 꺼림칙은 했다. 하지만 몇 번이고 생각해도 뒤처리를 완벽하게 해놓아서 걱정할 필요가 없었다.

"자네를 보자고 한 것은 다름이 아니야. 지금처럼 수련에만 열중해 달라는 당부를 하고 싶어서네. 생각 같아서는 자네와 동행하고 싶다만 수련원 때문에 그럴 수도 없고… 아무튼 우리가 여행하는 동안 가급적이면 딴 생각하지 말고 조용히 있었으면 좋겠다. 자칫하면 우환이 겹칠 수도 있으니까."

한성민은 여러 모로 생각하다가 신중하게 충고했다. 그는 앞으로 한 두어 달이 강철호에게 매우 중요한 시기로 보고 있었다. 이 고비만 잘 넘기면 새로운 전기를 맞아서 탄탄대로를 걸을 것이라 확신은 하지만 과연 자숙할 수 있을지 의심스러웠다.

하기는 사람은 운명에 따라서 재앙을 찾아가서 재앙을 입는 법이라 아무리 타일러도 말을 안 들으면 그만이다.

운명의 기운이 그리 작용하면 마음이 동해서 끈 떨어진 망아지 모양으로 불문곡직하고 일을 저지르고 만다. 그러니 이제는 천운에 맡기고 자신의 판단이 틀리기만을 바라는 수밖에 없었다.

"형님이 저를 염려해 주시는 마음 누구보다 잘 압니다. 말씀대로 자숙하고 오실 때까지 수련원 일 열심히 하면서 얌전하게 기다릴 테니까 마음 편히 다녀오십시오."

강철호는 머릿속에 뭔가를 그리며 겉으로는 말을 잘 듣는 아이처럼 고분고분하게 대답했다.

"그리 말해 주니 마음을 놓아도 되겠군!"

"그런데 형님! 한 가지만 묻고 싶은 것이 있습니다. 호랑이 한 마리가 백 마리의 사슴을 물어죽이면 그 호랑이는 반드시 죽여야 하지 않습니까?"

"그야 그렇지…!"

"마찬가지로 한 사람이 백 명의 선민善民을 곤경에 빠뜨린다면 그 한 명을 죽이는 것이 의로움입니까? 불의입니까?"

강철호는 뜻밖의 질문을 했다.

그 말을 들은 그는 지금껏 평온하던 얼굴이 돌변해 약간의 노기를 띠었다. 의義란 명분만 뚜렷하면 무슨 일이건 정당시 될 수 있지 않느냐 하는 뜻이어서 얼핏 듣기엔 반박할 말이 없었다. 그러나 무언가 계획하고 있는 강철호가 자기 행위를 합리화하기 위해 은근히 떠보는 말이라 판단했다.

"불의를 미워하면 미워하는 그 자체가 사감이 아닌가? 사감이므로 불의일세! 불의를 응징할 때 자네는 과연 무위로 할 수 있는가? 천지의 도는 내버려 두어도 반드시 응보를 시행하기 마련인데 굳이 나서서 법을 대신할 필요가 있을까? 원한을 사면 기어이 원한이 되돌아오는 법. 차라리 불의에 희생당한 이들을 구원하는 것이 마땅하지 않겠나?"

"이해가 안 됩니다!"

"처남! 이 세상은 어차피 욕망의 혼들이 펼치는 한풀이 한마당일세! 인력으로 어찌할 수 없는 한풀이가 폭풍처럼 몰아치고 있어. 그 폭풍을 어찌 힘으로 막을 수 있겠나?"

"한풀이 한마당이니까 제멋대로 날뛰는 자들을 힘센 자만이 제

압할 수 있지 않습니까?"

"모든 짐승을 발 아래 둔 사자처럼 강한 힘만을 생각하지만 진정한 힘은 그게 아닐세."

"진정함 힘이라… 그게 뭐지요?"

"다이아몬드가 아무리 강해도 물을 자르지 못한다. 그러나 물은 다이아몬드를 자를 뿐만 아니라 세상의 그 어떤 것도 이긴다네. 다시 말해서 천하에 물보다 약하고 부드러운 것이 없으나, 강하고 굳센 것을 쳐부수는 힘은 물만한 것은 없다네."

"에이 형님도! 세상이 어디 그래요? 부드럽고 약할수록 강한 놈한테 먹히는 게 당연한 세상 이치 아닙니까? 생각해 보면 인간 세상이 먹이사슬 정글보다 더 더럽고 잔인하고 추악해요!"

"오직 힘의 지배만을 생각하면 틀린 말이 아니다만, 우리는 정글의 미물과 짐승과는 달리 깊이 생각할 줄 아는 인간이란 사실을 잊어서는 안 되네. 여러 역사를 잘 생각해 보게. 모름지기 강한 자는 굳센 나무토막처럼 부러져 역사의 뒤안길로 사라졌지만 부드러운 자는 오래 살아남아 길이 기억된다네. 그러니 항상 몸을 낮추고 거친 기운을 거두어서 고요히 해야 한다. 험한 바위는 쇠망치에 부서지고, 흉포한 호랑이는 총에 맞아 죽고, 큰 나무는 도끼에 넘어지기 마련이다. 그러나 쇠망치든, 칼이든, 도끼든, 총이든 물만은 부술 수 없고 깰 수도 죽일 수도 없다. 이런 까닭에 사람은 물처럼 부드러워야 어떤 난관도 극복할 수 있고 재앙도 비켜가는 것이다. 이 점 잊지 말고 자기 잣대로 세상을 가늠하지 않아야 한다. 반드시 재앙이 도래할 테나 말이네!"

"형님, 그런데 아까 한풀이 한마당이라 하셨는데 한풀이는 왜 있습니까?"

강철호는 자신을 빗대 하는 말이라 별로 듣고 싶지가 않아서 얼른 화제를 돌렸다. 그는 강철호의 속셈을 알고도 모른 척하고 대답했다.

"자연을 숭배하며 자연과 더불어 살아가던 옛 사람들은 나뭇잎으로 앞만 가려도 부끄러움이 없었고, 움막에 살아도 불편을 몰랐으며, 자연에서 배불리 먹으면 그만이니 남의 것을 탐하지도 않았다."

"그야 그 시절에는 별 수 없었겠지요."

"그러나 영악한 인간은 날이 갈수록 좀 더 편리한 삶을 위해 문명이란 이름으로 도구를 만들어 내면서 욕심이 생기기 시작했던 것이다."

"그러니까 이만큼 살게 된 것 아니겠어요?"

"하지만 말이다. 요즘 어떤가? 더 편리한 생활도구를 더 많이 만들어 내고 더 많이 갖기 위해 얼마나 욕심들을 부리는가? 그러다 보니 욕심이 쌓이고 쌓여서 이제는 가져도 가져도 더 가지고 싶은 욕망에 혈안이 되어 있지 않나."

"편리한 도구가 많을수록 생활이 윤택해지는 거 아닐까요?"

"문제는 거기에 있다. 더 많이 갖기 위해 미워하고, 속이고, 뺏고 심지어는 죽이기까지 하니 말이다. 이는 다 전생에 갖지 못한 원혼들이 다시 태어나 못 가졌던 것을 갖기 위해 싸우는 것이니 한풀이 한마당이 아니고 무엇인가? 자네 말처럼 불의를 미워하는 것도 따지고 보면 불의에 희생당한 원혼의 한풀이라 할 수 있다. 그러므로 이제 한풀이를 멈추고 용서하며 베푸는 마음을 가질 때가 되었네. 지금까지는 불의가 지배하는 세상이었으나 반드시 불의는 자취를 감추게 될 것이다. 그리 하고자 하는 신의 의지가 천지에 감돌기 시작했으니 살아남을 자 과연 몇이나 될까?"

"아니 형님, 그럼 불의한 자는 다 죽는단 말이에요? 그럼 이 세상에 살아남을 자는 몇 명이나 되겠어요?"

강철호는 황당하다는 듯 강하게 반문했다.

"글쎄다. 나는 우리 민족의 예언서 <격암유록>에서 읽은 대로 말했을 뿐이다."

"그래요? 그런 예언서가 있어요?"

"음, 조선 중엽 때 남사고 선생이 어릴 적에 하늘로부터 받은 천서인데 그렇게 기록되어 있더군!"

"그 참! 하여간 좋으신 말씀인데 저는 아직 이해가 쉽지 않습니다. 하지만 기억은 다 하고 있으니까 천천히 생각해 볼게요."

강철호는 말은 그리 해도 별로 믿지 않았다. 다만 귓전에 남은 말은 한풀이 한마당뿐이었다. 성기를 다친 것도 자신한테 희생당한 혼이 한을 푼 것이고, 불의를 응징해 사채업자의 재산을 빼앗은 것은 자신이 전생에 못 다한 한풀이일까?

그런 의문이 조금은 머릿속을 혼란스럽게는 하였다. 그러나 수련원에 돌아와서는 혼란은커녕 홀가분해서 날아갈 것 같았다. 각박한 세상에 한풀이가 어떻고 하는 것 자체가 우스꽝스러웠다.

사람의 몸은 어차피 물, 불, 바람, 흙 네 요소로 이루어진 물질이고, 죽으면 이것들이 흩어져서 물은 바다로, 열과 바람은 허공으로, 흙은 땅으로 돌아가는 것, 남는 것은 아무 것도 없다고 생각했다.

영혼이야 있는지 없는지 모르지만 있다 해도 수십억 인구가 죽어서 가는 곳이 있다면 함께 가면 그만이니 외로울 것도 없다는 생각도 들었다.

그리고 천도天道 운운하지만 손에 잡히지도 않고 눈이 보이지도 않는데 천도를 겁내는 인간이 과연 몇이나 되랴 싶었다. 그러기에 세상은 어차피 힘의 논리가 지배하는 만큼 힘이면 그만이라 생각했다.

그럼에도 한성민과 누이가 부러웠다.

하늘이 무너져도 놀라지 않을 사람들, 미움도, 증오도, 슬픔도 모르고, 부와 명예를 거들떠보지도 않는 두 사람의 유유자적한 모습, 거기다가 지순한 사랑으로 맺어진 그들의 행복이 먼 나라의 동화처럼 느껴졌다. 그러나 그들과 같은 삶은 살고 싶지는 않았다.

한성민 부부가 인도로 여행을 떠난 뒤에 기이한 사건들 때문에 신문과 방송이 연일 떠들썩했다. 전에 나이트클럽 사장 피습사건과 사채업자 강도사건이 미궁에 빠졌는데, 그와 유사한 또 다른 사건이 일어났는데도 단서조차 잡지 못했다며 경찰의 수사력을 비난하는 내용이었다.

그 사건은 서울 변두리 러브호텔 근처에서 일주일 동안 세 차례나 발생한 끔직한 폭행사건이었다. 그런데 이상한 점은 폭행을 당한 사람들 모두가 불륜의 남녀들이며, 특히 남성들은 성기를 집중적으로 공격받았다는 것이다. 그런데다가 손이 큰 사채업자들이 차례로 돈을 빼앗기고 죽지 않을 만큼 폭행을 당했다는 내용이었다.

그런데 기가 막힌 것은 범인의 인상착의가 검은색 운동복에 검은 머리카락이 긴 남성이라는 사람도 있고, 등산복에 짧은 머리를 한 얼굴이 시커멓다는 사람도 있는 등 피해자들의 진술이 모두 엇갈린다 하였다. 그러나 한 가지 일치하는 점은 체격과 무술실력만은 한목소리로 일치하므로 동일범의 소행일 가능성이 높다 하였다.

그에 덧붙여 불륜관계에 있는 남녀 배우자가 해결사를 시켜 범행했거나, 아니면 여자로부터 배신을 당했다든지, 혹은 사회에 불만을 품은 사람이 불특정 다수인을 겨냥한 범행일 수도 있다는 등 온갖 추측이 난무했다.

그런데 국민들의 반응은 뜻밖이었다.

산간벽촌에 사는 촌부에 이르기까지 너나 할 것 없이 범인을 욕하지 않았다. 욕하기는커녕 범인의 신출귀몰한 능력을 입에 침이 마르도록 칭찬했다. 그리고 공공연히 잡히지 않았으면 좋겠다며 서로들 맞장구를 쳤다. 나라를 다스리는 권력자들도 못하는 악덕 사채업자와 불륜을 저지른 인간을 단죄한 사나이의 의기가 장하다는 게 그 이유였다. 심지어는 의적이라며 임꺽정이 다시 태어났다는 등의 풍문이 떠돌았다.

왜 그럴까?

강철호는 문득 한성민이 한 말을 떠올렸다.

"권위만 있는 권력자를 국민들이 두려워하지만 속으로 비웃고, 말만 잘 하고 부정한 권력자는 믿음이 없으니 국민이 비웃고 업신여긴다. 그들 권력자들이 그리 하므로 국민들 중에서 그들 같은 부정한 자들이 저절로 생겨나서 그들처럼 국민을 협박하고 착취한다. 그러므로 선량한 국민들은 자신들의 불만을 대신한 사람한테 환호하고 카타르시스를 느끼기 때문에 그를 옹호하는 것"이라고 하였다.

그 말을 기억한 강철호는 회심의 미소를 지었다. 나라를 다스리는 그들이 부정하고 부패하니 자연히 그들을 닮은 인간들이 자생하기 마련이다. 그리고 그런 인간들은 법망을 잘 피하거나 권력자들의 비호 아래, 혹은 법의 사각지대에서 은밀히 버러지처럼 나라를 좀먹으니 많은 선민들이 해를 입고 있는 것이다.

그러나 국민들은 그런 사실을 다 알고 있다. 스스로 힘이 미치지 못해서 입을 닫고 있을 뿐이지 벙어리 냉가슴 앓듯 속으로는 분개하고 있는 것이다.

강철호는 쾌재를 불렀다. 자신의 행위를 대다수 국민들이 환호해 준다는 것은 의에 굶주린 그들의 마음을 반영해 주는 것이라 생각했다. 그러므로 꺼릴 이유 없이 그들을 더 만족하게 해주고 싶었다. 그리고 한성민이 늘 말하는 천도天道가 불의하지 않고 의롭다면 당연히 자신의 편일 것이라 믿었다.

그래서 사람들이 듣고 좋아할 또 다른 계획을 세웠다.

본래 계획은 범행대상을 여러 갈래로 나누어 바람처럼 나타나서 바람처럼 쓸어 경종을 울린 뒤에 바람처럼 사라지는 것이었다. 성격이 전혀 다른 사건을 일으켜서 수사방향을 그쪽으로 돌린 뒤에 목표한 일을 전광석화처럼 해치우고는 그것으로 대미를 장식할 생각이었다. 이른바 동쪽을 공격하는 척하다가 서쪽을 공격하는 병법을 응용한 것인데 지금까지는 예상이 잘 들어맞았다.

하지만 어느 것이나 꼬리가 길면 밟힌다는 생각을 잊지 않았다. 그래서 이번에는 전혀 뜻밖의 계획 하나를 더 세워놓았다. 예전의 사건을 희석시켜 수사망을 피할 수 있는 절묘한 대책이기도 하였다. 그것은 오래 전에 계획해 두었던 불꽃파 보스 천영팔을 이용해 두 개의 큰 조폭조직인 해적파와 왕거미파를 손아귀에 넣는 일이었다. 그들 조폭조직을 통해 자신의 계획을 대신 실현시키게 할 수만 있다면 더 무엇을 걱정하고 바랄 것도 없다는 생각이 들었다. 전국 각지에 동시다발적으로 빠르고 손쉽게 뜻을 이룰 수 있을 뿐만 아니라 무엇보다도 검찰이나 경찰수사에 일대 혼란을 줄 수 있다는 이점이 있었다. 모두가 같은 수법으로 범죄를 저지르게 함으로써 동일범으로 여긴 검경 수사망이 그쪽으로 쏠릴 테고, 자신은 그 틈을 이용해 여유있게 더 큰 일을 전광석화처럼 해치울 수 있다는 계산이 섰다. 그런 뒤에 즉시 이 일에서 손을 떼고 본연의 일에 충실하면 그 누구로부터도 의심받지 않을 자신이 있었다. 더욱이 손에 쥔 거금으로 수련원을 확장하는 데 전력을 쏟아 전 세계에 수많은 지부까지 둔다면 덤으로 사회적 명성과 존경을 한몸에 받을 수 있다는 계산도 하였다. 그리 결론을 내리고 보니 기가 막힌 계책이라 가슴이 뿌듯해서 입가에 미소가 절로 퍼져나갔다.

그런데 원치도 않은 한성민의 말이 불쾌하게 또 떠올라서 마냥 즐겁지만은 않았다.

"거친 바람은 아침을 넘기지 못하고, 폭우도 하루를 넘기지 못한다. 천지가 이와 같으니 비교해 보라. 천지도 오래지 못하는데 하물며 풍파를 일으키는 사람이겠느냐?"

라고 하였다.

그리고 또 강조했다.

"사람이 세운 불의한 계책이 얼마나 오래 갈까? 불의한 생각은 폭풍처럼 거칠고, 행동은 폭우와 같이 거세지만 일었다 스러지는 물거품 같고 잠깐 타다가 꺼지는 불꽃 같은 것이니 말이다."

생각지도 않았는데 불시에 떠오른 한성민의 이 말이 못내 꺼림칙해서 불안하기도 하였다.

그러나 강철호는 오래 곱씹어 생각하지 않았다. 잠시 잠깐 뜻하지 않게 떠오른 별 같잖은 생각이라 콧방귀로 자신을 비꼬았다. 그리고 고리타분한 서생 같은 훈육을 툭하면 해대는 한성민의 말은 다시는 생각하지 않기로 하였다. 지금까지처럼 명석한 두뇌와 강한 힘만 있으면 그만이라 생각했다. 그리 결단을 내리고 나니 마음이 한결 홀가분하고 새로운 용기도 솟아 은밀히 소진수를 불렀다.

"너 천영팔이 얼굴 알지? 불꽃패 보스."

"알다마다요. 그 자식은 갑자기 왜요?"

"아무 소리 말고 천영팔이 찾아가서 이걸 전해주어라."

"뭔데요?"

"응, 천영팔이 나한테 충성을 맹세했으니까 내 지시를 따를 것이다. 이건 처음으로 그 자식한테 내리는 명령이다."

"하긴 그 자식 그렇게 혼나고 10억씩이나 받아 챙겼으니까 원장님 명령을 모른 체하지 않겠지요."

"너는 택배하는 심부름꾼으로 위장하고 오토바이를 타고 가서이 명령서만 전하고 곧바로 돌아와야 한다. 혹시 나의 인상착의를 묻거든 전에 위장했던 내 모습만 이야기하고 다른 말은 하지 말거라."

"예, 무슨 뜻인지 잘 알겠습니다. 그 자식 노는 곳이 그린호텔 맞지요?"

"응, 거기 나이트클럽에 가면 있을 것이다."

"그럼 다녀오겠습니다."

소진수의 행동은 용의주도하고 민첩했다. 오래된 낡은 외출복으로 갈아입고 수련원을 슬쩍 빠져나와 멀리 골목에 항상 대기시켜 놓은 낡은 오토바이를 탔다. 안전모를 깊이 눌러쓰고 얼굴은 미세 먼지 방지용 마스크로 가려서 얼른 보면 강철호도 못 알아볼 정도로 완벽하게 위장했다.

천영팔은 예상했던 대로 그린호텔 나이트클럽에 몇 명의 부하 녀석들과 함께 있었다.

"저어기 천영팔 씨가 누구시죠?"

소진수는 번연히 알면서 모른 체하고 천영팔을 찾았다.

"왜 찾으시지요?"

천영팔 곁에 있던 한 녀석이 눈을 흘기며 일어섰다.

"예, 택배입니다."

"그래? 이리 가져와 봐."

천영팔이 손짓했다. 그리고 봉투를 찢어 메모를 읽어 보더니 벌떡 일어섰다.

"이봐요, 택배 아저씨. 이 봉투 보낸 사람 어디서 봤어?"

"예, 관악구에 있는 숲이라는 커피숍에서요."

"커피숍?"

"예, 커피숍이요. 그리로 오라고 해서 거기서 그거 받았습니다. 그리고 그러던데요. 하실 말씀이 있으시면 숲에다가 메모를 남기라 하셨습니다."

"그래? 그 사람 어떻게 생겼는지 자세히 말해봐."

"글쎄요… 뭐랄까? 도사 같다고나 할까요. 노숙자처럼 너저분한 옷을 입고 머리도 길고 수염도 덥수룩하고 키는 별로 안 크게 보이던데요."

소진수가 남의 말 하듯 예사롭고 퉁명스럽게 대답하고는 태연한 걸음으로 밖으로 나왔다.

강철호가 천영팔에게 보낸 메모 내용은 지금 즉시 해적파와 왕거미파 보스를 만나서 자신이 준 돈으로 회유하되 필요하면 돈을 더

줄 테니 자신에게 복종하게 하라는 내용이었다. 그리고 마지막으로 한마디 남긴 말은 복종하지 않으면 무조건 죽인다는 무서운 경고였다.

글을 읽은 천영팔은 늙은 사채업자 차고에서 죽음의 공포를 느낄 만큼 무참하게 얻어맞았던 생각부터 나서 소름이 오싹 끼쳤다. 그런데 비록 강탈한 남의 돈이기는 하지만 십억이란 거금을 아낌없이 선뜻 내준 그 사나이가 비록 무섭도록 잔인은 해도 의리도 있고 마음도 넓어서 명령을 잘만 따라주면 든든한 뒷배가 되어줄 것도 같은 믿음도 없지 않아서. 즉시 두 조직 보스들과 회동할 계획을 세웠다.

하지만 늘 적대관계에 있는 터라 자칫하다가는 조직 간에 큰 싸움이 벌어질 수도 있어서 함부로 만나자고는 할 수 없었다. 부하를 먼저 보내 사전에 의견부터 조율하였다.

의견 조율은 간단했다. 단 한 명의 부하도 거느리지 않고 무기도 없이 그린호텔 밀실에서 만나기로 합의했다.

그런데 서로 만나고 보니 천영팔이 뜻한 대로 그들이 고분고분 응해주지 않았다. 사채업자로부터 강탈한 돈을 받은 이야기는 쏙 빼고 괴사나이의 무술실력과 표창 던지는 능력 등을 설명하고는 엄청난 부자이기도 하다며 입에 침이 마르도록 치켜세웠다. 그런 뒤에 복종하면 큰돈을 벌 수 있다며 괴사나이에게 복종을 권유하였다.

그 말을 들은 왕거미파 보스 이칠성이 분노해서 먼저 자리를 박차고 일어섰다. 그리고 어디에서 무엇을 하는 어떤 새끼인지 말하라며 다그쳤다. 그리고 당장 가서 죽여 버리겠다며 펄펄 뛰었다. 성이 나서 씩씩대기는 해적파 보스 금영복도 마찬가지였다. 그러나 이칠성보다는 성정이 악독하지 않아서 그런지 길길이 날뛰지는 않았다.

수백 명의 조직을 거느린, 나름대로 주먹세계를 주름잡고 수입도 만만치 않은 그들이라 짐작은 했지만 반응이 너무 살벌해서 천영팔은 설득할 엄두조차 내지 못했다. 그저 괴사나이의 명령을 잘 받들었다는 사실에만 만족하고 그들과 헤어졌다. 그리고 그들과의 회동결과를 자세히 적어서 커피숍 숲 메모 게시판에다가 꽂아 놓았다.

그런데 열흘 정도 지나서 언론과 방송에 놀라운 뉴스가 연일 크게 보도되었다. 왕거미파 보스 이칠성이 한 나이트클럽 화장실에서 못으로 깎아 만든 예리한 표창이 목과 심장에 꽂혀 사망했다는 보도였다. 또 해적파 보스 금영복도 테러를 당하였는데, 역시 어느 나이트클럽 화장실에서 괴한의 습격을 받고 갈비뼈가 다섯 대나 부러지고 팔다리도 거의 못쓸 정도로 중상을 입었다 하였다. 경찰이 예측하기를 두 조직에 원한을 가진 누군가가 오랜 준비 끝에 계획적으로 범행한 사건으로 보인다며 범인의 인상착의를 CCTV로 분석하고 있으며 목격자도 찾고 있는 중이라 하였다.

그러나 그 보도가 있은 뒤로 여러 날 떠들썩하던 언론방송 보도도 차츰 잦아들기 시작했다. 경찰에서 수사를 시작한 지 두 달이 넘도록 CCTV에 비친 여러 사람 중에서 범인이라 추측될 만한 인물을 찾지 못하였다는 소식만 전하였다. 굳이 의심이 가는 사람 중에 머리가 길고 수염이 짙은 한 사람이 잠깐 비취기는 했으나 키와 얼굴 아무 것도 짐작하기 어려워서 사건이 미궁에 빠질 가능성이 높다는 추측성 보도도 자주 나왔다.

하지만 단 한 사람 천영팔만은 범인이 누구인지 짐작하고 있었다. 그러나 몸서리가 처질만큼 무서워서 감히 누구에게도 발설할 엄두도 내지 못하였다. 설사 발설한다 해도 그로부터 거금을 받았던 데다가 참모습을 보지도 못한 터라 입을 열기도 어려웠다.

그런데 천영팔이 도리상 해적파 보스 금영복을 문병갔을 때였다. 신변위험을 우려해 혼자 있는 병실 주변을 지키는 부하들의 경호가 그야말로 삼엄하고 철통같아서 이번 테러에 얼마나 겁을 먹었는지 알만 했다.

"어이! 천 형, 이칠성을 죽이고 날 이렇게 한 놈이 전에 천 형이 복종하지 않으면 죽인다고 협박한 그 새끼가 맞죠? 도대체 그 새끼 정체가 뭐요?"

문안온 천영팔을 보자마자 아픔을 참고 일어난 금영복이 대뜸 물었다. 그러나 얼마나 혼이 났던지 고개를 설레설레 내저으며 더 묻지 않았다. 표정에서 도무지 상식으로 이해할 수 없다는 속내를 읽을 수 있었다. 아닌 게 아니라 자신도 헤아릴 수 없이 잔인한 폭력을 가하고, 또 죽을 만큼 두들겨 맞기도 했지만 이처럼 무서운 힘과 잔인한 놈은 난생 처음이라며 몸서리까지 쳤다.

"전에 말한 대로 나도 그 사람 얼굴도 모르고 정체가 무엇인지 정말 모릅니다. 나도 그냥 재수 없게 만나 죽도록 두들겨 맞고 시키는 대로 할 수밖에 없었지요. 솔직히 나도 그렇게 무서운 사람은 난생 처음입니다. 그리고 죽인다고 협박은 했지만 겁만 주는 말인 줄 알았지 이칠성을 진짜 죽일 줄은 몰랐어요. 그나마 금 형은 이만 하니 다행입니다."

"말 마쇼, 죽는 줄 알았어요. 글쎄 화장실에서 소피보고 돌아서는데 도사 같은 놈이 앞을 가로막더니 다짜고짜 주먹이 날아오지 뭐요. 세상에 그렇게 빠르고 강한 펀치는 처음입니다. 맷집에는 자신이 있는데 아, 글쎄 단 한 방에 갈비뼈가 다섯 대나 나갔으니 말이오. 그리고 다음은 모르겠어요. 어떻게 팔이 부러지고 다리가 부러졌는지 생각도 나지 않습니다. 그냥 기절해 쓰러졌는데 해머 같은 것으로 내려친 것 같기도 하고. 하여간 지옥에서 온 악마보다 더한 놈이었소."

말하는 중에도 금영복의 공포감은 극에 달해 있었다. 이칠성을 죽인 비수가 어디선가 날아올 것 같아서인지 겁먹은 눈동자를 사방으로 두리번대기도 하였다.

"어쩝니까? 나처럼 놈이 시키는 대로 할 수밖에요. 그럼 아무 문제없을 것이라 확신합니다. 언젠가 직접 만나볼 기회가 있을지 모르지만 사람이 화끈하고 의리도 확실히 있다는 생각도 들었습니다. 혹시 누가 압니까? 굉장한 부자 같던데 시키는 대로 하면 자금을 충분히 대줄지도 모르지요."

"정말 돈을 준답디까? 하지만 사람을 죽이라면 어쩌지요?"

"그때는 할 수 없습니다. 경찰에 신고하고 우리도 이판사판으로 놈과 맞설 수밖에!"

"오케이, 그렇게 합시다. 우리 이제부터 싸우지 말고 손을 잡읍시다. 일단은 놈이 시키는 대로 하기는 합시다. 하지만 살인을 교사한다거나 불가능한 일을 시킬 때는 죽을 각오를 합시다. 씨발, 어차피 죽을 목숨 오늘 죽으나 내일 죽으나 그게 그거니까!"

금영복이 비로소 안정을 취하고 결연한 표정을 지었다.

강철호는 폭력배들을 지배하기 위해서는 상당히 큰 조직의 보스 하나쯤은 본보기로 희생시킬 생각을 처음부터 하고 있었다. 그러나 정의로운 명분 없이 아무나 희생시킬 생각은 추호도 없었다. 그 누구도 안타까워하지 않고 오히려 잘 죽었다고 속 시원하게 생각할 만큼 가장 포악하고 야비한 조직의 보스 하나를 선택해서 제거할 생각이었다. 그래서 여러 조직의 짓거리를 파악한 결과 이칠성만은 어떤 경우에서든 반드시 사회와 분리시켜야 할 독버섯 같은 존재라 결론지었다. 영세한 기업과 상인, 주점을 비롯해 심지어는 선량한 대학생이나 생활이 어려운 일반인들까지 교묘한 수법으로 돈을 빌려준 다음 무자비하게 재산을 빼앗았다. 이자에 이자를 붙이는 등 갖은 방법을 다 동원해 양민들을 피눈물나게 하는 악마와 같은 인물이었다. 때로는 원금의 수백 배까지 이자를 붙여서 공갈, 협박, 폭력을 동원해 고혈을 짜냈다. 그처럼 천인공노할 악행을 오래도록 저지르고 있는데도 이칠성이 건재한 데에는 뒷배가 대단하기 때문이라는 소문이 은밀하게 나돌았다. 언론인, 경찰, 검찰, 정치인까지 뒤를 봐준다는 말까지 있었다. 그런 사실을 확인한 강철호는 분노했다. 이칠성을 반드시 목숨으로 죗값을 치르게 하되 뒤를 봐주는 주변인들까지 용서하지 않으려 하였다.

강철호는 그렇게 잔혹하게 사람의 목숨을 빼앗고 해적파 보스 금영복까지 무자비하게 혼을 내주고도 태연자약했다. 이번 사건에 자신이 용의선상에 오르지 않을 자신이 있는데다가 천영팔이 커피숍 숲에 꽂아 놓은 메모를 통해 해적파 보스 금영복의 충성 맹세를 받았다는 보고를 받고 한껏 고무돼 있었다. 거기다가 왕거미파 두목 자리에 오른 부두목 지창수가 보스 이칠성의 비참한 죽음을 목격하고는 굉장히 불안해하고 있어서 언제든 회유가 가능하다는 보고도 받았다.

"야, 악명 높은 놈 하나 깨끗이 해치웠으니까 참 잘했지?"

어디다 대고 자랑할 데가 없는 강철호는 소진수를 술상 앞에 마주 앉혀놓고 거만한 표정으로 은근히 용맹을 자랑했다. 제법 위엄까지 넘쳐서 천하를 통일한 황제라도 된 듯 한껏 기분에 도취된 속내가 그대로 드러났다.

"그렇고 말고요. 그런 놈은 백 번 죽어도 싸지요. 그런 놈을 해치우고 조폭조직을 간단하게 손아귀에 넣은 원장님이야말로 영웅입니다요. 영웅! 우리나라는 물론 일본 주먹계를 주름잡은 김두환이나 중국 주먹계를 평정한 시라소니가 살아와도 원장님 앞에서는 한 수 접힐 걸요?"

소진수가 신명이 나서 생각나는 최상의 아부를 더해 칭송하기를 주저하지 않았다.

"짜식, 아부는!"

"아부하는 거 아니에요!"

"알았다 알았어. 너의 공도 컸으니까 상을 받아야지."

강철호는 심복 소진수에게도 반드시 수고한 만큼 대가를 지불해 충성심을 잃지 않도록 단속했다. 이번 일에 협조한 불꽃파 보스 천영팔에게도 어김없이 일억 원이 넘는 거액을 택배를 통해 보내 감동을 주었다. 그리고 새로이 충성을 맹세한 해적파 보스 금영복에게도 몇 억 원을 기분좋게 안겨주어 그들의 지배자임을 확인시켜 주었다. 그리고도 늙은 사채업자로부터 강탈한 돈이 아직 백억 원 넘게 남아있었다.

조직 폭력배 보스 살인과 폭행사건이 미궁에 빠져들어 언론 방송에서조차 관심을 보이지 않아서 사람들의 기억에서 사라져 갈 무렵 강철호는 다음 행동을 준비하였다. 이번 계획은 검찰과 경찰의 수사에 혼란을 줄 목적에만 초점을 맞추었다. 크고 작은 유사한 사건을 동시다발적으로 벌여서 그간의 사건을 희석시키는 한편 검경의 수사팀에 혼란을 가중시켜 수사초점도 흐리게 하고 더 큰 일을 위해서 시간도 벌어놓을 이중 삼중의 포석이기도 하였다.

그리 결정한 강철호는 일을 시작할 이날 하루 종일 수련생을 지도하는 모습을 보였다. 전에 없이 열과 정성을 다해 지도하고 사범들에게도 따뜻한 인간미를 보였다. 그리고 해가 저물 쯤에야 집에 잠시 다녀오겠다며 수련원을 나섰다.

간편한 옷차림에 헌 옷가지가 든 것처럼 불룩한 검은 비닐봉지 하나를 들고 있어서 목욕탕에라도 가는 사람 같았다. 자동차도 그 대로 둔 채 도보로 길을 건넌 그는 수련원 바로 맞은편 택시정류소로 곧장 걸음을 옮겼다.

정류소엔 가지도 없는 여윈 나무처럼 택시라 쓰인 표지판 하나가 외롭게 섰는데, 그 옆에 세 사람이 서있었다. 추위가 낮에 보다 심해서 가로수를 윙윙 쓸고 지나가는 바람이 여간 시립지가 않아서 모두들 자라목을 하고 오들오들 떨고 섰다.

그런데 그들 중 한 중년의 여인이 발을 동동 구르고 있었다. 추위서가 아니라 급한 일 때문인 것 같았다. 여인은 택시 덮개 위에 노란 불이 꺼졌는데도 손을 들어 우이동이라 외쳤다. 그러다가 아예 차도로 내려서서 합승이라도 할 생각인지 지나가는 택시마다 손을 급하게 흔들어댔다.

그러나 퇴근길이라 좀처럼 빈 택시가 오지 않아서 보기에도 딱했다.

그러기를 좀 지나서였다. 드디어 저만치서 불을 밝힌 빈 택시가 서서히 다가오고 있었다.

그런데 뜻밖의 사태가 벌어졌다. 난데없이 청년들 셋이 불쑥 나타나더니 피우던 담배꽁초를 길바닥에 툭툭 내던지고는 차 문고리를 잡은 여인을 와락 밀쳤다. 그리고 재빨리 훌쩍훌쩍 택시에 올랐다. 여인이 내 차례라며 소리소리 질러도 사내들은 들은 척도 하지 않았다. 기사도 여인을 본체만체하고 차바퀴를 서서히 굴렸다.

그런데 기사는 깜짝 놀라 황급히 브레이크를 밟아야 했다. 한 사내가 차 앞을 가로막고 떡 버티고 서있었기 때문이었다.

　그 사내는 바로 강철호였다.

　"왜 그러시오?"

　늙은 기사가 차 창문을 활짝 열더니 눈꼬리를 치켜뜨고 항의하였다.

　"아저씨, 저 사람들 내리라 하세요. 이 아주머니 아주 급한 분이고 또 탈 차렌데 먼저 태우셔야지요."

　강철호가 점잖게 타일렀다.

　"그래요? 난 또…!"

　기사가 수긍은 했으나 난감한 표정으로 뒷좌석을 돌아보았다. 그리고 곁에 앉은 사내한테 무어라고 말하려고 고개를 돌렸다가 움찔하고는 그만 입을 꾹 다물었다. 노려보는 녀석의 표정이 여간 험상궂지가 않은데다 말까지 거칠었다.

　"씨발, 아무나 먼저 타면 그만이지 택시 전세 냈나? 웬 좆같은 새끼가 지랄이야! 아저씨 그냥 갑시다!"

　"그래도 저 손님이!"

　"아, 나 참 바빠 죽겠는데 씨발, 별놈 다 보겠네!"

　기사가 난처해하자 녀석이 짜증스럽게 말하고는 문을 벌컥 열었다. 그리고 멧돼지처럼 달려가 다짜고짜 강철호의 가슴을 두 손으로 왈칵 밀쳤다.

　그러나 녀석이 되레 짧게 비명을 질렀다. 강철호가 가볍게 몸을 피하면서 어느 사이 녀석의 어깨 혈을 움켜잡고 있었다. 녀석은 고통을 못 참아 입만 쩌억 벌렸다.

뒷좌석에 앉아 그 모양을 보고 있던 두 녀석이 벌겋게 달아오른 얼굴로 문을 박차고 뛰쳐나왔다. 그 사이 여인이 냉큼 택시에 올랐다. 그러자 기사는 황급히 핸들을 차도 쪽으로 꺾어 부리나케 그 자리를 떠났다. 그리고 강철호를 향해 죽일 듯이 달려온 한 녀석이 불문곡직하고 주먹을 날렸다. 하지만 녀석은 비명도 못 지르고 그 자리에 꼬꾸라졌다. 뒤이어 달려온 녀석도 강철호의 발길질에 털썩 엉덩방아를 찧고 주저앉았다.

한 손엔 비닐봉지를 들고 또 한 손으로는 한 녀석의 어깨를 쥔 채 발만으로 두 녀석을 거의 동시에 쓰러뜨린 강철호의 몸놀림은 그야말로 비호와 같았다.

지켜보던 사람들은 그저 놀라움에 눈만 휘둥그랬다.

"어린놈들이 어머니 같은 분을 양보는 못해도 새치기 하다니! 이놈새끼들! 더 혼나기 전에 얼른 버린 담배꽁초 주어서 주머니에 넣고 맨 뒤에 서서 기다렸다가 타고 가! 알았어?"

강철호가 훈계삼아 호통을 쳤다.

엉금엉금 기어 일어난 녀석들은 금방 기가 죽었다. 상대의 실력을 알아본 녀석들은 더 낭패를 당하기 전에 시키는 대로 하는 것이 상수라고 여긴 모양이었다. 두말없이 버린 꽁초를 주섬주섬 주워들고는 슬금슬금 딴곳으로 사라져 갔다.

구경하던 사람들은 그제야 속이 다 시원하다며 경이의 눈으로 강철호를 바라보았다. 하지만 그는 그들의 눈길을 아랑곳하지 않고 마침 다가온 모범택시를 세워 훌쩍 몸을 실었다. 그리고 시내를 한

참 지나 도착한 곳은 한 종합병원이었다.

저녁이라 병실마다 불을 밝힌 거대한 건물의 몸통이 별을 실은 하늘 한 조각을 떼어다 놓은 듯 찬란했다. 그러나 안으로 들어가 보니 북적이는 사람들로 아수라장이 따로 없었다. 저녁인데도 사람들이 여기저기 떼로 몰려 있고, 목발을 짚거나 휠체어를 탄 환자들이 여럿 눈에 띄었다.

강철호는 복잡한 그들 사이를 비집고 지나 화장실부터 찾아 들어갔다. 그리고 안쪽 빈 문을 슬그머니 열고 들어가 변기에 앉자마자 비닐봉지를 열어 무언가를 꺼냈다.

검은 머리카락이 긴 가발이었다. 그리고 마스크와 모자, 검은 안경이 차례로 나왔다.

잠시 후에 화장실에서 나왔을 때는 전혀 다른 사람으로 변해 있었다. 어깨까지 치렁치렁 늘어진 긴 머리카락, 그리고 깊숙이 눌러 쓴 빵모자와 검은 안경까지 쓴 모양새가 산중의 도인 같기도 하고, 보기에 따라서는 예술가의 분위기도 느낄 수 있었다.

그런 차림으로 엘리베이터를 타지 않고 3층까지 계단을 가볍게 밟고 올라간 그는 복도 좌우 문설주 위에 붙은 이름을 눈여겨보며 차례로 읽어가다가 복도 중앙에 무슨 대학교 교수 신경외과전문의 의학박사 누구누구라 쓰인 글씨가 눈에 띄자 주저 없이 슬쩍 문을 열었다.

진료가 끝난 시간이라 텅 빈 방엔 50대 중반의 의사만 혼자 회전의자에 덩그러니 앉아 있었다. 곧 퇴근할 참인지 말쑥한 양복차림으로 무슨 생각에 잠겨 있는 듯했다.

"진료 끝났습니다. 내일 오세요."

강철호가 방안으로 성큼 들어서자 의사는 무엇에 놀란 양 흠칫하다가 퉁명스럽게 말했다. 강철호는 아무 말도 하지 않았다. 마치 장승처럼 우뚝 서 있다가 뚜벅뚜벅 의사를 향해 걸어갔다.

"손님, 내일 오시라는 데도요?"

의사가 짜증스럽게 말했다.

"내일은 무슨!"

강철호의 말은 그뿐이었다. 다짜고짜 달려가 의사의 턱을 강타했다. 그리고 멱살을 잡아 일으켜서는 치아 몇 대가 부러지질 만큼 또한 번 강력한 주먹을 턱에 날리고는 곧바로 문을 나섰다. 마치 바람처럼 불어왔다가 바람처럼 사라졌다고나 할까? 의사는 그가 누구인지 그리고 자신이 왜 봉변을 당해야 했는지 이유조차 알지 못했다. 마른하늘에 날벼락이 따로 없었다. 그날 밤 그렇게 폭행을 당한 의사가 그 한 사람뿐이 아니었다. 대형병원은 물론 이름난 한의원 세 곳 원장들도 이유 없이 잇달아 폭행을 당했다. 그런데 그들에게 남긴 범인의 자취라고는 "사람을 돈으로 보는 의사는 벌을 받아야 한다."

하고 적은 짤막한 쪽지 하나뿐이었다.

그리고 다음 날과 그 다음 날 밤 연속해서 고위 공직자와 고위 경찰, 그리고 과거 명성이 자자했던 검찰 출신 변호사 한 사람도 폭행당했는데 그들에게는 '너의 죄가 무엇인지 잘 생각해보라'는 의미심장한 쪽지만 남겼다. 그런데 폭행한 범인의 인상착의가 제 각각이었다. 어떤 이는 70대 노인이라고도 하고 어떤 이는 여자라 하였다. 다만 그들의 일치하는 진술은 범인의 엄청난 괴력과 전광석화 같은 몸놀림이었다. 또 키와 몸매도 거의 일치했다. 따라서 수사팀의 결론은 범인이 여러 사람이 아니라 변장한 한 사람이라는 데에 의견의 일치를 보았다. 그러나 도대체 범인이 남긴 흔적이라고는 쪽지 하나뿐이라서 고작 탐문수사와 시민의 제보에만 의지할 수밖에 없었다.

　연 사흘간 이른 아침부터 밤이 늦은 시간까지 긴급뉴스로 이 사실이 여러 차례 보도되었다. 러브호텔 폭행사건이 아직 해결되지 않았는데 백억이 넘는 엄청난 돈을 강도당한 사채업자 사건이 벌어지고, 연이어 조폭 보스 살인사건과 폭행사건 그리고 의사와 변호사, 고위공직자, 고위 경찰관까지 봉변을 당하자 수사관계자들은 어안이 벙벙했다. 도대체 어디에다 초점을 맞추어서 수사를 해야 할지 몰라 허둥댔다. 그뿐이 아니었다. 그러고 나서 또 두 명의 사채업자가 추가로 강도를 당했다.

　그러자 전국의 여론이 걷잡을 수 없이 들끓기 시작했다. 지탄의 대상만을 골라 응징하고 재산을 빼앗는 범인의 신출귀몰한 행적을 입에 침이 마르도록 칭송하는가 하면, 현대판 임꺽정이 나타났다고도 하고 일지매나 홍길동이 다시 살아났다는 둥 별의별 괴이한 소문이 순식간에 전국으로 자자하게 퍼져나갔다.

　그리고 범인은 예사 사람이 아니라 하늘을 날아다니고 모습을 감추는 투명복을 입어서 아무도 얼굴을 볼 수가 없다는 말도 사실처럼 떠돌았다.

일이 이쯤 되다보니 대통령까지 직접 나섰다. 검경합동수사본부를 설치하고 총력전을 펼쳐서 하루속히 범인을 잡으라고 독촉했다.

그러나 강철호는 예와 다름없이 태연했다.

수사진의 추이를 살피면서 수련생들을 지도하는 데만 열심이었다. 수련생들이 사건을 쑥덕이면 남의 일에 관심을 갖지 말라며 훈계도 하였다. 그리고 오직 마음을 닦는 데 최선을 다하라 강조하고는 스스로 명상에 열중해 초연한 모습을 보이는 등 치밀하게 자신을 위장했다. 하지만 마음 속에는 오직 다음 계획 수립에만 골몰했다.

그러던 어느 날 어렴풋이 생각 속에 담아두었던 한 가지 묘안을 실행에 옮기기로 결심했었다. 한 번 결론을 내리면 망설임 없이 행동에 옮기는 성격대로 머릿속에 그려둔 구체적인 계획안과 거액의 자금을 택배를 통해 즉시 각 조직의 보스들에게 전달했다. 그 내용은 전국 주요지역에 널리 알려진 자신의 수법과 똑같은 방법으로 재산을 빼앗거나 폭행하라는 지시였다. 그러나 불특정 다수인이 아니라 그간 자신이 응징한 같은 부류의 인물들을 선택해 동시다발적으로 범행한 다음 즉시 잠적시키라 하였다. 그리고 혹 검거되더라도 끝까지 묵비권을 행사하게 하고 그들이 감옥에 가더라도 보내는 돈으로 충분히 보상을 해주라 하였다.

그렇게 계획을 실행에 옮긴 강철호는 보스의 명령과 돈이면 목숨도 내놓는 그들 세계의 법칙을 활용함으로써 실제 범인의 단서조차 잡지 못할 완벽한 묘안이라 자만했다. 그리고 검경 수사팀이 그들 폭력배 검거에 수사력을 집중하는 동안 자신은 마지막으로 한 건을 크게 한 다음 일체 손을 떼고 일상으로 돌아갈 생각이었다. 물론 수련원을 세계화시켜 부와 명예를 움켜 쥐어야 할 목표가 기다리고 있어서 평범한 일상을 누릴 생각은 없었다.

외로운 사람의 고뇌하는 진리

강철호가 세상을 발칵 뒤집어 놓은 그 며칠 사이 신혼여행중인 한성민 부부는 네팔의 수도 카트만두에 머물고 있었다. 그들은 난생 처음 경험하는 신혼여행의 하루하루가 현실을 벗어난 전혀 새로운 세상에 와 있는 듯하였다. 하기는 자연환경과 사람들, 그리고 생활풍습이 다른 이국이라 그럴 만도 하였다. 히말라야 산 중턱에 올라 하얀 만년설을 머리에 인 산봉우리가 천상에 닿은 듯 신비롭고, 힌두교와 불교가 혼합된 여러 신전들은 신을 숭배하고 두려워하는 인간의 본모습이 일깨워져 옷깃을 여미기도 하였다. 그러나 예전에 미처 몰랐던 행복감은 타임머신을 타고 언제나 꿈을 꾸던 이상향의 세상에 훌쩍 날아온 것 같았다.

그러나 역시 인간 세상이라 한성민의 마음 한 구석에서는 원치 않는 강철호 생각이 스쳐 지나가듯 잠깐씩 떠올랐다. 그러다가 어느 때는 강철호가 꼭 무슨 일을 저지를 것 같아서 불안했다.

인간은 짐승과 달리 욕망이 강할수록 큰길을 두고 샛길로 빠지기를 좋아한다. 특히 강철호처럼 자신의 능력을 자만하는 사람은 제 욕망을 주체하지 못해 무엇이건 급히 이루고자 갖은 짓을 마다하지 않는다. 분수에 넘치는 욕망에 사로잡히면 이성을 잃고 죄의식 없이 악행을 저지른다. 남의 것을 등치고 빼앗고 폭행하고 심지어는 자식도 부모형제도 목숨을 빼앗는 자들도 없지 않다. 실로 하늘과 땅과 사람이 공분하지 않을 수 없는 욕망의 화신들이 정글의 버러지들처럼 득실대는 군상들, 그들 중에 유독 강철호의 모습이 선명하게 떠오르는 까닭은 왜일까?

한성민은 고향의 석굴에서 깊은 삼매에 들어 천계를 경험한 뒤로 명상중 지구 반대편의 일까지 자연스럽게 감지해 냈다. 때로는 생각지도 않은 뜻밖의 일이 뚜렷이 의식되거나 눈앞에 선명하게 나타날 때도 있었다. 그 일들은 대부분 불안한 의식으로 떠올라 집중을 방해했다. 그런 불안의식의 제공자는 강철호였다. 그것도 강철호가 세상을 발칵 뒤집어 놓은 요 며칠간 더욱 심했다. 그러나 삼매에 들지 못한 상태에서의 막연한 불안감이어서 생각 끝에 굳이 마음에 담아두지 않기로 하였다. 그리고 강철호가 비록 사촌처남이기는 하지만 따지고 보면 몇 다리 건넌 타인의 삶이라 굳이 관여할 필요가 없다는 생각이 들었다. 더욱이 행복에 겨워하는 아내에게까지 불안감을 심어주고 싶지도 않았다.

그런데 카트만두에서의 일정을 끝내고 숙소에 돌아와 휴식을 취하다가 무슨 생각에서인지 뜻밖에 아내가 먼저 강철호를 걱정하는 말을 꺼냈다.

"우리 철호가 별일 없이 잘 있을까요?"

"잘 있지 않고! 이제 수련원이 자리를 잡았는데 무슨 일이 있겠소."

한성민은 불안감을 숨기고 대수롭지 않게 대답했다.

"그건 그래요. 하지만 전에 여자들 때문에 입은 상처가 아직 아물지도 않았고 마음으로 의지하던 당신마저 없어서 혹시 방황하지나 않을까 걱정되어요."

"스스로 지은 잘못으로 인한 고통이었으니까 자숙하고 있다고 생각합시다. 사춘기도 아니고, 또 그만한 사업체를 가진 사람이 설마 또 무슨 엉뚱한 짓을 하겠소?"

"하긴 그렇기는 합니다. 당신 생각이 그러니까 저도 괜한 걱정 안 할게요."

"지금 우린 신혼여행중이요. 딴 생각은 일체 하지 말고 여행하면서 앞으로 살아갈 우리의 삶을 잘 다듬어 놓읍시다. 그리고 인도라는 특별한 종교의 나라에 왔으니까 많은 것을 얻고 돌아갑시다."

한성민은 자신과 마찬가지로 강철호를 걱정하는 아내의 말이 예사롭게 생각되지 않았다. 어쩌면 부부로서 이심전심으로 전해 받은 어떤 필연일 것 같다는 생각이 들었다. 그러나 그런 생각을 굳이 내색해서 아내의 마음을 어지럽혀서는 안 되겠다 싶어 얼른 화제를 바꾸었다.

"다음 여행지 룸비니로 가자면 고생 좀 할 텐데 괜찮겠소?"

"고생은요. 당신과 함께하는 이런 고생은 평생 해도 고생이란 생각이 들지 않을 거예요. 행복한데 몸이 좀 고달프면 어때요?"

"룸비니에 가려면 험난한 히말라야 산중턱을 넘어가야 합니다. 그나마 포장도 안 된 길이라 엄청 힘이 들 텐데 걱정이오."

"벌써 잊으셨어요? 요가로 단련된 이 몸을요?"

"그래도 무리하지 않는 게 좋겠소."

"알았어요. 염려마세요."

강서영은 말은 그렇게 해도 사실은 시차 때문에 많이 지쳐 있었다. 다음날 새벽에 지프를 타고 히말라야를 넘을 때는 겹친 피로에다가 멀미까지 해서 여간 괴롭지가 않았다. 비포장에다가 어느 한 곳 평탄한 길 없이 울퉁불퉁한 가파른 길을 굽이굽이 돌고 돌아가자니 쓰러질 것 같았다. 그런데도 남편 눈치 살피느라 애써 참고 참았다가 룸비니에 도착해 숙소에 들어가자마자 몸살로 드러눕고 말았다. 그러나 하룻밤을 푹 자고나서는 대견하게도 거뜬하게 일어났다.

"요가로 단련한 몸이라 회복이 참 빠르죠?"

간밤에 끙끙 앓던 강서영이 아침에 깨어나자마자 두 팔을 허공으로 쭉 뻗어 올렸다. 그리고 남편을 향해 애교스럽게 말하고는 보란 듯이 자리를 박차고 일어났다.

"그 길을 오죽했으면 지프 기사가 트위스트 로드라 했겠소. 잘 견디고 이렇게 거뜬하게 일어나 주어서 고맙소."

"참 지프 기사 이제 카트만두로 돌려보내야지요?"

"아니요, 오늘 룸비니를 돌아보고 이 지프로 국경을 넘어 인도로 들어갑시다."

"그래도 돼요?"

"네팔과 인도는 국경이 있어도 차단기 하나로 넘나들 수 있고 또 입국 수속 절차도 간편해서 잠깐 차가 밀리는 정도의 시간만 지나면 바로 인도 땅에 들어갈 수 있소."

"어머, 참 편리하네요. 우리나라 남북한도 그랬으면!"

"그럴 때가 곧 오겠지요!"

한성민은 남북한이란 말에 가슴이 답답하다는 듯 한숨을 섞어 탄식했다.

"정말 그럴까요?"

"아마도 머지않은 장래에 기회가 올 듯 한데 문제는 정치인들이!"

한성민은 가깝게 다가오고 있는 그때를 생각하며 뒷말을 얼버무렸다. 강서영은 남편의 얼굴에서 어렸다 사라지는 희망과 절망이 교체하는 빛이 느껴져 자못 궁금했다. 하지만 여행 와서 쓸데없는 토론은 시간 낭비다 싶어 물어 보려던 궁금증을 꾹 누르고 다음 여행지로 이동할 준비를 서둘렀다. 짐이래야 필수 생활용품에다가 갈아입을 옷가지들과 신발, 비상약, 고추장 같은 찬거리 서너 개를 넣은 배낭 하나가 전부인 터라 특별히 시간을 보낼 것도 없었다.

한성민이 배낭을 들고 나가 지프에 올려놓고 운전기사더러 기다리라 하고 아내를 데리고 석가모니 부처가 태어났다는 룸비니 동산으로 향했다.

천상의 도리천에서 천제환인 연등불전에 공양을 올리던 석가세존이 세상을 구원하기 위해 마야 부인의 태에 들었다가 태어났다는 그곳 동산은 황량했다.

아름다웠다는 옛 꽃들은 한 송이도 없고, 대신 너른 동산에 곱게 자란 잔디만 파릇파릇했다. 그러나 세속의 어머니 마야 부인이 가지를 붙들고 해산했다는 그 나무는 신비로운 자태로 초연히 서 있었다. 본래 그 나무인지 아니면 몇 대 자손인지 알 수는 없으나 몇 아름이나 되는 몸통에서 뻗어 나온 가지가 치렁치렁 땅에 닿을 듯 늘어졌다. 제 몸을 붙들고 태어난 부처의 가피를 입어서일까? 2,600년의 긴 세월을 병 없이 잘 견뎌서 그날의 환희를 오롯이 품은 듯도 하였다.

강서영은 혹 자신이 소중한 아이를 가졌을지도 모른다는 생각으로 손에 닿는 가지는 다 쓰다듬다가 한 가지를 붙들었다. 그리고 마야 부인이 그랬듯 잡아 매달려 당겨보다가 활처럼 휘어 부러질 것 같아서 놓았다. 힘들어하던 가지가 재빨리 제자리로 돌아가고 그녀는 살며시 웃음지며 남편을 바라보았다.

"이제 그만 내려가서 마을을 둘러 봅시다."

한성민은 아내가 지은 웃음의 의미가 무엇인지는 몰라도 하얀 치아를 드러낸 모습이 귀여워서 마주 웃어주고는 손을 잡아 걸음을 옮겼다.

"마야 부인이 해산하고 몸을 씻었다는 연못은 어디쯤에 있어요?"

강서영은 기왕이면 그 연못에 가서 손이라도 씻고 싶어 물었다.

"그 연못은 흙속에 묻힌 지가 오래인 것 같소."

아내가 마야 부인의 해산을 추상追想하는 것일까? 눈동자에 맺힌 동경憧憬의 빛을 발견하고 사라진 연못을 아쉬워하였다. 하지만 옛 것은 모습을 감추기 마련이니 어쩌랴! 그 연못을 상상으로만 그려 보며 동산을 내려왔다.

그리고 동산 근처 한 마을에 접어들었다.

흙으로 쌓아올리고 지붕이 평평한 두어 채의 허름한 집을 지나 골목길에 들어서자 열 한 두어 살쯤 되는 계집아이들이 노는 모습 이 보였다. 아이들은 짧은 치맛바람으로 흙먼지가 잔뜩 묻은 두 다 리를 무릎 위까지 내놓고 신나게 자치기 놀이를 하고 있었다. 그리 고 그 옆에는 사내아이와 계집아이가 마주앉아 공기놀이를 하느라 시간을 잊은 듯했다.

"어머, 아이들이 공기놀이도 하고 자치기도 하고! 우리 풍습과 똑 같네요?"

"원주민 마을에 가면 사람들의 생김새도 우리와 다르지 않소. 서 울 거리에 서 있으면 아무도 구분하지 못할 게요. 그래서 당신한테 보여 주려고 일부러 이곳에 온 것이오."

한성민은 아내가 그럴 것이라 짐작하고 있었다. 만리 타국에도 한민족의 혼이 면면히 흐르고 있다는 부인 못할 사실을 보여주고 싶어서 일부러 이 마을을 찾았던 터라 아내의 놀라움은 당연했다.

"어머, 그래요?"

아닌 게 아니라 그녀는 마치 타임머신을 타고 먼 과거에 달려온 듯 놀랍고 신비로운 눈동자를 반짝였다.

"여기는 히말라야 기슭이오. 룸비니 동산이 히말라야 끝자락인데 원래는 인도 땅이 아니었소. 아쇼카 왕이 인도 천하를 통일하면서 이곳도 인도 땅이 되었던 것이오. 따라서 붓다는 인도인이 아니지요. 그리고 본래부터 이 나라 종족의 혈통을 이은 이도 아니었소. 기원전 약 1700년에 이곳에 정착한 아리안 족의 후예였지요. 여기에 정착한 그들을 석가족이라 하는데 '석'은 빛이고 '가'는 가문이니 바로 빛의 자손이란 뜻이지요. 그러니까 석가는 천손가문이란 뜻이고 모니는 신선이란 뜻이지요. 그러기에 석가모니는 천손인 우리와 같은 모습이었지요. 우리가 바로 아리안 족의 후예이니까!"

"네에? 우리 민족이 아리안이에요?

"그렇소. 내 언제 우리의 상고대 역사를 말해주겠소."

한성민은 잃어버린 한민족의 역사를 생각하며 남북으로 갈라진 현실만큼이나 가슴이 답답했다. 부처가 태어나기 이전의 한국과 배달국, 그리고 거의 동시대에 배달국의 대를 이은 단군조선은 세계 문화와 역사의 시작이요 태두였다.

그러나 역사는 수없이 침략해 온 점령군과 사대주의자들에게 송두리째 빼앗기고 짓밟혀서 흔적조차 없으니 슬펐다.

역사는 승자가 짜놓은 옷감

작위로 뽑아낸 실로 올올이 엮어

제 입맛에 맞추어 수놓았으니

잃어버린 한민족의 역사

풍우에 문드러진 돌비석 같구나.

하고 그는 속으로 통한의 심정을 시로 읊어 마음을 달랬다.

"우리의 정신문화가 지금 여기 이국땅의 아이들한테서 전승되고 있는 것이오."

"그렇군요. 자치기 놀이나 공기놀이는 우리 민족 고유의 풍속인데 여기서 볼 수 있다니 신기해요!"

"저 공기놀이는 우리의 선조께서 음양오행사상으로 천지의 도를 깨우치도록 민간에 전해주신 것이었소. 물론 음양오행사상은 중국의 것이 아니라 우리의 선조로부터 중국에 전해진 것이오만, 천지의 이치를 공기놀이로 함축해놓았지요. 그리고 자치기 역시 재미있는 놀이로 심오한 도의 이치를 숨겨놓았소."

"어머, 그래요? 어떻게요?"

"공기놀이를 잘 보시오. 돌멩이가 다섯 개니 바로 오행을 뜻하지요. 처음 하나를 집는 것은 도에서 하나의 물질이 나옴을 의미하고, 두 번째 둘을 집는 것은 음양이 화합함을 의미하며, 셋을 집는 것은 음양화합에 의한 천지만물의 씨눈을 의미합니다. 그리고 넷을 집는 것은 만물의 뼈대를 세움이고, 다섯을 다 집는 것은 이로서 천지만물의 질적 요소가 다 완성되었음을 의미하는 것이지요. 마지막으로 다섯 개의 돌을 손등에 올리고 다시 손바닥으로 잡는 것은, 손등은 음이고 손바닥은 양인데 오행이 다시 음양으로 결합해서 비로소 만물이 탄생됨을 의미합니다."

"정말 놀랍네요! 어떻게 돌멩이 다섯 알로 천지의 이치를 함축시킬 생각을 다 했을까요?"

"자치기에는 더 큰 의미를 담고 있소. 유·불·도를 함축해놓은 놀이지요."

"어떻게요?"

"원을 그린 것은 대우주의 공空이며, 공 속에 홈을 판 것은 현빈지문玄牝之門이니 이른바 만물을 탄생시킨 현묘한 음의 문이자 태극이라 할 수 있소. 즉 만물을 생출生出시킨 도의 문이랄까? 그리고 동시에 여성의 자궁에도 해당되기도 하고 인간의 본성이기도 하지요. 원은 모나지 않고 걸림이 없는 대우주이자 성인의 마음이라고도 할 수 있소.

"그럼 천지창조의 이치가 자치기에 담겨 있군요?"

"그렇소. 도의 이치이기도 하고 깨달음의 이치이기도 합니다."

"좀 더 자세히 설명해 주세요."

"그럴까! 하여간 자치기의 이치만 알아도 도덕경이나 불경의 핵심을 다 이해한 것이라 할 수 있소."

"놀이에 그런 깊은 뜻이 있다니 놀라워요! 어서 말씀해 주세요."

"원을 그린 가운데 구멍은 아까도 말한 만물이 생출되는 현빈玄牝, 현묘한 암컷의 문이고, 그 구멍에 가로놓는 자치기는 천지만물인데, 사람이 천지만물의 집합체이므로 곧 사람을 본뜬 것이라 할 수 있소."

"그래서 나무 양쪽을 깎아서 사람을 형상했군요?!"

"맞소. 그리고 손잡이는 완성을 의미하지요."

"아! 그래서 구멍 위에 사람을 형상한 것을 놓고 손잡이를 구멍에 넣어 십자가 되게 하였군요? 십은 완성수이니까. 그래서 만물의 완성을 의미하네요!"

강서영은 부연설명이 없는데도 재빨리 뜻을 알아차려서 자치기의 의미를 풀어내고는 맞는지 틀리는지 궁금한 눈길로 남편을 올려다 보았다.

"역시 당신은 머리가 좋군!"

"아이 참, 그런 말씀 마시고 다음 설명을 해주세요."

"자치기가 원 밖으로 내던져지는 것은 무無에서 유有가 나왔음을 의미하는 것이오. 신神의 본성을 간직한 인간을 표현한 것이기도 하고. 그러나 자치기를 땅에 떨어뜨리지 않고 받거나 원 안으로 던져 넣으면 본성으로 회귀함이자 유가 무로 돌아감을 의미합니다. 그래서 우리의 경서 천부경에서

"일시무一始無 일종무一終無

하나一는 없는 데道서 시작되고, 시작된 하나는 없는 데로 돌아간다."

하였지요.

"그럼 땅에 떨어뜨리거나 원 안에 넣지 못하는 것은요?"

"세 번에 걸쳐 멀리 쳐내서 도에서 멀어진 인간의 처절한 모습을 의미합니다. 즉 본성을 떠난 잘못된 중생의 고통을 교훈하는 것이지요."

"듣고 보니 참으로 위대한 철학과 사상이 자치기 놀이에 다 들어 있군요! 우리 조상님들의 지혜가 그저 놀랍습니다."

강서영은 남편의 설명에 무슨 언어로도 설명할 수 없는 감탄만 나올 뿐이었다. 한민족의 역사가 그러하고, 자치기와 공기놀이에 천지의 도를 숨겨놓았다니 경이로울 따름이었다. 불경이든 도학이든 오행론이든 어렵게 생각할 것 없이 우리의 민속만 잘 이해하면 그만이란 생각도 들었다.

아이들이 노는 골목에서 한참을 서서 긴 이야기를 한 그는 아내가 다 알아듣고 가슴 설레어하는 모습을 보고는 흐뭇했다. 손을 꼭 잡아 그 마음을 전하며 마을 이곳저곳을 둘러보았다.

한성민 부부가 국경을 넘어 인도 땅 한 곳에 차를 세운 곳은 룸비니에서 2시간 거리에 있는 쿠시나가라였다. 그곳에는 죽음을 예견하고 고향 쪽으로 찾아온 석가모니 부처가 그 성스러운 몸을 한 줌의 재로 불태운 화장터가 거대한 능처럼 시커멓게 솟아 있었다.

그러나 그 옛날 사라쌍수 아래에서 오른쪽으로 누워 두 다리를 가지런히 포개고 팔베개하여 숨을 거두었다는 그 나무는 보이지 않았다. 그러나 식목을 한 지 얼마가 지나지 않은 듯 아직 키가 작고 몸통이 가느다란 사라나무가 여러 그루 심어져 있었다.

"부처님이 열반하실 때 나는 아무 말도 하지 않았다고 하셨다는데 왜 그리 말씀하셨을까요? 근 50년이나 쉬지도 않으시고 설법을 하셨는데?"

한 사라나무 그늘 아래 남편과 나란히 앉아 잠시 쉬던 그녀가 부처가 이 나무 아래서 조용히 숨을 거두기 전까지 일생의 행적이 생각나 문득 의문이 떠올랐다.

"그것은 무위의 도를 말씀하신 것이오. 진리를 설파하기 위해서 진리를 말씀하셨다면 그것은 참 진리가 아니기 때문이오. 모름지기 무엇을 하기 위해서 하는 것은 그 이면에 하지 않기 위한 상대적인 마음이 존재하는 것이지요. 그러므로 위함 없이 저절로 위하는 것 그것이 바로 진정한 성인이 할 바인 것이오. 내가 언젠가 북한산 등산길에 말하지 않았소? 무위에 대해서."

"그때는 피상적으로만 이해했던 것 같아요. 하지만 이제는 충분히 알아들었어요."

"물이 비록 소리를 내고 흐르지만 소리를 내기 위해서 내는 것이 아니며, 만물을 길러주지만 길러주기 위해서 길러주는 것이 아니요. 흐르다 보니 소리가 나고 만물을 길러주게 되는 것이오, 부처님의 마음 또한 그와 같았소."

"꾸밈이 없이 저절로 법을 설하셨군요."

"그렇소, 꾸밈이 없이! 깎지 않은 질박한 통나무와 같다고나 할까? 그리고 부처님이 숨을 거두기 직전에 참으로 명언을 남기셨지요."

"명언요? 처음 들어보는 말인데요?"

"임종을 지키던 한 제자가 슬픔에 젖어 지금까지 부처님을 믿고 의지하며 살았는데 앞으로 우리는 누구를 믿고 의지해야 합니까? 하고 물었지요."

"그래서요? 부처님이 뭐라 대답하셨어요?"

"그 누구도 그 무엇에도 믿고 의지하지 마라. 오직 너 자신을 믿고 의지하라 하였지요."

"예, 참으로 훌륭하신 말씀입니다. 당신이 돌아가신 뒤에 당신의 상을 세워서 믿고 구원을 청하면 사악한 도를 행하는 것이라고 법을 설하신 금강경의 내용을 확연히 깨닫게 해주신 말씀이에요!"

"오늘 날 모든 이들에게 전한 메시지라 할 수 있지요."

"맞아요! 그런데 더욱 중요한 것은 부처님은 죽음을 죽음으로 생각하시지 않으신데 있지 않을까요?"

"물론이오! 우리의 죽음은 죽음이 아니오. 육신은 집과 같소. 집이 낡으면 바꾸듯 육신이 제 기능을 상실하면 그 영혼은 다른 육신으로 환생하기 마련이오. 집이 허물어져 없어진다고 해서 그 속에 사는 사람마저 없어지는 것이 아니듯, 죽음은 물질인 육신이 사라지는 것이지 육신의 주인인 영혼이 사라지는 것은 아니지요. 따라서 죽음을 죽음이 아니라 한 것이오."

"그런데도 인간은 죽음을 가장 두려워하잖아요. 아 참, 금강경에 수자상壽者相이란 말이 있던데 죽음을 두려워한다는 뜻이에요?"

"수壽자는 목숨이고 상相은 상대적 개념이니까 목숨으로서의 상이란 뜻인데. 이 말은 육신의 주인인 영원히 죽지 않는 영혼의 상대적 개념, 즉 육신의 죽음을 뜻하지요. 상相의 전체 의미에서 보면 육신의 죽음을 두려워하지 말라는 뜻입니다."

"그런 뜻이었군요? 그런데 참! 저 몸이 안 좋아서 한때 잘 아는 비구니스님 암자에서 지낸 적이 있었어요. 그때 주지스님이 하도 권유해서 금강경 해설본을 열심히 읽었습니다. 그런데 지금도 이해가 안 되는 말이 있습니다."

"어떤 말이오?"

"수자상 말고도 아상我相 인상人相 중생상衆生相이란 말이 있잖아
요?"

"사상四相 말이오?"

"예, 사상이요. 유명하다는 한국, 일본, 대만, 중국 등 여러 나라
학자들이나 스님들이 해설한 책을 다 읽어보았는데 모두가 아상은
나에 대한 집착, 인상은 너에 대한 집착, 중생상은 중생에 대한 집
착, 수자상은 목숨에 대한 집착이라고만 똑같이 해설했던데 도무지
무슨 뜻인지 이해가 안 됩니다."

"아상, 인상, 중생상, 수자상은 부처님이 설한 금강경의 핵심인데
네 가지 상대적 집착이란 뜻에서 사상四相이라 합니다."

"핵심인 사상四相을 이해하지 못하면 금강경 전체를 해설하지 못
하는 것이나 마찬가지겠네요?"

"꼭 그런 것만은 아니요만, 아무튼 사상의 뜻은 이러합니다. 아상
我相의 아我는 나 아 자이고, 나는 진실한 본성을 의미합니다. 그리
고 상相은 상대적 개념이니까 아상我相의 뜻은 나의 진실한 본성의
상대적인 것, 즉 자신의 이기적 속성을 의미합니다. 모든 도로부터
탄생한 자연과 모든 인간은 '나'라는 개체의 존재물이 아니라 유기
적 관계를 맺고 있는 '우리'의 관계입니다. 서구 기독교 사상이 바
로 '나'인데 '나'라고 말한 순간부터 '너'라는 상대적 관계가 성립되
지요. 따라서 나와 너의 분별이 확실하게 정해지므로 이기적 속성

이 나타나기 마련입니다. 즉 너와 나, 내 것과 네 것이 분명해져서
너와 나의 갈등이 이에서 비롯됩니다. 또 아상我相이 진실한 본성의
상대적인 개념이니까 인간의 사회적 속성을 의미합니다."

"사회적 속성이라면 미워하고, 싫어하고, 좋아하고, 사랑하고, 증
오하고, 분노하고, 그리고 또 더 많이 가지려고 욕심내고 싸우고 더
높이 오르려 하는 등등 모든 욕망을 아울러 하는 말인가요?"

"그렇소. 그런 이기적 속성 때문에 인간사회가 평화롭지 못하고
개개인은 그런 번뇌로 괴로워할 뿐만 아니라 죄를 짓게 되는 것이
지요."

"아, 그리고 보니 우리는 항상 '나'라고 말하지 않고 '우리'라고
말하는 우리 한민족정신이야말로 위대한 인류평화의 이상이 머금
어져 있군요!"

"그렇소. 우리 한민족은 나보다 우리를 우선하는 정신이 있습니
다. 집도 내 집이 아니라 우리 집, 키우는 강아지 한 마리도 내 강아
지가 아니라 우리 강아지, 심지어는 남편도, 아내도, 자식도, 부모
도 내 자식, 내 남편, 내 부모가 아니라 우리 자식, 우리 남편, 우리
아내, 우리 부모… 이렇게 너와 나를 분별하지 않습니다. 한 그루의
나무도 풀도 내 것이 아니라 우리라 합니다. 따라서 자연도 나와 하
나가 됩니다. 이렇게 나와 네가 아니라 '우리'라는 이 말, 항상 잊지
말아야 합니다. 이 말속에 인간의 그 모든 갈등이 해소되고 영원한
평화, 영원한 사랑, 영원한 인류애, 위대한 종교와 사상이 다 들어
있으니 말이요!"

"늘 쓰는 '우리'라는 한 마디 말에 인류의 이상에다가 종교의 진

실까지 담겨 있다니 실로 놀랍습니다. 어둠 속에 밝은 빛이 비치듯 가슴이 벅차오릅니다!"

"이러한 아상我相을 마음으로 멸하면 너와 내가 분별되지 않으므로 너에 대한 집착이란 말은 있을 수가 없지요. 즉 인상人相을 너에 대한 집착이라 풀이한 것은 아주 잘못된 우견愚見입니다. 아상我相이 나에 대한 집착이라면 너에 대한 집착은 너 니你자를 써서 니상你相이라 해야 하는데 왜 사람 인人 자를 써서 인상人相이라 했을까? 그리고 인상 다음에 중생상衆生相이란 말이 있는데 사람이 중생인데 어째서 인상과 겹치게 말했는지 생각해봐야 합니다."

"어머 그렇군요! 금강경을 해설한 학자들이나 스님들이 어째서 그런 문제를 생각하지 못했을까요?"

"글쎄요, 하여튼 사람이 중생임에도 별도로 인간상을 말한 것은 중생 중에서도 인간만이 가지고 있는 나쁜 습성을 의미합니다. 이를테면 출세욕, 지배욕, 명예욕, 재물욕, 그리고 증오심, 복수심, 음모와 배신 등등이지요."

"맞습니다! 인간은 짐승이나 미물이 하지 않는 실로 추악한 속성이 있지요."

"아, 인상이 바로 그런 뜻이었군요!"

"중생상 역시 인간의 복합적인 습성을 의미합니다. 태에서 난 범처럼 포악하고, 소처럼 미련하고, 여우처럼 간사하고, 쥐처럼 잘 훔치고, 늑대처럼 잘 빼앗고, 양처럼 순박한 등등의 짐승, 그리고 알에서 나고, 습기에서 나고, 변화해서 난 온갖 버러지 같은 습성을 인간만이 다 가지고 있습니다. 인간을 제외한 짐승은 어느 한쪽으로만 치우쳐 태어났기 때문에 단순하지만 인간은 소우주라 일체 생명체의 습성을 온전하게 다 가졌지요."

"예, 맞습니다. 실로 인간은 예측할 수 없는 가지가지 상이 있어요!"

"그러므로 인간은 자기 자신을 모릅니다. 아무리 선량한 사람도 범처럼 포악할 수 있고, 살인도 할 수 있으며, 도둑질, 사기행각도 할 수 있는 습성이 그 마음속에 배어 있으며, 아무리 악한 사람도 양처럼 순수하고, 의를 위해 목숨을 바치고, 불쌍한 사람을 구원하는 측은지심이 그 마음속에 배어 있어요. 그러므로 사람의 마음만은 측량할 수 없지요."

"정말 그렇습니다. 인간은 너나 할 것 없이 자신을 알지 못합니다. 그래서 열 길 물속은 알 수 있어도 한 길도 안 되는 사람의 속은 알 수 없다고 했군요."

"그렇게 알 수 없는 변화무쌍한 마음이 곧 중생심이며, 그러한 중생심을 일컬어서 번뇌라 합니다. 따라서 번뇌 즉 중생상을 씻어내야만 비로소 깨달음을 얻습니다."

"마지막으로 수자상壽者相은 목숨에 대한 집착을 의미합니다. 죽음은 육신이 사라지는 것이지 육신의 주인인 영혼은 영원합니다. 따라서 영원한 생명의 상대적인 개념인 육신의 죽음에 대한 공포에서 벗어나는 것, 이렇게 네 가지 상, 즉 사상四相의 집착에서 벗어나면 그가 바로 깨달은 자로서 붓다이고 도통한 도인이며 신선이

자 초월적 신의 경지에 오른 자라 할 수 있습니다."

"오늘 저는 당신의 명쾌한 금강경 해설을 듣고 많은 것을 얻었습니다. 이 기쁨을 말로 표현할 수 없군요. 가슴 벅찬 환희를 느낍니다. 마지막으로 한 가지만 더 알고 싶은 것이 있습니다. 사상의 집착에서 벗어나면 초월적 신의 경지에 오른 자라 하셨는데 기독교의 예수 부활과 같은 뜻을 의미하는 건가요?"

"부활이라… 참 좋은 말이요. 그런데 나는 부활의 진정한 의미를 이렇게 생각합니다. 사람이 부활했다는 말은 죽은 육신이 다시 살아났다는 뜻이 아니라 그 영혼이 죽지 않음을 의미하는 것이라고. 모든 인간 역시 부활의 생명체니 예수처럼 영원히 죽지 않소. 예수의 부활을 굳이 인정하자면 영혼의 부활과 정신의 부활이라 할 수 있소. 즉 육신은 죽어도 참 자신인 영혼은 살아있음을 의미하는데 범인과 다른 점은 그가 가르친 진리의 영원함이요."

"그럼 예수의 부활은 대승적 부활인가요? 어느 전직 교수가 그러던데 대승은 높이 타오르는 것이라 하더군요. 무엇이 타오르는 것인지 모르지만 좋은 곳으로 간다는 뜻이 아닐까요? 그러니까 예수도 진리를 실천한 사람이라서 낮은 곳에서 높은 곳으로 타오른 인물이라 할 수 있겠죠?"

"대승을 높이 타오른다고 해석한 것은 문자에 매인 단견이오. 대승은 무위의 도를 말함이니 만물을 위함 없이 위하여 덕을 베푸는 마음이 곧 대승이오."

"……!"

강서영은 남편의 거침없는 대승풀이에 감탄해 침묵으로 다음 말을 기다렸다.

　"마찬가지로 노자는 도를 또 이렇게 설명하였지요."

　"어떻게요?"

　"그윽하고 그윽하여 혹 존재하는 것 같기도 하지만 나는 도道가 누구의 자식인지 모른다. 아마도 도는 하느님보다 먼저 있었을 것이다 하고, 아무튼 도가 곧 대승이요 대승이 도인 것이오."

　"대승이나 도는 결국 같은 뜻이었군요! 그럼 소승은 무슨 뜻이에요?"

　"소승이나 대승이나 깨달음을 얻으면 하나가 됩니다. 굳이 따지자면 대승은 만물을 측은지심으로 바라보고 구원의 마음을 갖는 것이고, 소승은 자신의 내면만을 관찰하는 것인데. 그것은 방법만 다를 뿐 그렇게 해서 깨달음을 얻으면 부처님처럼 무위의 덕을 베풀기 마련이오. 그러므로 대승과 소승을 뜻을 굳이 분별할 필요가 있을까?"

　"그런데 여보, 한 가지만 더⋯ 아까 문자에 매여서 대승을 잘못 해석한 것이라 하셨는데, 불립문자를 말씀하신 건가요?"

　"그런 뜻이 아니오. 문자文字가 머금고 있는 이치를 깨닫지 못하고 한자漢字 뜻만 생각하고 해석한 것을 말한 것이었소. 문자란 무엇을 깨닫기 위한 도구이지 깨달음 그 자체는 아니기 때문에 한 말이오. 그래서 문자를 뗏목에 비유하는데, 뗏목은 이쪽 강에서 저쪽 강으로 실어 나르는 도구이니 저쪽 강가에 도착하면 뗏목은 필요가 없지 않소? 마찬가지로 문자는 깨달음을 얻기 위한 도구로서 깨달음을 얻었으면 뗏목과 같이 버려야 하므로 불립문자라 한 것이오."

"그러니까 문자는 무엇을 알기 위해서 필요하지만 알고 난 뒤에는 필요가 없다는 말이군요?"

"우리가 서로 사랑해서 결혼했으니 이제는 사랑이란 글자를 지니고 다닐 필요가 없지 않소? 사랑을 마음으로 다 알고 깨닫고 있으니 말이오!"

사뭇 진지하게 말하던 그가 짐짓 농이 어린 웃음을 담아 말했다. 그녀는 그 말에 깜짝 놀라고 행복했다. 사랑한다 하고 직접 대놓고 한 말은 아니지만 그와 같은 말이어서 새삼 가슴이 설레었다. 사랑이라 말하면 그 이면에 미움과 증오가 상대적으로 존재하고 있기 때문에 진실한 사랑은 굳이 사랑이라 말하지 않는다는 그의 지론을 이해 못하는 것은 아니었다. 하지만 듣고 싶었던 그 말, 처음으로 듣는 고백이라 감동이 쫘하니 온몸으로 퍼져나가, 그의 어깨에 머리를 기대고는 속으로 시를 읊듯 속삭였다.

"당신은 저의 사랑의 불립문자입니다!"

부처가 열반한 땅이라서 일까? 그는 우담바라 한 송이가 어깨에 내려앉은 듯 아내가 소담스러워 한 팔을 들어 살며시 어깨를 껴안았다.

남편 가슴에 안긴 그녀는 하늘은 맑음으로, 그리고 초목은 싱그러움으로 축복의 향기를 감싸주는 듯 포근했다.

쿠시나가라에서 두 시간 가량 시간을 보낸 한성민 부부는 힌두의 성스러운 강 갠지스가 흐르는 바라나(Barana) 시로 향했다. 거기에 도착해서는 부처의 첫 설법지인 녹야원 근처 한 허름한 여관에 여장을 풀었다. 그곳에서 다시 차를 세내어 내륙으로 들어갈 생각으로 카트만두에서부터 줄곧 타고 온 지프는 돌려보내고 다음 날 새벽까지 휴식을 취했다.

강서영은 아무리 요가로 단련된 몸이기는 하지만 먼 길을 계속해서 달려온 탓에 피곤이 한꺼번에 밀려들었다. 게다가 여관 침대바닥이 불쑥불쑥 스프링이 솟아 있어서 몸이 불편은 했으나 남편이 내준 팔을 베고 안겨서 눈을 감으니 금방 깊은 잠에 빠져들었다.

그러나 한성민은 문득 강철호가 걱정돼 쉽게 잠이 오지 않았다.

여행을 떠나오기 전날 강철호가 지나가는 말처럼 했던 질문이 새삼 떠올라 자꾸만 걱정이 쌓여갔다. 호랑이 한 마리가 백 마리 양을 물어 죽인다면 그 호랑이는 반드시 죽여야 하지 않느냐는 그 질문을 곱씹어 생각해 보니 무언가 큰일을 저지를 것 같다는 생각을 지울 수가 없었다. 그때는 예사롭게 들었으나 지금 되새겨 보니 아무래도 느낌이 좋지가 않았다. 성기를 다쳐 피폐해진 감정이 부정한 불특정 다수인들을 향한 분노의 심중을 나타낸 것은 아닐까?

한성민은 그 생각에 이르자 정신이 번쩍 들었다.

어느 나이트클럽 사장이 성기에 테러를 당했다는 러브호텔 사건이 혹시 강철호가 한 짓이 아닌지 불쑥 의문이 솟았다. 그때는 결혼을 코앞에 둔 때라서 미처 그런 예상을 할 여유가 없었다. 하지만 거듭거듭 생각해 보니 강철호 짓이 틀림없어 보였다. 그리 확신에 가까운 결론을 내리자 또 다른 범행을 저지를 것 같은 예감이 번개처럼 머리를 스쳐 무엇에 크게 놀란 듯 급히 일어나 앉았다. 그리고 아내가 깰 새라 조심스럽게 아래층으로 내려가 수련원에 전화를 걸어보았다.

밤에는 여직원이 사무실 전화를 제 휴대폰으로 연결해 놓고 퇴근하기 때문에 아무도 없는데서 강철호의 동태를 자세히 말해줄 것이라 믿어서였다.

아닌 게 아니라 여직원은 반가워하며 수련원 일까지 낱낱이 말해주었다.

그런데 뜻밖에 강철호는 아침부터 저녁까지 수련생을 직접 지도도 하고, 요즘은 별장에도 가지 않고 가끔 본가에 다녀오는 일 외에는 본인 스스로도 수행에 열심이어서 수련생들이 매우 존경한다며 신명나는 목소리로 빠르게 대답했다.

그 말을 듣고 보니 과민한 자신의 우려가 기우에 지나지 않아서 가슴을 쓸어내렸다. 그리고 못 믿어한 강철호에게 미안한 생각도 들었다. 어쨌건 이제는 아내 곁에 두 다리를 쭉 뻗고 편하게 잠들수 있어서 마음이 한결 가벼웠다.

강서영은 일찍, 그리고 정신없이 푹 잔 덕에 이른 새벽인데도 귓가에 어렴풋이 맴도는 스피커 소리에 눈을 떴다. 아련히 들려오는 소리에 귀를 기울이니 사방에서 울리는 낯선 음악소리에 울부짖음 같은 음률이 섞여 있었다. 마치 오케스트라에 청승맞은 피리소리가 섞여서 나는 소리 같다고나 할까? 그 소리가 의아해 다시는 눈이 감기지 않아서 일어나 앉아 남편의 얼굴부터 쳐다 보았다. 그는 아내가 몸을 뒤척여 일어날 때 침대가 출렁이며 삐거덕대는 소리를 듣고 막 일어나려던 참이었다.

"당신도 저 소리 들리세요? 음악소리가 이상해요?"

"으응, 힌두사원에서 울리는 음악과 주문 외는 소리일 거요."

"역시 인종과 문화에 따라서 소리가 큰 차이가 있군요."

"민족마다 심성이 다르니 그럴 테지… 벌써 다섯 시군! 어서 일어납시다. 그리고 옷을 두텁게 입어요. 더운 지역이지만 새벽은 추우니까."

한성민은 일찍 나가서 아내한테 갠지스 강 건너편 동쪽 하늘에서 떠오르는 태양도 보여주고, 여러 가지 힌두의식을 구경시켜 줄 생각인데 그러려면 시간이 촉박했다. 지금 곧바로 나가지 않으면 강변 화장장으로 나가는 힌두의 상여와 화장의식을 볼 수 없을 것 같았다. 게다가 힌두인들이 그들의 성스러운 강에 몸을 담가 죄를 씻고 축복을 받는 모습과 꽃과 촛불을 물에 띄워 신을 기쁘게 하는 의식을 보여주고 싶어 마음이 급했다. 입은 옷에 스웨터며 잠바를 서둘러 걸치고 아내를 재촉해 밖으로 나갔다.

다행이었다.

막 여관문을 나서자 힌두인들이 벌써 강가를 향해 무리지어 몰려가고 있었다.

한성민은 아내 손을 잡고 그들의 뒤를 따랐다.

안개가 자욱한 길을 따라 부지런히 걸음을 옮기는데 소들은 골목을 어슬렁이고, 어떤 녀석은 드러누워서 되새김질하고 있는 것이 천연덕스러웠다.

그런데 골목을 벗어나 넓은 길가에 접어들자 하얀 천을 덮은 시신을 들것에 누이고 네 사람이 메고 가는 상여가 빠르게 지나갔다. 망자가 이승의 고통을 벗어버리고 저승의 신 앞으로 갈 것이라 믿어서일까? 아니면 더 좋은 곳에 태어날 것이라 믿어서일까? 상여 뒤를 따르는 상주들은 슬픈 곡을 하지 않았다.

강가에 이르자 강변을 따라 길게 늘어선 고풍스런 힌두사원들이 신의 가호 속에 한밤을 지낸 양 초연히 늘어서 있고, 출렁이는 파도 위에 뿌연 안개가 자욱했다. 그리고 강 저쪽 먼 곳으로부터 아직 빛무리가 없는 둥근 태양이 붉은 모습으로 서서히 자태를 드러내고 있었다.

강에는 여러 대의 작은 배에 몸을 실은 관광객이 신비한 광경을 구경하기에 여념이 없는데, 힌두인들은 소원을 실은 꽃과 촛불을 담은 그릇을 강물에 띄워 신 앞으로 보내고 있었다. 그리고 남자들은 팬티 바람으로, 여자들은 옷을 입은 채 그들의 성스러운 물속에 들어가 혹은 헤엄치고 혹은 앉아 몸을 씻고 있었다.

그리고 마지막으로, 그녀가 두고두고 잊지 못할 끔찍한 장면을 목격하고는 몸서리치며 남편의 가슴에 머리를 묻었다. 바로 힌두인들의 성스러운 의식의 하나인 장례식이었다. 힌두인들의 장례식은 인간의 육신이 얼마나 허무한 것인가를 잘 보여주고 있었다.

훨훨 타오르는 장작개비 위에 놓인 시신은 불타는 나무토막에 다름이 아니었다. 살이 타서 불꽃이 피어오르고, 미처 타지 못한 팔뚝이며 다리, 머리가 떨어져 불길 밖으로 미어져 나오면, 타다 남은 장작을 주어 올리듯 불꽃 위에 집어 올려 이리저리 뒤적여서 태우는 것이 겨울 모닥불 장작개비에 지나지 않았다.

아무리 사람의 몸이 흙, 물, 열, 공기 4원소라 해도 어찌 저리 끔찍하게 할 수 있을까! 그리고 육신을 떠난 영혼은 천상으로 오르지 못하거나 다른 이의 몸을 빌려 다시 태어날 때까지 어디에서 머물까? 육신을 묻은 무덤이 없으니 객귀로 떠돌다 머물 곳 없어 통곡하는 것은 아닐까? 그녀는 불붙은 장작개비에 타는 육신의 처참함에 울컥 눈물을 쏟았다.

그런데 어디선가 묘한 음률이 들려와 고개를 들어보니 강가 파도가 산산이 부수어져 물보라가 튀어 오르는 바위 끝에 한 청년이 혼자 서서 피리를 불고 있었다. 피리통을 한쪽 어깨에 걸머진 청년은 신의 소리를 전하는 것인지 슬픔을 표출하는 것인지는 알 수 없으나 치마처럼 두른 옷자락이 바람에 나부끼는 모습이 처량해 보였다.

"당신이 보는 이 모든 것들은 힌두인들의 정신이오. 그들의 내세관을 그들의 입장에서 이해의 눈으로 보아야 해요."

평소와 사뭇 다른 아내의 얼굴색을 본 그는 한쪽 어깨를 껴안아 화장장을 뒤돌아서 걸어 나왔다.

"모르겠어요. 뭐가 뭔지… 이런 인간 세상도 있다니 충격이에요."

"힌두인들은 물을 천지만물의 생명의 근원이자 죽음이며 동시에 성스러운 신의 마음이라 생각합니다. 특히 갠지스에는 그들의 위대한 신 시바Siva가 그의 아내 칼리Kali와 함께 있다고 믿고 있어요. 그래서 그들은 일생에 단 한 번이라도 반드시 이곳에 와서 목욕하고 물마시기를 소원하지요."

"시바는 어떤 신이에요?"

"시바Siva는 브라흐마Varahma, 비시누Visinu와 더불어 삼신의 하나인데 파괴의 신이라 합니다. 시바가 파괴하지만 우주 만물을 지속시켜 주는 신은 비시누요. 이 두 신은 천지의 건축가 또는 창조자라 불리는 유일신 브라흐마의 몸으로부터 탄생되었다 하지요. 그래서 그 둘은 브라흐마라는 유일신의 일부로서 하나는 셋이고, 셋은 하나라는 삼위일체 사상을 나타내고 있어요. 또 시바는 칼리Kali 비시누는 락시미Raksimi라는 아내가 있고, 브리흐마는 파라스파티Paraspati라는 아내가 있어요. 그래서 모두 숫자가 6이 되는데, 6은 삼신이 짝을 이룬 음양의 결합성이며 천지만물의 완성을 의미합니다."

"복잡하네요? 삼위일체 사상에 대해서 다음에 말씀해 주세요. 근데 힌두는 무슨 뜻이에요?"

"갠지스는 인도 내륙으로 흐르는 인도인들의 젖줄이오. 이곳에서 아리안Alian 문화와 결합해 고유한 문화를 탄생시켰는데 그것을 힌두이즘이라 합니다. 힌두이즘을 한 마디로 요약하자면 흐르는 강이라 하면 되오."

"흐르는 강이라니요?"

"고대에는 이 강줄기를 따라서 내륙까지 드라비디안Dravidian 족과 문다Munda 족이라는 두 토착민들이 원시문명으로 살아가고 있었어요. 그런데 아리안 족이 마치 누에가 뽕잎을 갉아먹듯 조금씩 그들을 점령해 들어가면서 그들의 원시문명과 아리안의 문명이 결합돼 새로운 문명을 탄생시켰던 것이오. 그래서 이 강줄기를 따라서 문명이 형성되었으므로 힌두를 흐르는 강, 또는 강가Ganga문화라고도 하지요. 강가란 우리 말 강가, 즉 강변과 음도 같고 뜻도 같소."

"어머나! 정말이에요?"

"그렇소. 그렇기 때문에 고대 아리안 족이 우리 민족이라 했던 것이오. 특히 아리안 족이 그들을 점령하면서 고유한 네 계층의 계급제도인 카스트kaste, 즉 바라문varamun. 브라문, 찰제리chaljeli. 크샤트리아, 폐사peasa. 바이샤, 수다라sudara.수드라가 정해졌지요. 그런데 최고의 계급인 아리안 족을 바라문 혹은 브라만이라 하는데 그들의 유일신 브라흐마와 동일어로서 호랑이의 순수 우리 말인 범虎라는 뜻. 흉노과 같은 뜻이오. 고대 환웅배달국 시대 범족이 흉포해서 환웅桓雄 천황天皇께서 사해四海 밖으로 쫓아냈다는 기록이 있는데 바로 이 범족이 아리안이오."

"그럼 석가모니 부처님이 브라만이니까 아리안 족이라 말씀하셨군요?"

"그렇소. 석가Shaka란 석씨 가문이란 뜻인데, 석釋의 본래 뜻은 빛이지요. 그래서 석가는 빛의 가문이란 뜻이고, 모니牟尼.muni란 말은 신선 또는 현자賢者란 뜻이지요. 그러니까 빛의 가문에서 태어난 신선이란 뜻이 석가모니인데, 바로 우리의 위대한 조상이요 하느님이

신 환인桓因.太一로서 최초의 빛이란 뜻의 종속으로서 천손임을 의미합니다. 환인을 불교적으로는 연등불, 혹은 제석천이라고도 하고, 세상을 실질적으로 다스리는 분으로서 힌두에서는 사카라 드바난 인드라Sakara dvanan indra을 약칭해서 인드라Indra고도 합니다."

"아, 정말 놀랍군요! 우리가 그처럼 위대한 분의 적손이라니!"

"그래서 전 인류 중에서 우리 민족만은 천손天孫이라 자처하지요. 유대인은 선민選民이니 선택된 민족이란 뜻인데, 천손과 선민은 엄격한 차이가 있어요. 뭐랄까, 천손은 적자嫡子이고, 선민은 서자庶子랄까? 아님 천손이 선택한 민족…? 아무튼 말뜻을 새겨보면 비교를 할 수가 없소."

"부끄럽습니다. 일류대학을 나왔다는 자부심만 있었지 우리의 역사 하나 제대로 모르고 살아온 저의 무지가 오늘처럼 뼈아프게 느껴진 적은 없었습니다. 앞으로 더 많이 일깨워 주세요. 한민족으로 태어난 제가 자랑스럽습니다. 아리스토텔레스가 이리 말했다지요. '신이여, 저를 동물로 태어나지 않고 인간으로 태어나게 해주시고, 인간 중에서도 귀족으로 태어나게 해주시어서 감사하나이다.' 하고요. 저는 한민족으로 태어나게 해주신 신에게 감사드리고 싶어요."

강서영은 예전에 생각도 못했던 우수한 자신의 정체성을 깨닫고는 감격했다. 몸속에 위대한 신의 혼이 깃들고 피가 흐르고 있다는 사실, 그것을 자각한 지금 몸속에 내재된 영혼이 얼마나 귀중하고 환희로운지 덩실덩실 춤이라도 추고 싶어 저절로 걸음이 빨라졌다.

"당신 갑자기 걸음이 급한데! 화장실에 가고 싶소?"

한성민은 의아했다. 화장터를 돌아 나올 때부터 줄곧 힘없이 걷던 아내였다.

"아니에요. 저의 몸이요! 몸에 한님의 혼이 계시다 생각하니 저절로 힘이 솟아서요."

"그랬군! 난 또!"

"아까는 그랬거든요. 불에다 사람을 태우는 거 보고 얼마나 끔찍하고 무섭고 허무하든지요. 하지만 지금은 아니에요. 그까짓 몸이야 물질이니까 아무런들 어때요? 한님의 혼이 저의 혼인데."

"잘 생각했소! 우리도 저 강물에 손을 씻을까?"

"그래요. 근데 물을 끼얹고 물속에 들어가고 하는 거 보니까 꼭 기독교 세례의식을 보는 것 같아요!"

"아니, 그들의 세례의식이지. 힌두의 역사로 보아 세례의식은 힌두로부터 기독교에 전해졌지 않았나 하는 생각이 듭니다. 저 사람들이 물을 끼얹는 것은 신의 물로 몸을 성스럽게 한다는 뜻이 있소. 따라서 기독교적인 세례의 뿌리라 할 수 있어요. 지저스Jesus. 본래 한자음은 야소耶蘇인데 예수로 변음 크라이스트christ. 그리스도로 변음가 열두 살 때 인도에 와서 18년간 수도했다고 하니 그로부터 전해졌을지도 모르지요."

"네? 예수가 인도에서 수도했어요?"

"그렇게 주장하는 사람들이 많은데, 여러 주장들을 살펴보면 틀림없는 사실이라 생각되오. 불교를 공부한 수도승이라는 사실을 언젠가는 역사가 증명해 주겠지요. 한 가지 증거로 기독교에서 종

교를 레리전Re-ligion이라 하는데, Re레는 '원래대로' 라는 뜻이고,
ligion리젼은 집중, 회귀 등의 뜻이 있소, 즉 본성에 회귀하기 위해
집중한다는 뜻이니 힌두의 요가Yoga. 집중하다와 불교의 명상과 같은
말이지요.

"어머, 레리전이 그런 뜻이에요?"

"그렇소."

"저는 여태 그것도 모르고 있었어요!"

"그야 생각해 보지 않았으니까."

"그런데 단군 조선과 민족문화를 미신이라 매도하는 사람들을
보면 불쌍해요. 엄연한 역사의 뿌리를 부정하고, 민족의 정체성까
지 허무는 그들은 누구인가 싶어요. 그러고 보니 그들의 신이 내렸
다는 10계명도 1세 단군왕검 성제께서 공표한 법령이네요. 나라를
다스리기 위해 기원전 2333년에 공표한 8금법八禁法.여덟 가지 금하는 법
말이에요. 살인, 도둑, 강간, 거짓, 폭력, 불효, 탐욕, 신에 대한 모독
을 금하는 8가지 법이 십계명과 같아요!"

"호오, 당신 그것도 알고 있었군!"

"우연찮게 역사서를 읽어 보았거든요."

"팔금법八禁法은 함무라비 법전에 그대로 전해지고 함무라비 법전
은 다시 모세에 의해서 소위 십계명이란 법계가 전해졌지요. '나 외
에는 다른 신을 두지 말라', '우상을 숭배하지 말라'는 그들 종족만
의 자존을 지키는 두 가지를 8금법에 더하면 열 가지가 되지요."

"창세기를 읽어보니까 메소포타미아 신화 내용 그대로던데요. 메
소포타미아신화를 읽어본 적이 있거든요."

"맞소! 그런데도 말이오!"

한성민이 갑자기 언성을 높여 말하다 말고 목이 메여 입을 닫았다.
"당신 왜 그러세요? 화난 사람 같아요."
"으응, 내가 그랬소? 남의 허구의 역사는 잘도 믿고 찬양하면서 왜 자신을 낳아준 조국의 역사를 부정하고 조상을 욕하는지 그런 사람들이 생각나서 나도 모르게 그만!"

강서영은 놀랐다. 좀체 자신의 감정을 드러내지 않는 남편이 노기를 띠어서 이제 그런 이야기는 그만 했으면 하였다. 그래서 분위기를 바꿀 양으로 강가로 뛰어가 손을 씻고 얼굴을 씻었다.
의외로 강물이 차가웠다. 일부러 좀 시린 손을 호호 불며 오들오들 떠는 시늉을 해 노기 대신 자신을 걱정하도록 남편의 마음을 돌려놓았다. 그리고 강을 보니 잔잔한 물결이 하늘 높이 솟은 태양의 빛무리를 반사해 금빛으로 반짝였다.
"우리도 배 타고 강 가운데 가볼까?"
한성민은 어느 새 평안한 마음으로 추워하는 아내를 놀릴 생각으로 짐짓 웃으며 말했다.
"싫어요! 추워서."
"그럼 아침식사나 합시다. 식후에는 녹야원을 둘러보고 이곳은 비단이 유명하니까 상점에 들러 당신 것하고, 어른들 선물을 샀으면 좋겠소."

"선희 아가씨 것도 사야지요."

"전에 사다 주었소. 스카프하고 솔 이런 것들."

"그럼 이번에는 제가 다른 거 선물할래요."

강서영은 남편의 선물 이야기에 기뻤다. 선물 같은 것은 남의 이야기쯤으로 여기는 줄 알았는데 뜻밖이었다. 하긴 의외로 정이 깊고 자상한 남편의 심성을 결혼하고 나서야 제대로 알아차릴 수가 있었다.

식당에 가서는 콧김만 불어도 날개가 달린 듯 풀풀 날아가는 쌀밥을 반찬을 뒤섞어서 손으로 꾹꾹 버무려 먼저 먹어 보이며 낯선 식사법을 가르쳐 주기도 하고, 밤엔 이부자리를 펴주고, 옷을 입혀주는가 하면 머리도 빗겨주는 사람이었다. 그리고 과로로 건강을 해칠까 봐 얼마나 마음을 써주는지 그저 가슴이 벅차기만 하였다.

녹야원은 옛 사슴동산이었다는 말대로 사슴이 뛰놀기 좋을 만큼 넓고, 소복소복 푸른 잔디가 곱게 돋아나 있었다.

동산 둘레는 숲이 우거져 사슴이 사냥꾼을 피해 숨기도 좋아 보였다. 부처의 첫 제자인 교진여 등 다섯 명은 아마도 사슴의 착하고 순박한 모습이 사람의 본성과 같다고 여기고 사슴을 거울삼아 이곳에서 수도를 했을 성도 싶었다.

그래서인지 부처가 첫 법륜法輪.깨달음을 얻는 법. 임맥과 독맥이 저절로 트이게 하는 수행법을 돌린 장소도 사슴이 무리지어 풀을 뜯었을 것 같은 곳에 있었다.

그곳엔 황금빛으로 빚은 부처의 상이 법륜을 돌리는 자세결가부좌하고 왼손 엄지와 검지를 맞대 둥근 원을 그리고, 오른 손 엄지를 손가락이 맞닿은 곳에 댄 자세로 역시 황금빛으로 빚은 다섯 제자 앞에 앉아 있는 모습이었다.

"부처님께서 붓다가야 보리수 아래서 깨달음을 얻으신 후, 몸소 걸어서 이곳까지 오셔서 처음으로 법륜을 돌리시어 첫 제자를 거두시던 모습을 재현해 놓은 것이오."

"붓다가야에서 여기까지 거리가 얼마나 되어요?"

"시속 40킬로미터 정도로 쉬어가면서 달리면 이틀은 족히 걸릴 게요."

"그렇게 먼 곳을 걸어서 오셨어요?"

"게다가 맨발로 오셨소!"

"어머나! 그렇게도 먼 길을요? 왜 그 먼 길을 걸어 여기까지 찾아오셨을까요?"

"깨달음을 얻으신 후, 어디서부터 어떻게 설법하실지 시쳇말로 작전을 세우신 것이지요. 여기 다섯 제자의 우두머리가 교진여인데, 부처님께서 출가하셨을 때 경호하던 호위대장이었소. 그런데 부처님께서 한 여인이 주는 우유를 받아 드시는 걸 보고 타락한 것으로 오해한 나머지 실망해서 자기네들끼리 이곳에 와서 수행정진하고 있었지요. 그래서 오해한 그들을 먼저 깨우쳐 줄 생각으로 이곳까지 오셨던 것 같소."

"네…! 그런데 부처님이 금강경을 설하셨다는 사위성舍衛城이란 곳은 어디쯤 있어요?"

"금강경을 설하신 곳은 기원정사祇園精舍인데, 사위성 남쪽에 있어요. 붓다가야와 그리 멀지 않은데 지금은 폐허가 돼서 황량한 벌판에 옛 자취도 찾아보기 어려워요. 왜 금강경이 생각나오?"

"아니에요! 철학교수 출신 어느 유명한 교수가 쓴 금강경 해설책이 베스트셀러라고 해서 예전에 읽어본 적이 있어요. 그런데 그 사람이 그러더군요. 우리나라 삼국시대 신라新羅의 옛 이름 서라벌이 사위국에서 따온 불교적 말이라 해서요. 서라벌이 신라가 되었다나요?"

"뭐요?"

한성민은 자신도 모르게 벌컥 화난 소리로 언성을 높였다.

"서울도 사위성에서 유래된 말이라던데요? 중국 당나라 현종 때 현장이란 사람이 인도에 유학하고 돌아와서 사위를 실라벌室羅伐이라 음역했는데, 그것을 보고 실라벌을 서라벌이라 하고, 서러벌이 서울이 되었다 했어요."

"그 사람 역사를 제대로 아는 학자인가?"

"아니에요! 하지만 모르는 것이 없는 사람이라 자타가 공인해요!"

"스스로?"

"네, 금강경 첫머리에 원효 대사의 학식과 자신을 비슷한 수준이라 은근히 비교했던데요."

"그 사람이 그렇게 교만한 인물이오? 우리 저기 가서 앉아서 애기합시다."

한성민은 어이가 없어서 혼자말처럼 반문했다. 그리고 아무래도 긴 이야기를 해야 될 것 같아서 양지바른 잔디밭을 가리키고는 먼저 성큼성큼 걸어갔다.

아내가 뒤쫓아 와 곁에 다소곳이 앉자 그는 탄식이 거두어지지 않아 한참을 말문을 열지 못했다.

위대한 철학가이자 대각을 얻은 승려로서 천년 세월을 타의 추종을 불허하는 동방의 부처라 불리는 원효를 자신에게 비유하다니!

하늘과 땅이 웃고 강아지가 웃을 일이어서 언급할 가치조차도 없었다.

정말로 아는 자는 말하지 않고, 말하는 자는 알지 못한다 하더니, 그 자의 잘 포장한 얄팍한 지식을 짐작하고도 남았다.

그러고 보니 알맹이 없는 지식을 현란한 말솜씨로 청중을 휘어잡다가 자취도 없이 사라지는 여러 유의 사람들이 적지 않았다.

사기꾼에게 당한 돈이야 다시 벌면 된다. 그러나 특히 명성이 있는 자로부터 그릇된 지식을 한 번 받아들이면 굳어져 버리기 일쑤여서 일반인들이 거짓을 진실로 알고 평생을 살 텐데 함부로 아는 체하는 자는 그 죄가 재물을 사기하는 것보다 무겁다.

한성민은 그리 생각했다.

"삼국을 통일한 신라가 인도 사위성에서 따온 말이라 했으니 우리의 역사가 또 한 번 왜곡되는 비극이라 아니할 수가 없소. 나라 이름마저 남의 나라 이름을 옮겨놓았다 했으니 민족의 정체성과 주체성, 그리고 자존심을 일시에 무너뜨려 놓은 것이나 진배가 없어요!"

"생각해 보니까 정말 그러네요! 자기 성姓이 없어서 주인의 성으로 족보를 만든 옛날 노비들과 같아요. 자기 민족의 뿌리를 그렇게 비하다니! 양식이 없는 사람이군요."

남편의 말을 듣고서야 그녀는 비분했다. 그 글을 읽을 때는 그저 그렇거니 하고 생각했었다. 하지만 따져볼 생각도 없이 자연스럽게 그렇거니 했던 그 자체가 이미 사대주의자들의 근성에 자신도 모르게 잘 길들여져 있었음을 그제야 자각했다. 그리고 여태 그랬던 자신이 개탄스러웠다.

"서라벌의 '서'란 본래 우리의 순수 언어로 물이란 뜻이오. 그리고 '라'는 태양의 순수 우리말이고 '벌'은 벌판이지요. 즉 '서'는 음인 땅을 일컬음이고, '라'는 빛이니 신의 빛이 비추이는 땅이며 생명의 땅이란 뜻이오. 서울의 '울'은 울타리라는 뜻이니 '물이 울타리한 곳'이 되지요. 즉 '물 울타리'가 서울의 본뜻이 아닌가 생각해요."

"듣고 보니 일리가 있네요?"

"또 이렇게도 해석할 수도 있어요. '울'은 어라, 얼, 얼라의 변음인데. 지금도 경상도에서는 아이를 얼라 또는 알라라 합니다. 얼이나 알은 신의 영靈이란 뜻이고, '라'는 빛이지요. 즉 신의 빛으로 탄생한 영이 얼라요 알라입니다. 그리 보면 서울은 생명수인 물과 빛의 땅, 또는 신의 영이 깃든 땅이란 뜻이 됩니다. 이처럼 우리 민족은 어느 곳이든 항상 물과 빛, 내지 신의 영을 함축시켜 놓았지요."

"역시 우리는 천손민족이라 그렇군요!"

"그렇소! 천손민족이기에 중요한 단어에 모두 빛의 의미가 머금어져 있소. 신이 곧 빛이니까! 그리고 아까 당나라 현장이 한자로 의역意譯한 사위성의 사위舍衛란 말의 원어는 산스크리트 어로 스라바스티Sravasti라 하는데, 교살라국憍薩羅國.범어 Kosala의 수도 서울의 명칭이었소."

"그럼 서라벌이나 신라, 서울과는 음운상으로도 전혀 맞지가 않네요?"

"뿐만 아니라 현장이란 사람은 서기 600년부터 664년까지 생존했던 승려인데, 13세 때 인도로 출가해서 17년간 유학하고 돌아와 60권이나 될 만큼 방대한 마하반야바라밀다심경摩訶般若波羅密多心經을 270자로 음역音譯과 의역意譯을 겸해서 압축해놓았지요. 오늘날 반야심경이라 해서 가장 많이 암송하는 불경이 바로 그것이오."

"어머 반야심경이 그렇게 방대해요?"

"그렇소! 하여간 현장이 생존했던 시기가 서기 660년이고, 신라가 서라벌이란 국호를 사용한 시기가 22대 지증왕 때부터인데 서기 500년이었소. 무려 160년이나 차이가 나지요. 그런데 어떻게 당나라 현장이 의역한 사위성을 따와서 서라벌 혹은 신라라 국호國號를 지을 수가 있었겠소? 역사적으로도 말이 안 되는 소리요. 하긴 내가 인도에 있을 때 어느 승려도 그러더군! 우리나라의 가야국도 인도의 붓다가야에서 따온 말이라고!"

"어머, 그러고 보니 가야라는 말이 같네요? 그래서 그랬나 봐요!"

"종교의 사대주의자들이나 하는 말이오!"

"……!"

"가야는 석가모니 탄생 이전부터 존재했던 왕국이었소."

"가야 중에서 금관가야 시조 김수로왕의 왕비 허황옥도 인도에서 온 인도인 공주였다지요?"

"그것도 잘못된 말이오. 허 황후는 인도인이 아니오. 가야인이지!"

"하지만 역사의 기록이 있고, 절에서도 그렇게 말하는 걸요."

"그래서 종교의 사대라 말한 것이오. 생각해 봐요. 만약 허 황후가 인도 공주였다면 어째서 인도인의 이름이 없고 처음부터 허황옥이라 했겠소? 또 허 황후가 수로왕을 만나러 올 때 신하들을 거느리고 와서 금관가야국 신하가 되었다 했소. 말도 다르고 문화도 다르고 의식도 다른 이민족이 오자말자 곧 바로 가야국의 신하가 돼 정사에 참여할 수 있단 말이오?"

"정말 그러네요. 이름도 그렇지만 바로 말이 통했다는 것도 이상해요."

"그 당시 가야인들이 인도의 일부지역까지 진출해서 또 다른 가야국을 세웠었소. 인도 땅의 가야국 공주가 본토의 가야국 왕과 혼인한 것이지요. 사실 인도에서는 우리의 역사를 많이 볼 수 있소. 따라서 붓다가야가 오히려 우리의 가야에서 전해졌을 가능성이 높아요!"

한성민은 좀 언성을 높였다.

그리고 답답한 가슴을 못 참은 듯 벌떡 몸을 일으켜 역사 이야기는 그만하고 다음 여행지로 가자고 하였다.

강서영은 말없이 남편의 뒤를 따르면서 생각했다.

오직 도만을 생각하며 도 자체가 되고자 하는 사람, 그런 사람 가슴 속에 뜨거운 역사관과 민족의식까지 품고 있는 그 사람의 아내 된 자신이 한없이 작으면서도 자랑스러웠다.

하늘은 반드시 응답한다

한성민 부부가 갠지스와 녹야원을 둘러보고 지프를 다시 세내어 사흘쯤 소요될 것으로 생각되는 캘커타로 먼 여정의 길을 떠난 그 시간 강철호는 수련원 일에 열심이었다. 때때로 강원도 별장에 가서 높은 산을 오르내리며 체력을 다지는 한편 익힌 무술을 보다 높은 경지로 끌어올리기 위한 노력도 쉬지 않았다. 특히 못을 예리하게 갈아 만든 표창 던지는 기술을 연마하는데 더 많은 노력을 기울였다. 멀리 떨어진 작은 잎사귀를 눈 깜짝할 사이에 떨어뜨릴 정도였다. 하지만 그에 만족하지 않았다. 까마득히 높은 가지 위의 매우 작은 열매도 더 빠른 속도로 정확하게 맞혀 떨어뜨릴 때까지 던지기를 수없이 반복했다.

강철호가 체력과 무술을 한층 더 끌어올리려고 밤낮없이 연습하는 데는 그만한 이유가 있었다. 오래 전부터 계획해 온 최후의 프로젝트 하나를 성취하기 위한 그야말로 최후의 일전을 위한 강도 높은 고난도 연습이었다.

그런데 그 즈음 강철호의 지시로 불꽃파와 해적파가 전국 각지에서 저지른 폭행사건은 엄청난 파장을 일으켰다. 의사, 검찰 출신, 변호사, 고리대금업자, 기자, 경찰, 공무원, 정치인 심지어는 평범한 일반인들까지 무차별로 잔인하게 폭행당했다.

범인은 물론 불꽃파와 해적파의 행동대원들이었다. 두 파의 보스 천영팔과 금영복은 강철호가 지시하는 쪽지를 전달받자 은밀히 만나 대책을 숙의했다. 그들은 비록 거대 조직의 보스이기는 하나 이미 강철호의 하수인이나 마찬가지였다. 명령에 불복했다가는 언제 어느 때 목숨을 내놓아야 할지도 모르겠고 이 일에 필요한 자금까지 받아 쥔 터라 망설일 이유가 없었다. 하지만 자신들의 안전만은 확실하게 챙겨놓아야 했으므로 고심 끝에 행동대원들의 성향부터 면밀히 파악해서 엄선하였다.

그들이 선택한 조직원들은 무엇보다도 보스의 명령에 목숨까지 내놓을 만한 충성심이 강한 의리파 중에서도 집안이 가난해서 돈이 매우 필요한 20대 초중반의 겁 없는 젊은이들이었다. 그런데 문제는 도를 넘은 그들의 잔인성이었다. 범행 대상을 적당히 혼만 내주었어도 수사망을 비켜갈 수도 있을 텐데 거의 죽지 않을 만큼 마구잡이로 두들겨 패고 짓밟아 놓았다. 감옥에 가도 겁날 것 없는 거금을 손에 쥔 데다 강철호처럼 위장해 자신의 모습이 전혀 다르게 바뀌자 미쳐버린 짐승 같았다. 범행 대상도 가리지 않았다. 고깝게 여겨지는 사람이면 무조건 두들겨 패놓고 보았다. 그러고는 대단한 의적이라도 되는 듯 불의한 행동을 준엄하게 꾸짖는 쪽지까지 남겨 강철호 흉내를 냈다.

강철호는 그들의 잔인한 폭행을 언론 방송을 통해서 듣자 즉시 두 보스에게 서둘러 행동을 멈추고 그들을 피신시키라 하였다. 그러나 이력이 붙은 폭력전과범인 그들을 경찰이 모를 리가 없었다. 다만 강철호가 서울에서 저지른 범행수법과 남긴 흔적이 동일해서 한동안 굉장한 혼란에 빠져 수사방향을 제대로 잡지 못하고 우왕좌왕은 했다. 물론 강철호가 노린 것도 그 광경을 보고 즐기는 것이기는 하였으나 해를 당한 사람들의 상처가 너무 끔찍하게 깊어서 경찰들도 그들 검거에 총력을 기울여 몇몇은 사흘을 넘기지 못하고 덜미를 잡혀서 쇠고랑을 찼다.

그리고 일주일 만에 그들 폭력배들이 남김없이 체포됐다. 하지만 경찰에 붙잡혀 온 그들의 행동이 태연자약한데다 무얼 물으면 무조건 모른다고 딱 잡아떼는 데는 노련한 수사관들도 어떻게 해볼 도리가 없어서 한숨만 푹푹 내쉬었다. 그들의 배후가 불꽃파 패거리 보스 천영팔과 해적파 패거리 보스 금영복이 틀림이 없다고 심증은 가지만 워낙 완강하게 버티고 자복을 하지 않으니 뾰족한 방법도 생각나지 않았다. 수사관들의 생각에는 두 패거리 보스가 이익도 없는 폭행을 사주했다고는 생각하지 않았다. 다만 무언지 알 수 없는 피치 못할 사정이 있어서 폭력을 사주했을지도 모른다는 막연한 의심이 거두어지지 않았다. 그러나 그들의 패거리들이 보스의 명령에 따랐다고 자백하지 않는 한 체포해서 추궁할 근거가 없어서 고심만 깊었다.

수사관들은 온갖 방법을 동원해 패거리들을 이리 어르고 저리 달랬다가 호통을 쳐서 겁을 주기도 하였다. 그리고 배후를 밝히면 금방 풀어주겠지만 밝히지 않으면 십 년 이상 감옥살이시킬 수 있다고 엄포를 놓아도 소용이 없었다. 세상이 미워서 아무나 닥치는 대로 두들겨 팼다며 맘대로 하라고 버티었다. 서로 입을 맞추고 시치미를 뚝 떼기로 작정하지 않고서는 이구동성으로 같은 말을 되풀이하는 어설픈 그들의 연기가 눈에 훤히 보이는데도 수사관들은 끝끝내 아무런 자백도 받아내지 못하고 기소의견으로 그들을 검찰에 송치할 수밖에 없었다. 물론 검찰에 가서도 패거리들의 대답은 짜 맞춘 듯 한결같았다. 결국 패거리들은 일심에서 많게는 2년, 적게는 1년 선고를 받고 수감되었다.

그 일이 일단락되고 나자 강철호는 마음 푹 놓고 만족했다. 천영팔과 금영복이 뜻한 대로 움직여 주어서 긴장을 풀고 다음 계획을 실행에 옮길 수 있다고 판단했다. 하지만 사건을 아무도 화제로 삼지 않고 전혀 다른 사건, 사고 뉴스에 묻힐 때까지 기다릴 생각이었다. 그리고 그 기간 동안 체력을 키우고 수준 높은 무술을 연마하기로 작정하고 강원도 산중 별장에서 홀로 칩거하였다.

그런데 강철호는 오늘 아침나절에 실패를 거듭하던 표창술을 드디어 성공했다. 까마득히 높은 소나무 꼭대기에 매달린 솔방울을 연속해서 세 번이나 표창으로 떨어뜨렸다. 기뻤다. 무술을 완성시킨 듯 만족해서 그 자리에 벌렁 드러누워 하늘을 바라보았다. 파란 하늘에 하얀 뭉게구름이 한가로이 떼지어 둥둥 떠 있는 모양이 문득 한성민을 연상케 하였다.

한성민 그는 발등에 불이 떨어져도 서둘지 않을 사람이었다. 언제나 태연자약하고 아무 것도 생각할 줄 모르는 사람처럼 어리벙벙해 보이기도 하였다. 그러면서도 어떤 때는 천진난만한 어린애 같기도 해서 처음 보는 사람들은 얕잡아 보기 일쑤여서 자존심이 상할 만도 하지만 전혀 개의치 않았다.

그런데 힘으로 치면 한주먹거리도 안 되게 유약해 보이는 그가 어째서 두렵게 느껴지는지 상식으로는 모를 일이었다. 이제는 사촌 누님과 혼인해서 자형이 된 터라 예의상 만만하게 보아서도 안 되겠지만 그에 대한 두려움은 그런 차원에서가 아니었다. 예전에 인도 유학시절부터 왠지 모를 위압감이 느껴져 말을 함부로 할 수 없었다. 그래서 그가 교훈삼아 충고하는 말이 고까울 때가 많았지만 반박하지 못하고 본의 아니게 고분고분 듣는 척이라도 해야 했다.

"나 참 기가 막히네!"
강철호의 입에서 기어이 응어리진 탄식이 터져 나왔다. 그리고 표창 하나만 있어도 천하에 두려울 것이 없는데 내가 왜 이러는지 모르겠다며 홧김에 몸을 벌떡 일으켜 앉았다. 누구에게도 고개 숙이고 싶지 않은 자존심이 부글부글 끓어올랐다. 하지만 이내 고개를 설레설레 내저었다. 손위 자형이기도 한 한성민은 힘으로 어찌할 상대가 아니었다. 언행이 바르고 학식도 깊은 데다 무언지 알 수 없는 범접할 수 없는 무형의 힘과 위엄을 자신의 힘과 비교하는 것 자체가 어리석었다. 그리고 문득 마치 자신이 범죄를 저지를 걸 알고나 있었던 것처럼 '인간이 저지른 악행에 하늘은 반듯이 응답한다.' 하고 말했던 단호한 음성이 귓전을 때려 깜짝 놀랐다.

그런 말을 들었던 그 낭시 이렇게 말했다.

"멀건 하늘에 무엇이 있어서 응답합니까? 세상에 나쁜 새끼들이 더 잘 먹고 잘 살지 않습니까? 그런데 그 새끼들 하늘이 응답해서 벌줍니까? 사람이 벌줍니까? 생각해 보세요. 지구 곳곳에 신의 이름으로 혹은 권력을 위하여, 재물을 위하여 얼마나 많은 사람을 죽이기까지 합니까? 그런데 신도 인간도 어쩌지 못하고 그냥 내버려 둡니다. 그게 무슨 신입니까? 마구잡이로 죽이는 살인마를 가만히 두는 신이라면 악마나 다를 게 없지요. 또 인간이 만든 법이 제대로 지켜집니까? 강자 앞에서는 법도 무용지물이 아닙니까? 그게 무슨 법입니까?"

하고 대들듯이 반항적으로 반문했던 기억이 났다. 그러자 그는 불경을 예로 들어 차분하게 대답해 주었다.

"옛날 부처님 시대 인도에서 이런 일이 있었다. 두뇌가 비상한 한 청년이 깨달음을 얻고자 어느 힌두 바라문 문하에서 공부를 하고 있었다. 그 청년은 두뇌도 비상하지만 얼굴도 잘 생겨서 많은 여성들의 선망의 대상이었다. 그런데 불행하게도 그를 적극적으로 사랑하는 여인은 스승의 아내였다. 뛰어난 미모를 자랑하는 그녀는 청년을 유혹하기 위해 갖은 방법을 다 동원하였다. 하지만 청년은 그녀의 유혹에 절대로 걸려들지 않았다.

그런데 어느 날 스승이 멀리 출장을 가고 집안에 그녀와 청년만 남았다. 그녀는 이때다 싶어 속옷 차림으로 청년을 자신의 방으로 불렀다. 그리고 물불 가리지 않고 청년을 끌어안고 사랑을 호소했다.

그런데 그때였다. 멀리 출장갔다던 그녀의 남편이 갑자기 집안으로 들이닥쳤다. 그러자 그녀가 재빨리 속옷을 찢고 남편에게 소리쳤다. 피곤해서 낮잠을 자고 있는데 청년이 몰래 침실에 침입해 자신을 욕보이려 했으나 간신히 위기를 모면했다며 거짓 눈물을 흘리며 통곡까지 하였다. 이에 질투를 느낀 스승이 청년에게 말하기를 사람 백 명을 죽여서 그 손가락으로 목걸이를 하면 너의 죄를 씻고 대도를 얻어서 천상에 오를 수 있다 하였다.

그 말을 들은 청년은 그때부터 길거리로 나가 만나는 사람마다 죽여서 손가락을 잘라 끈에다 묶어 목에 걸었다. 그렇게 사람을 아흔 아홉 명까지 죽이고 한 명만 남았다. 그런데 소문을 들은 사람들이 모두 그 청년을 피했으므로 마지막 한 명을 채울 수가 없었다.

그러던 어느 날 부처님이 심안으로 세상을 두루 살피다가 그 청년의 사정을 알게 되었다. 이에 부처님께서 그 청년 앞으로 조용히 걸어가자 청년은 이제야 소원을 이룰 수 있게 되었다며 기뻐

하였다.

그러나 칼로 부처님을 죽이려 하자 부처님이 돌아서 천천히 걷는데 아무리 힘껏 달려도 부처님을 따라잡을 수가 없었다. 그러다가 결국 지쳐 쓰러지고 말았다. 이에 부처님이 조용히 돌아서서 청년이 알아듣도록 설법을 해 제자로 삼았다. 청년은 부처님의 설법에 따라 수행에 전념하였다.

그리고 얼마 지나지 않아서 크게 깨달음을 얻어 죽어 천상에 오를만한 경지에 이르게 되었다. 그 사실을 안 부처님께서 청년에게 바릿대를 내주며 걸식해 보시를 받아오라 하였다. 청년을 내보낸 부처님이 여러 사람들에게 말했다.

저 청년은 밖에 나가면 살인한 죗값으로 많은 사람들로부터 돌팔매를 맞고 처참하게 죽을 것이다. 그러나 청년은 기쁘게 자신의 육신의 생명을 내놓고 죽음을 맞이할 것이다. 하지만 그의 영혼은 모든 죄를 씻고 다시는 태어나지 않을 천상계에 오르리니 그가 바로 진정한 아라한이니라 하였다."

한성민은 이 이야기 말고도 또 다른 불경의 이야기도 해주었다. 전자의 이야기는 살아생전에 받은 업보이고, 두 번째는 다시 태어나서 기어이 받고 만 업보 이야기였다.

"이야기의 주인공은 소장수인데, 어느 날 소를 팔고 집으로 돌아가던 산길에서였다. 세 명의 강도가 소장수를 비참하게 살해하고 소를 판 돈을 모두 빼앗았다.

그런데 소장수가 원한이 뼈에 사무쳐 죽어가면서 내가 후생에 다시 태어나 이 원수를 반드시 갚고 말 것이다 하고 원을 세우고 숨을 거두었다. 그리고 소장수는 다음 생에 소로 태어났다.

　그러나 소 판 돈을 강도질한 세 사람은 빼앗은 돈으로 이생에서 잘 살다가 죽고 난 다음 다시 사람으로 태어났다. 사람으로 태어나 성인이 된 다음 한 사람은 소장수가 되었고 한 사람은 집에서 소를 길렀으며 한 사람은 전생과 마찬가지로 강도질을 하였다.

　세월이 흘러 세 사람이 전생과 같은 나이가 되었다. 어느 날 집에서 소를 기르던 사람이 소를 팔기 위해 소를 몰고 시장에 갔다. 마침 소를 사러 나온 소장수가 그 소를 사기 위해 흥정을 하고 소 값을 지불하였다. 그런데 소 값을 받은 사람이 돌아서려 할 때였다. 집에서 애지중지 길러 팔았던 그 소가 갑자기 그 사람을 날카로운 뿔로 들이받아 죽이고 말았다.

　그리고 소를 산 소장수가 소를 몰고 집으로 돌아가던 산중 외딴 길에서였다. 다리가 아파 잠시 쉬려는데 소가 갑자기 미쳐 날뛰며 소장수를 들이받아 목숨을 끊어놓았다.

　그런데 이때 강도질을 하던 사내가 소장수 돈을 뺏을 기회를 노리고 있다가 소장수가 소뿔에 받혀 죽자 얼씨구나 하고 죽은 소장수 주머니를 뒤져 돈을 뺏은 다음 소를 몰고 시장에 다시 내다 팔려 하였다.

　그런데 그 강도마저 소가 그냥 두지 않고 들이받아 죽이고 말았다. 이렇게 세 사람을 죽인 소는 전생에 세 강도에게 죽은 소장수였으며 세 사람은 그때 소장수를 죽인 강도들이었다. 이 모두가 인과의 법칙이니 하늘은 그렇게 되도록 안배를 해놓았던 것이다."

한성민은 불경에 기록된 이 두 이야기를 들려주고는 의미심장한 눈빛으로 강철호를 그윽이 바라보았다.

"이 이야기가 하늘은 반드시 응답한다는 사실을 증명해 준다. 원인은 반드시 결과를 낳으며 결과는 원인의 응답이니 실로 하늘의 섭리가 그리 되도록 안배해 놓았던 것이다." 하였다.

"정말 하늘이 그리 하는 것일까?"

내면에 숨겨져 있던 양심이 한순간이나마 생명력을 얻었던 것일까? 한성민의 말을 떠올렸던 강철호의 낯빛이 잠시나마 심각한 빛을 띠었다. 그러나 오래 그러고 있을 강철호가 아니었다. 정해놓은 목표가 뚜렷한 이상 멈춘다는 건 애시당초에 상상조차 하지 않았던 터라 한성민의 말쯤은 귓가에 스쳐간 바람처럼 금방 잊혀졌다.

강철호가 꿈꾸는 최후의 프로젝트는 거물 정치인의 집을 터는 데에 있었다. 그 정치인은 상당한 권력을 휘두른 전직 고위관료 출신이란 것과 현직 국회의원에 지나지 않지만 대통령에 버금갈 정도로 국정을 좌지우지할 수 있는 권력자였다. 어느 모로 보나 별로 실력도 없어 보이고 하는 짓 역시 한심한데도 이상하게도 많은 국회의원들이 그를 추종하고 있었다. 진보 성향의 사회단체나 언론 방송에서도 그를 추종하는 사람들이 많았다. 소리소문없이 떠도는 풍문에 의하면 전직 최고 권력자를 등에 업고 상상을 초월하는 거금을 모았다는 말도 있었다. 밤 말은 쥐가 듣고 낮말은 새가 듣는다는 말이 있듯이 높은 자리에 있는 사람일수록 비밀이 많기는 하지만 역시 그 비밀을 지키는 것도 용이하지 않다. 민중 사이에 은밀히 떠도는 소문도 따지고 보면 비밀이라고 꼭꼭 숨겨두었지만 마치 강둑을 개미 한 마리가 물을 새어나오게 하여 무너뜨리듯이 뜻밖의 누군가로부터 흘러나와 퍼지기 마련이다.

사람의 입이란 것이 알면서 닫아놓기란 참으로 어렵다. 큰 비밀을 알고 있을수록 자신만의 특종인 양 의기양양해서 더욱 지키기 어렵다. 간직한 대단한 물건을 자랑하듯 언젠가는 슬며시 내놓고 만다. 그리고 보통사람도 어니고 권력자의 비밀이면 민중의 입은 언론 방송보다 빠르게 확산된다. 그것도 들은 말의 몇백 배까지 부풀려지기도 한다.

그런데 들도 보도 못한 민중들의 말을 후일 파헤쳐 보면 거의 사실에 가까웠던 예를 보면 실로 놀라운 일이 아닐 수 없다. 그래서 무엇이나 다 알고 있는 하늘이 민중이고 민중이 하늘이라 했을 것이다.

강철호는 노리고 있는 그 정치인이 엄청난 그 돈을 집안 어딘가에 숨겨 놓았다는 정보도 갖고 있었다. 찾아내기만 하면 그 돈은 완전하고 완벽한 자신의 재산이 될 수 있다는 사실에서 실로 포기할 수 없는 매력이었다. 강도당한 어마어마한 돈을 신고했다가는 정치 생명이 끝날 뿐만 아니라 감옥에 갈 각오도 해야 하고, 더욱이 세상 민심이 무서워서라도 자포자기 외에는 달리 방법이 없을 것이라 확신했다. 실로 프랑스 영화 몬테크리스토 백작의 주인공이 동굴에

서 찾아낸 어마어마한 보물과 같은 돈이 자신의 것이라 생각하니
세상을 다 가진 듯하였다.

2장

동방의 밝은 빛이 되리라
깨어나라, 깨어나라!
내 마음의 고향이여!

우리의 선仙이 종교의 원류

동방의 빛나는 등불

산속 마을은 아니어도 너른 벌판에 옹기종기 모여 있는 작은 초가집들, 그리고 지붕으로 타고 오른 넝쿨에 주렁주렁 매달린 박이 소담스러웠다.

게을러 터진 소가 우물우물 되새김질하며 어슬렁이는 울타리 없는 마당이 옛 시골마을을 그대로 옮겨놓은 것 같았다. 거기다가 마을 앞에 몇 아름드리 느티나무가 그 푸른 가지로 그늘지어 선 모습은 서낭당이요, 그 아래 모여앉아 글공부하는 아이들은 우리의 오늘을 60년대로 되돌려 놓은 듯했다.

갠지스에서 캘커타까지 차에서 잠자며 보고 또 보아도 시골은 그런 모습뿐이었다. 멀고도 먼 길이지만 이국의 동네가 낯설지가 않은 정취감이 있어서 그리 지루한 줄도 몰랐다. 하지만 캘커타는 달랐다.

이국의 풍물이 한눈에 낯설었다. 한 거대한 박물관에 들어와 온갖 기구들을 보는 듯도 하고, 인간시장에 온 것도 같았다.

신형 벤츠로부터 형형색색의 낡은 차들이 온통 쓰레기로 너저분한 길을 오가는 복잡한 사람들 틈새를 누비고, 자전거 혹은 인력거가 부산하게 사람을 싣고 가는데, 거리에 어슬렁이는 소와 개들이 한가롭기도 해서 얄밉기도 했다.

그리고 먼지투성이 작업복에 중절모를 쓰기도 하고, 머리에 터번을 두르고 치마 같은 옷으로 몸을 가린 전통의상 차림의 사람들이 대부분인데, 말쑥한 양복 차림의 사람들도 간혹 눈에 띠었다.

한성민 부부는 갠지스에서 빌린 지프를 돌려보냈다. 그리고 예약해 놓은 호텔에 가려고 인력거를 부르는데 어느새 어른 아이 할 것 없는 거지들이 떼를 지어 몰려와 시커먼 손을 너도 나도 내밀었다. 마치 제비둥지에 먹이를 물고 온 어미 제비를 향해 노란 주둥이를 벌리고 먹이 달라 지져대는 새끼 제비떼 같다고나 할까? 이럴 줄 미리 안 그는 준비해 온 인디아 달라 한 잎씩 아내와 함께 두루 나누어 주고는 급히 달려온 인력거에 몸을 실었다.

그런데 인력거를 끌고 온 사람을 보니 70세는 넘어 보이는 늙은이었다. 옷을 걷어 올려 허벅지까지 내놓은 노인의 다리가 바싹 마른 껍질만 붙은 장작개비 같았다. 피골이 상접한데다 굵은 핏줄이 긴 끈처럼 팔다리에 지렁이 기어가듯 솟았다. 그녀는 저 몸으로 두 사람을 태우고 어찌 수레를 끄나 싶어 인력거에 발을 올려 딛다가 도로 내렸다.

"여보, 우리 젊은 사람 인력거 불러요. 이분은 불쌍해서 차마 못 타겠어요."

"걱정 말아요."

한성민은 아내의 마음을 알면서도 모른 체하고 태연히 먼저 수레에 올라 손을 내밀어 어서 타라 하였다.

강서영은 내키지 않았으나 남편의 재촉에 마지못해 수레에 올랐다. 그러나 막상 그 몸으로 수레를 끄는 노인을 보니 또 측은했다. 문득 무소유라는 화두를 남기고 열반한 한 스님의 글이 생각나 더 그랬다. 그 스님이 그린 글 속의 장면과 스님의 생각까지 지금 이 순간이 너무 같아서 죄스럽기도 했다.

"당신 얼마 전에 열반하신 무소유로 생을 마친 법정 스님이 이곳을 여행하시다가 느끼신 수필을 읽은 적이 있으세요? 지금 저의 마음이 그 스님과 같아요."

"그 스님이 무어라 했소?"

한성민은 젓가락같이 마른 몸으로 뛰다시피 수레를 끄는 노인을 바라보면서 무심한 표정으로 물었다.

"스님이 그러셨어요. 저 노인처럼 여위고 나이가 많은 사람의 인력거를 타고 가시다가 불쌍해서 노인을 대신 수레에 태우고 스님이 수레를 대신 끌어주고 싶었다 하셨어요."

"그래서 그 스님이 그렇게 하셨다 했소?"

"아니에요. 그 말씀만 하셨어요."

"그렇담 그 스님은 스님으로서의 본분을 잃은 스님답지 않은 분이오. 그저 감상적인 말에 지나지 않소. 그리고 인력거를 끄는 노인의 마음을 모르고 자신의 측은지심을 글자로 남긴 말에 지나지 않소."

"예? 왜요?"

"생각해 보시오. 만약 부처님이라면 그 노인을 보는 순간, 아예 수레를 타지도 않았을 것이오. 그리고 뒤늦게 불쌍하다고 깨달았다면 그 즉시 수레에서 내려 그 노인을 수레에 태우고 당신이 친히 수레를 끌었을 것이오. 하지만 그 스님은 생각만 하고 중생들이 들으란 듯이 글로만 마음을 표현했으니 감상이 아니고 무어겠소? 승이라면 마땅히 해야 할 중생을 위한 실천의 도리가 아니지 않소?"

"그, 그렇지만!"

"또 그 스님은 힌두인의 마음을 모르고 한 말이오. 지금 우리를 태우고 가시는 이 노인은 고생스럽게 땀 흘려 일하는 자체를 기뻐하고 있어요. 전생의 업을 고생하는 것만큼 멸한다고 생각하기 때문이오. 그래서 이 노인은 집으로 돌아가면 우리가 준 품삯을 신 앞에 올리고 감사의 기도를 드리지요. 그러므로 그 스님은 힌두인의 마음을 모르고 감상으로 말한 것이오. 당신도 이 노인에 대해서 측은한 생각을 하지 않아도 되오. 오히려 이 노인을 기쁘게 해주고 있으니까."

"아, 그런 줄을 몰랐습니다. 그리고 그 스님의 글을 좀 더 깊이 생각하지 못한 것이 부끄럽군요. 저는 그것도 모르고 당신이 태연히 수레에 오르셔서 측은지심이 없는 분인가 했어요. 미리 말씀해 주셨으면 그런 생각을 안 했을 텐데!"

"당신은 처음이니 당연히 그런 생각이 들었을 게요."

"그래도… 암튼 이분들은 삶 그 자체가 종교인 것 같아요."

"그렇다고 할 수 있소. 이 수레는 태어난 자는 마땅히 겪어야 할 삶의 짐과 같소. 태어나는 순간부터 먹고 입고 잠자고 돈 벌고 하는 온갖 업의 짐을 싣고 죽음을 향해 가고 있으니 말이오. 그런 의미에서 이 노인은 수레를 손에서 놓는 날 업을 다한 것으로 믿고 좋은 곳에 다시 태어나거나 신 앞으로 갈 것이란 희망으로 편안히 눈을 감을 것이오."

한성민이 말하는 사이 노인의 수레가 호텔로 들어서고 있었다. 그리 가까운 거리가 아닌데도 호텔까지 쉬지도 않고 뜀박질로 달려온 노인의 숙달된 힘이 경이로웠다.

한성민은 수레에서 내리자 미화 10달러를 선뜻 노인에게 내놓았다. 보통 몇십 센트 정도면 되는 거리인데 10달러라는 거금을 받은 노인은 고개를 양 옆으로 두 번이나 갸우뚱해 보이다가 합장하여 감사했다. 인도인들은 기분이 좋거나 긍정적이면 양 옆으로 고개를 갸우뚱한다.

"인력거비가 되게 비싸네요?"

"아니오. 10달러면 모르긴 해도 노인이 한 달 버는 것과 비슷할 거요."

"그럼 수레를 타실 때 그럴 생각까지 하고 계셨어요?"

"그렇소. 젊은이라면 몰라도 늙은 분이니 그럴 생각이었소."

"잘 하셨어요!"

강서영은 남편의 따뜻한 마음을 다시 한번 확인하고는 기뻤다. 그리고 겉으로 무심한 듯해도 속으로 듬뿍 정을 담고 있다가 말없는 가운데 내보이는 그의 참모습을 여행중에 발견한 것은 뜻밖에 얼은 소중한 행복이었다.

한성민은 아내를 데리고 캘커타 시내를 자동차로 한 바퀴 둘러본 다음 인도가 낳은 시성詩聖 타고르Tagore의 생가를 찾았다.

인도가 낳은 세계적 문학가로서 시詩의 성인聖人이라 불릴 만큼 위대한 그는 노벨문학상을 수상한 대문호였다. 그는 문학에서 뿐만 아니라 인도 역사상 가장 위대한 역사학자이자 철학자며 종교학자, 사회학자이기도 한 그는 인문학人文學의 그 모든 깊이를 자유자재한 대학자였다. 그리고 힌두 최고의 카스트인 대바라문으로서 불멸의 존재로 존경받는 인물이었다.

그런데 그의 생가는 흔적도 없이 사라지고 대신 대학 건물이 서 있었다. 아마도 그의 학문을 전승하고 영원히 기리기 위해서 세운 대학인 듯 그의 유물도 교내 박물관에 전시돼 있었다. 그리고 그리 넓지 않은 운동장 한쪽 정원에 대학자의 풍모를 면면히 풍기는 그의 흉상은 철학의 깊음을 머금은 시 한 수를 읊을 듯 초연히 서있었다.

"흉상만 보아도 생전의 그분을 보는 듯 존경스럽군요."

강서영은 마침 흉상 옆에 있는 긴 의자에 가서 앉아 생전의 타고르를 보듯 다시 한번 우러러 보았다. 놋쇠로 만든 흉상은 풍상에도 상하지 않아서 철학의 빛을 발하듯 햇빛이 은은히 맴돌아 그의 시를 생각하게 하였다.

"혹시 타고르의 시를 아시는 게 있으세요? 들어보고 싶어요."

"흐음… 선생의 시를 듣고 싶다? 모르긴 해도 수많은 시인들 중에서 이분만큼 깊은 철학을 담은 시는 없을 게요. 그리고 놀라지 말아요. 시성詩聖께서 우리 민족의 역사와 정신을 읊은 시가 있어요!"

"네? 그분께서 어떻게 우리 민족을 아시고 시詩까지?"

"내가 그 시를 알고 있으니 한 번 외워보지!"

한성민은 잠시 눈을 감고 시의 줄거리를 되뇌어 보고는 가만히 낭송하는데 어디선가 불어온 바람이 옷깃을 스치어 낭랑한 목소리를 허공으로 울려 퍼지게 하였다.

일찍이 아시아의 황금시기에

빛나는 등불의 하나였던 코리아

진리의 깊음 속에서

말씀이 솟아나오는 곳

그 등불 다시 한번 켜지는 날에

동방의 밝은 빛이 되리라.

깨어나라, 깨어나라!

내 마음의 고향이여!"

읊기를 다한 그는 먼 추억을 더듬듯 시의 내용을 다시 한번 곰곰이 음미했다.

소슬바람은 그치지 않고 그의 음성을 메아리 없이 허공으로 실어가는데, 그녀는 남편이 읊은 시의 구절구절이 감격의 여운으로 귓전에 맴돌았다.

"놀랍군요! 그리고 감동스러워요. 시성께서 마지막 구절에 우리 나라를 자신의 마음의 고향이라 하시다니!"

"어디 그뿐이겠소? 진리의 깊음 속에서 말씀이 솟아나오는 곳이라 하였소. 그리고 빛나는 등불의 하나였던 코리아라 하였소. 문화와 종교, 철학 등의 발생지였던 고대 한민족의 역사를 찬탄한 것이지요. 그 등불 다시 한번 켜지는 날이라 한 것은 언젠가 우리 민족이 그 옛날의 찬란한 역사를 다시 한번 꽃피울 날이 올 것이란 예언이오. 그리고 깨어나라, 깨어나라! 하고 절규하듯 말한 것은 암울했던 역사의 흐름에서 잠들었던 그 빛나는 한민족정신을 하루 속히 일깨워서 세계의 빛이 되라 한 것이지요. 다시 말해서 인류의 정신적 지주로서 그 혼줄을 부활시킬 것을 염원한 안타까움의 외침이랄까."

"당신이 해설해 주시니까 가슴이 더 벅찹니다."

강서영은 당혹스러울 만치 가슴이 떨렸다. 학교에서 배우고 익힌 역사라고는 반도사관뿐이었는데, 이처럼 위대한 민족의 피를 이어받았을 줄은 예전에는 미처 몰랐다. 이민족인 시성 타고르까지 한민족의 정신과 역사를 압축해서 시를 지어 읊었는데 우리의 사학자들은 무엇을 일깨워 주었는지 한탄스러웠다.

"힌두도 그렇지만 불교, 도교, 유교사상이 우리의 신선사상으로부터 발생했어요."

"네?"

"신라의 대학자 최치원 선생께서 말씀하셨지요. 나라에 현묘한 도가 있으니 이를 풍류라 한다. 교를 세운 원류가 선사에 자세히 실려 있는데 풍류에 삼교儒佛道가 다 포함되어 있다. 집에 들어가서 효도하고 밖에 나가서 충성함은 공자의 교지이고, 무위의 일을 가르친 것은 주나라 노자의 가르침이며, 모든 악한 짓을 하지 않고 착함만을 받들어 행함은 석가모니의 교화이다 하고 말이오. 이 말은 우리의 종교인 풍류에 유교, 불교, 도교가 다 머금어져 있다는 뜻이요."

"네, 그래서 타고르 시성께서 진리의 깊음 속에서 말씀이 솟아나오는 곳이라 하셨군요!"

"그렇소. 우리의 선仙이 종교의 원류로서 유교, 도교, 불교를 다 함축하고 있다는 뜻이오. 불교는 힌두를 개혁한 종교라 할 수 있을 만큼 그 사상적 배경이 힌두와 같소. 따라서 동방의 모든 종교는 우리 민족의 고대 신선사상으로부터 파생돼 나간 종교라 할 수 있지요."

"신선사상을 중국의 도교에서 나왔다고들 하던데요!"

"역사든 뭐든 그저 중국에 의지해서 생각들 하니 그딴 소리들 함부로들 하는 것이오. 도덕경 어디에도 신선은 언급되어 있지 않소. 도교의 맥을 이은 장자나 포박자에 의해서 신선사상이 처음으로 등장하지만 한민족의 신선의 역사에 수천 년이나 뒤진 후의 이야기에 지나지 않소! 중국은 지금도 신선이란 말은 거의 쓰지 않소."

"그럼 유교는요?"

"유교의 핵심인 예禮 역시 마찬가지요. 우리 민족의 예는 관습이

지만 중국의 예는 규범이요. 즉 우리는 생활 그 자체가 예였으나 중
국은 예가 없었기 때문에 예라는 규범이 필요했던 것이오. 그들의
DNA에는 어차피 예가 없는 종족이어서 예를 아무리 가르쳐도 규
범이다 보니 지키질 못하는 습성이 아직도 남아 있소. 하지만 우리
는 예가 자연스럽지요. 고대로부터 피의 내림으로 이어진 관습이기
에."

"공자께서 예가 없는 종족을 위해 무던히도 속을 썩였겠네요?"

"공자는 그 사상이 의심스러운 사람이오."

"예?"

강서영은 깜짝 놀랐다. 동방의 성인으로 칭송받는 공자의 사상이
의심스럽다니? 평소의 남편답지 않은 과격한 말에 당황스러웠다.
그러나 남편은 얼굴빛 하나 바뀌지 않았다. 오히려 노기를 담은 눈
빛을 형형히 빛내고 있었다.

"공자가 평생 가르친 것은 참으로 받들만한 말이오. 하지만 천만
가지 좋은 말을 했다 해도 그 정신세계가 올곧지 못하면 나쁜 사람
이오."

"어떤 의미에서요?"

강서영은 남편이 근거 없는 말을 할 리가 없고 노기를 품었다면
그만한 이유가 있을 것이라 생각하고 조심스럽게 반문했다.

"논어論語 팔일八佾에 이런 말이 있소."

".....?"

"이적지유군夷狄之有君 불여제하지망야不如諸夏之亡也라 했지요. 무슨

말이냐 하면 이족, 즉 동이족 오랑캐가 임금이 있는 것은 실로 모든 하夏.춘추전국시대 열국을 통칭하여 하라 한다. 그리고 중국의 본래 나라 이름이 하이다가 멸망하고 없는 것보다 못하다는 뜻이오."

"…!?"

"잘 생각해 봐요. 중국 외의 다른 나라, 특히 이족이라 했으니 그것도 오랑캐라 하였소. 이는 이족 즉 동이족인 우리 민족을 일컬음인데 우리나라가 임금이 있는 것은 중국이 망하고 없는 것보다 못하다 했으니 참으로 한심한 말이 아니오? 한족만이 나라가 있어야 하고 다른 종족은 나라가 없어야 한다는 말과 같으니 어찌 공분하지 않을 수 있겠소!"

"논어에 그런 말이 다 있어요?"

"소위 천하의 중심이라는 중화주의가 공자로부터 나왔으니 그런 몰상식한 말을 했겠지요. 그럼에도 그를 성인이라 할 수 있겠소? 성인은 모름지기 인류의 스승이어야 하는데 공자는 그렇지가 못했으니 성인과는 거리가 먼 사람이라 생각되오. 성인이라 할 만한 주옥같은 말을 수없이 했다 하더라도 그 정신이 편협돼 있으니 국수적인 일개 민족주의자에 지나지 않소."

"공자의 그 말 한 마디가 그 위대한 학문과 고고한 인품을 한꺼번에 무너뜨렸군요!"

강서영은 공자를 성인이 아니라고 단정해 버린 남편의 심중을 그제야 깨달았다. 500년 전 조선조 이래로 위대한 스승으로 받들어 온 공자의 정신적 내면을 사람들은 왜 모르고 입에 침이 마르도록 칭송하고 있을까? 하기는 그의 가르침이 인간이면 마땅히 지켜야 할 도덕이기에 그랬을 테지만 유학자들은 그의 위험한 발언도 세상에 알렸어야 했다.

"그만 일어나 다음 여행지로 갑시다."

한성민은 아내의 물음에 다 대답하다가는 해 지는 줄을 모를 것 같았다. 끝없이 이어지는 실타래처럼 속에 담아놓은 것을 지금은 응어리로 남겨두었다가 후일에 아내가 이해하기 쉽도록 하나씩 풀어놓을 생각이었다. 그러나 그녀는 남편이 굳이 다 말하지 않아도 타고르의 시에서 핵심을 짚어 말해준 것만으로도 가슴이 활짝 트였다.

반도사관에 암울하게 갇혀 있다가 고치 속의 애벌레가 날개를 달고 드디어 훨훨 날아 바깥세상을 보듯이!

고대 한민족 역사의 광대함과 문명의 찬란함, 그리고 사상과 정신의 깊음을 상상으로 펼쳐볼 수가 있었기에 아쉽지가 않았다. 거기다가 공자의 또 다른 일면을 깨달았다는 것은 제아무리 좋은 말을 하는 사람이라도 그 내면의 세계를 관찰할 줄 알아야 한다는 교훈을 얻었기에 한 단계 성숙해진 것 같아서 만족했다.

한성민 부부는 다음 여행지인 붓다가야에 여장을 풀었다.

고우타마 싯다르타Goutma-Sitrta 태자가 죽음 직전까지 가는 처절한 6년 고행에서 드디어 대각을 얻어 부처가 된 그곳, 그러기에 신성한 나무 보리수 아래에 섰다.

몇 아름이나 될지 알 수 없는 우람한 몸통에서 구름에 닿을 듯 까마득히 치솟은 가지, 그리고 삼단 같은 실가지를 제 뿌리까지 치렁치렁 늘어뜨려서 무수한 잎으로 장식한 보리수! 인류 구원의 의지로 지상에 강림한 성자를 위해 싹을 틔웠던 것일까?

일설에 의하면 싯다르타 태자가 대각을 얻을 때 그의 몸을 보호했던 그 나무는 이교도인 무슬림의 시샘에 잘려나갔다 하였다. 그러나 성자의 빛이 이교도의 눈을 가려서일까? 그 뿌리에 한 싹이 요행히 살아남았는데, 그것을 저 멀리 스리랑카에 옮겨 심었다가 이교도가 물러간 뒤 이곳에 다시 옮겨 심어 이만큼 자랐다는 말이 전해진다.

그래도 햇수로 치면 1600년을 훌쩍 넘은 늙은 나이였다.

그런데 나무엔 오색천 조각이 주렁주렁 매달린 띠를 많이도 둘러쳐놓았다. 그 모양은 한민족의 옛 성지인 소도蘇塗요, 소도의 다른 말인 서낭당에 다름 아니었다. 오색천은 천지의 색깔이자 기氣이며 만물의 질이요 신의 표상이니, 성자가 탄생한 신령한 나무라서 그리 장식했을 것이다.

나무 아래에는 성자가 앉았던 곳에 두어 평 크기의 평상 같은 돌을 깔아놓았다. 거기엔 승려들 여럿이 앉아 성불을 기원하는 주문을 외며 무아지경에 빠져 있었다.

부처를 기리는 성전은 보리수 바로 옆에 있었다.

성전의 끝이 보리수와 키재기하듯 하늘 높이 솟았는데 건물 외벽에는 수많은 부처가 조각되어 있고, 그 안에는 대각을 얻은 부처의 황금상이 높이 앉았다. 황금은 인간의 본성의 색깔이니 대각자의 몸까지 황금으로 장식한 것이다.

가슴 가운데 있다는 본성은 은은한 빛이 황홀해서 황금색이라 하나 꼭 그런 것만도 아니다. 빛 중에서 형용할 수 없는 아름다운 빛을 선택할 수 있는 최상의 색깔이 황금색이다.

마지막으로 탑 앞에 큰 연못이 하나 물결도 없이 잠든 듯 고요한데 그 가운데에 대각을 얻은 부처가 결가부좌하고 고요히 앉았고, 무시무시한 코브라가 모가지를 우산처럼 쩍 벌려서 부처 머리 위를 덮어 보호해 주고 있는 모습이 조각돼 있었다.

코브라는 동양의 용처럼 진리를 수호하는 동물로 회자되기도 한다. 한 번 물리면 죽지 않는 생명이 없는 그 무서운 독을 내뿜는 흉측한 짐승도 대각자를 알아보고 보호해 주었으니, 진리 앞에서는 천하의 사악한 무리도 도의 향기에 제 몸을 내던져 봉사하나 보다.

"어떤 스님이 그러던데 부처님이 깨달음을 얻으신 후 천안으로 세상을 둘러보시니까 인간들이 너무도 타락해서 중생들을 구원해 줄지 말지 생각하시며 저곳에서 21일간 아무 말씀도 없이 앉아만 계셨다 하더군요. 그때 코브라가 부처님을 보호해 주었다나 봐요."

남편의 팔짱을 끼고 연못을 바라보던 그녀가 한때 암자에 있을 때 들은 이야기가 생각나서 아는 체했다. 그러자 그는 눈길을 연못의 부처상에 두고 빈정대는 어투로 말했다.

"그 스님, 그때 부처님 마음 속에 들어갔다 나온 모양이지?"

"책에도 그렇게 쓰여 있던데 그럼 틀린 말이에요?"

"책에 쓰여 있다고 다 믿소?"

"하긴 엉터리 책도 많이 있지만 높은 스님이 하신 말씀이라 저는 그렇게 믿고 있었어요."

"중생을 구할 것인가 말 것인가를 고민했다면 이미 부처가 아니오!"

한성민은 한마디로 잘라 부정했다. 듣기에 따라서는 매우 건방진 어투로 느낄 수도 있는 말이라 그녀는 겸손한 남편의 성품이 아닌 듯해서 고개를 갸웃거리며 재빨리 반문했다.

"그럼 당신은 어떻게 생각하세요?"

"깨달음은 무위의 도에 이르렀음을 뜻하오. 그러므로 도의 본성인 덕이 자연히 나타나서 저절로 중생을 위하게 되지요. 그런데 중생을 구할지 말지 고민했다는 말은 아직 깨달음을 얻지 못했다는 말과 같으니 부처가 아닌 것이오."

"아, 정말 그렇군요! 역시 당신은 남다른 분!"

강서영은 알고는 있었지만 생각의 깊이가 범상치 않은 남편의 내면에 탄복했다. 그리고 도의 참뜻을 모르는 이들이 부처가 가만히 앉아 있는 모습만 보고 멋대로 상상해서 지어낸 말을 곧이곧대로 믿었던 자신이 부끄러웠다.

"뿐만 아니라 도리천에 계시다가 중생을 구원하기 위해서 지상에 내려오셨다는 탄생 이유와도 상반되는 말이지요. 구원을 위해 사람의 몸으로 태어나서 그 몸을 초월한 대각자가 어찌 그 사실을 몰랐겠소?"

"맞습니다! 미처 그것까지 생각 못하고 그리 말한 것 같습니다. 그렇다면 왜 21일간이나 앉아 계셨을까요?"

"내가 문득 화난 소리로 말한 것은 특히 이름 있는 사람이 함부로 말하면 왜곡된 진리를 공부하지 않은 무지한 중생들이 그대로 받아들이기 때문이오. 제 욕망을 위해서 거짓말하는 것이 진리를 왜곡하는 것보다 차라리 낫소. 거짓말에 속으면 물질을 손해보지만 진리의 거짓에 속으면 그 영혼이 병들기 때문이오."

"그렇습니다. 한때 세상을 떠들썩하게 한 도덕경 해설도 그렇고요!"

"아무튼 나의 생각은 이렇소. 사람의 말은 '아' 다르고 '어' 다른 법, 차라리 타락한 중생을 어떻게 구할 것인가? 하고 말했다면 대각자로서의 부처님의 그때 심정을 대변했다 할 수 있겠지요. 육신의 속박에서 벗어나 완전한 깨달음을 얻은 뒤에 천상천하의 그 모든 것을 조용히 정리하는 데 시간이 필요했을 테고, 다음으로 어떻게 중생을 구할 것인가? 하고 명상했을 것이라 달리 생각해 봐요. 어느 말이 옳겠소?"

"…!"

"그래서 부처님께서 제일 먼저 그 먼 녹야원까지 교진여를 찾아가서 깨달음의 법륜을 처음으로 돌려 보이셨던 것이지요. 그리고 교진여를 첫 제자로 거느리고 갠지스 강변을 따라 내륙으로 들어가면서 수도하는 사리불과 같은 힌두 성자들을 차례로 교화해 순식간에 수많은 제자를 거느릴 수 있었던 것이오."

"옳은 말씀이세요! 당신 생각이 합당해요!"

강서영은 또 한번 남편의 식견에 탄복했다. 그의 깊은 관찰력을 무어라 표현할 말도 생각나지 않았다. 그저 그의 아내라는 사실이 자랑스럽다고나 할까.

"불교의 언어 이해에도 상당히 문제가 있어요. 가장 많이 쓰이는 보살菩薩.boddhisatva이란 말도 2세기경에 인도 문학에 처음 등장하는 것으로 알고 있소만, 궁극적으로 보살은 사람이 아니라 사람의 마음이오. 인간은 아무리 악인이라도 불쌍한 것을 보면 구원해 주고 싶고, 승화되고 싶은 본성을 지니고 있소. 그런 마음이 바로 보살이지요. 그러므로 일체중생은 다 보살이오."

"그런데 이상하게도 여자 신도는 보살, 남자 신도는 거사居士 혹은 처사處士라 하던데요?"

"거사나 처사란 말은 벼슬하지 않은 선비를 일컬음인데, 대개 거사는 도교적 용어이고 처사는 유교적 용어로 쓰였소. 그런데 왜 그렇게 호칭하는지 모르겠소. 또 중衆이란 말도 맞는 말인데, 중이라 하면 낮춤말인 줄 알고 기분 나빠하고 스님이라 해야 좋아하는 풍조가 있는데 역시 틀린 말이오."

"예?"

"본래 뜻은 중이 맞소. 부처님 당시에는 출가한 남자 승려를 비구比丘. Bhisksu, 여자 승려를 비구니比丘尼. Bhiksuni라 하고, 남자 신도를 우바이優婆夷. Upasiki, 여자 신도를 우바새優婆塞. Upasaka라 하여 사부대중四部大衆이라 하는데, 총칭해서 무리라 하여 중衆이라 하는 것이오."

"그럼 중은 낮춤말이 아니네요?"

"물론이오! 본래 산스크리트어로는 무리를 상가Sanga라 하지만 상가를 한자로 음역과 의역을 결합해서 승僧,사람이 모인 모양이다. 사람 인(人) 변과 모일 회(會)자가 결합한 글자을 써서 승이 되었지요. 그래서 우리 언어는 존칭어가 있기 때문에 승님에서 이응ㅇ이 탈락되고 스님이 라 부르지요. 하지만 한자의 정확한 뜻은 중이 뜻에 잘 부합되는 말이오."

"오늘은 제가 특별강의 듣는 날이군요. 아니 여행 내내 특강을 해 주셨어요. 여기는 불교 성지니까 또 물어볼 게요. 관세음보살에 대 해서 말씀해주세요."

"관세음보살觀世音菩薩의 원음은 아바로스키테스바라Avaloskhittesvala 라 하는데 세상의 소리를 다 듣는 보살이란 뜻을 의역한 말이오. 이 말 역시 인간의 마음을 인격화하여 신으로 승화시킨 것이오. 천 수경에 보면 관세음보살의 화신化身 중에서 준제準提,Candi란 보살이 있소. 본래 뜻은 청정淸淨인데, 부처의 어머니라 해서 불모佛母라 하 지요."

"저도 알아요."

"관세음보살을 부처의 어머니라 하는 것은 실질적 어머니를 두 고 하는 말이 아니오. 실제 어머니는 마야摩耶. Maya 부인인데 왜 준 제보살을 불모라 했겠소? 준제란 사람이 아니라 마음을 두고 하는 말이기 때문이오. 사람의 마음이란 항상 본성에 머물러 있지 않고 끊임없이 욕망의 인연을 찾아 온세상을 누비고 다녀요. 밉고 증오하는 인연이 있으면 믿고 증오하는 인연을 찾아가서 미워하고 증오하며, 도둑의 인연이 있으면 도둑질할 대상을 찾아가서 도둑이 되지요."

"……?"

"그러나 그런 마음 한편에서는 인연을 찾아가서 업을 짓는 마음을 그래서는 안 된다! 하고 본성의 자리, 즉 부처에 안주하기를 항상 훈계하는 또 다른 마음이 있소. 양심의 소리라 할 수 있소."

"그럼 마음이 곧 관세음이네요?"

"맞소! 망나니처럼 몸 밖을 뛰쳐나가 죄를 짓는 마음을 훈계하는 또 다른 마음이 불모요. 즉 교육해서 착하기를 바라는 어머니의 마음과 같기 때문에 여러 관음 중에 준제라는 이름을 더했던 것이오. 기독교의 예수라는 사람은 천하를 돌아다니면서 온갖 죄를 짓는 그 마음을 탕아에 비유해서 말했지요."

"정말 인도에 와서 많은 것을 깨달았어요! 신혼여행이 아니라 특강을 듣기 위해 온 학생 같은 걸요."

"당신과 나는 하나이오. 당신이 깨닫지 못하면 나 또한 깨달았다 할 수 없소. 우리는 오래오래 함께 하면서 더 많은 것을 깨우칩시다."

"네…!"

강서영은 나직이 들릴 듯 말듯 그러나 감동어린 마음으로 대답했다.

그런데 남편의 어투에 어딘지 쓸쓸하고 침울한 기미가 섞여 있는 느낌은 왜 드는 것일까? 얼굴을 바라보니 스산한 바람에 떨어지는 낙엽을 바라보는 것 같았다.

무슨 생각을 하느냐고 묻고 싶었으나 남편의 눈이 부처상을 향해 기도하듯 진지해서 무어라 말할 수도 없었다.

한성민은 알고 있었다.

결혼식을 올린 그날, 무심코 아내의 사주를 보고는 소스라치게 놀랐었다. 세속과의 인연이 그다지 많지 않았던 것이다. 하지만 전혀 내색하지 않았다. 생명줄을 이을 방도만을 생각하며 고심을 거듭해 왔다.

그런데 문득 인연 따라 생멸한다는 부처의 설법이 생각나 잠시 우울했다.

그러나 또 한편으로 생각해 보면 인연은 지은 대로 가는 것, 새로운 삶의 인연을 지을 수 있는 방도만 찾으면 숙명이 아닌 운명인 이상 어렵지 않게 넘어설 수 있다는 확신이 있었다. 그래서 그는 의아한 눈으로 바라보는 아내가 알아챌까 봐 얼른 얼굴을 화사하게 하여 손을 꼭 잡고 다음 여행지로 걸음을 놓았다.

아, 잃어버린 역사의 흔적이여

한성민 부부는 붓다가야에서 찬란한 불교문명을 꽃피운 그 옛날 흥왕했던 사위성舍衛城으로 가서 잡초만 무성한 황량한 벌판만 둘러보고 죽림정사竹林精舍, 범어 Venuvana로 향했다. 죽림정사는 빔비사라 왕 Bimbisara, 마갈타국의 왕이 지어 부처님께 바친 불교 최초의 가람이다.

빔비사라 왕은 석존釋尊을 존중해 불교에 귀의했으나 전설 같은 비극을 맞이한 임금으로도 유명하다. 재위 50년 만에 반란을 일으킨 아들 태자가 자신을 감옥에 가두어 놓고 음식을 주지 않아서 굶어죽은 인물이다. 그런데 죽기 전에 몸에 꿀을 바른 왕비가 아들 몰래 감옥에 들어가 옷을 벗어 남편이 꿀을 핥아 먹게 해 잠시나마 허기를 면하게 해주었다는 눈물겨운 이야기가 전해진다.

빔비사라 왕이 나중에 불교에 귀의하여 죽림정사라는 가람까지 보시하였으나 그가 전생에 지은 업이 그보다 더 컸던 것은 아닐까?

아무튼 옛 전설의 주인공이 지어 바친 정사는 온데간데없고, 죽림竹林이라 불리던 무성한 대나무는 베이고 파여서인지 고향 집 뒤 언덕에 촘촘히 심어놓은 바람막이 대나무밭을 보는 듯했다.

그리고 부처가 손수 옷을 빨고 손발을 씻었다는 연못도 비바람에 퇴화돼서 웅덩이처럼 초라해 부처의 자취를 더듬어 보기 어려운데, 그나마 인간 본성의 진실을 말해주듯 불법의 상징인 연꽃만은 아름답게 꽃을 피웠다.

그런데 그들 부부는 부처가 생전에 참선하며 한숨에 태양의 빛을 삼켰다는 영축산에 올라 일출을 구경하고 나서였다. 본래 계획한 대로라면 여행을 마쳐야 하는데 부득이한 사정으로 귀국일을 며칠 연장하지 않으면 안 될 처지에 놓이고 말았다.

유학시절에 사귄 친구이자 남인도의 대 바라문인 힌두의 성자 스와미지한테 안부전화를 했다가 그만 그의 간절한 방문 요청을 받고 말았다. 거절하기엔 유학시절 너무 많은 신세를 졌고 정도 깊었던 사람이라 마지못해 승낙했다.

한편 강철호는 한성민 부부가 예정보다 많이 늦게 귀국한다는 연락을 받고나서 내심 쾌재를 불렀다. 마지막 계획을 실행에 옮길 기회를 엿보고 있었는데 거사 전에 그들 부부가 귀국하면 아무래도 눈치채일 우려가 다분해서 염려하던 차였다.

그동안 수련에만 열중하는 사람으로 비치도록 표정 관리를 잘 해온 덕에 아무도 의심의 눈초리를 보내는 사람은 없었다. 그러나 방송과 언론에서는 연일 러브호텔 테러와 사채업자의 돈을 뺏은 강도사건, 그리고 전국 각지에서 일어난 폭행사건을 보도하고 있어서 나라가 온통 그 이야기로 난리였다. 그도 그럴 것이 검경이 합동수사본부를 설치할 정도로 만만치 않은 사건인데 오리무중으로 범인의 그림자조차 찾아내지 못하고 추측만 난무했다. 단지 모든 사건은 동일범의 소행일 가능성이 높다는 것이 수사진이 얻은 소득이라면 소득이었다. 사건의 종류가 다르고 범인이 행색을 달리한 데다 여러 지역에서 폭력배들이 같은 수법으로 범행해 처음에는 수사에 혼선을 빚었다. 그러나 폭력배들을 검거해 심문해 보니 아무래도 진짜 범인은 따로 있을 것이라 예상했다. 서울에서 일어난 각종 사건이 본보기였다. 그리고 피해자들의 진술에 의하면 목소리나 인상은 몰라도 몸매가 비슷하고, 뛰어난 무술실력이라든지 총이나 칼 등의 흉기를 사용해서 몸을 상하게 하거나 목숨을 빼앗는 흉악범은 아니란 점에서 동일범이라 결론을 내리고 수사방향을 그쪽으로 집중했다.

그러나 범인의 범행 동기는 아무도 예측하지 못했다. 러브호텔 테러사건에서는 남편이나 아내의 외도에 분노한 배우자가 고용한 해결사의 짓이라 추측했으나 그것도 아니고, 사채업자 사건을 보면 돈을 노리는 강도의 소행 같기도 했다. 하지만 또 느닷없이 의사나 변호사 등을 테러한 사건이 벌어지고 나서는 갈피를 잡을 수가 없었다. 의사의 잘못된 진료로 환자가 죽어서 가족 중의 누군가가 앙갚음을 한 또 다른 범행으로 분류해 수사해 보니 역시 동일범이란 결론만 얻었다.

그런데 국민들이 문제였다.

불의한 자들을 응징하는 걸출한 의적이 나타났다는 소문이 전국을 뒤덮었다. 그런데다가 오히려 범인을 칭송해 범인을 보았더라도 그런 사람은 신고해서는 안 된다는 여론이 자연스럽게 형성되었다. 그에 더해 신출귀몰한 범인을 입에 침이 마르도록 찬양까지 할 지경이었다. 하늘을 날아다닌다거나 심지어는 투명옷을 입어서 보이지도 않는다는 뜬금없는 소문이 계속해서 일파만파로 퍼져나갔다.

거기다가 속시원하게 또 다른 불의한 자들을 응징했으면 좋겠다

는 말을 대놓고 하는 사람들도 있었다. 특히 위정자나 종북주의자
들을 싹 없앴으면 좋겠다는 말도 공공연히 떠돌았다. 민심이 그렇
다 보니 나라가 어수선해서 고심이 깊은 경찰이 억대의 현상금을
내걸고 제보자를 기다렸으나 비웃기라도 하듯 모두 장난전화뿐이
었다.

강철호는 들끓는 여론에 속으로 쾌재를 부르며 자신의 행위에 한
껏 고무됐다. 불의를 응징하는 것은 죄가 아니라 누군가가 마땅히
실천해야 할 도리를 용감하고 능력있는 자신이 앞장서서 행하는
것이라 자부하고 자위했다. 의기가 치솟아 목소리에 힘이 있고 걸
음을 걸을 때는 전보다 더 고개를 꼿꼿이 세웠다. 눈은 정면을 똑바
로 보았고 힘이 들어간 어깨는 떡 벌려서 보무가 당당했다.

그런 그에게 어느 누구도 의심의 눈초리를 보낼 만한 기미가 눈
곱만큼도 없었다. 그래서 보란 듯이 불의한 자를 응징해 또 한 번
세상을 깜짝 놀라게 해줄 생각이었다.

"진수야, 일이 잘 되려고 형님이 한 열흘 늦게 귀국하신다고 연락
이 왔다. 그 안에 우리가 세운 마지막 계획을 끝내야 한다. 그 양반
이 있으면 영 불안해서 말이야."

수련장 일과가 끝난 이슥한 밤이었다. 소진수를 자기 방으로 은
밀히 불러 앉힌 강철호가 회심의 미소를 머금고 조용히 속삭였다.
먹이를 노리는 뱀처럼 날카로운 눈빛은 불덩이 같이 이글댔다.

"그러게요. 한 선생님은 저도 왠지 무서워요. 닭 한 마리 잡을 힘
도 없는 분 같은데 이상하게 두렵다는 생각이 들어서요."

"형님을 얕잡아 보지 마라. 나도 겁내는 사람이니까."

"무술이 그렇게 능해요?"

"무술? 이 자식아, 무술이라면 내가 누굴 겁내겠냐? 너는 잘 모르겠지만 무술을 연마한 사람은 상대방의 특이한 힘을 금방 느끼게 돼있어. 하지만 형님은 말이야, 그런 느낌이 아니야. 그런데 그것이 무엇인지 알 수는 없지만 굉장한 기운이 느껴져서 나도 모르게 압도당하거든!"

"무협소설 주인공처럼 장풍을 날리나?!"

"쓸데없는 생각하지 말고 일이나 차질 없이 해놔! 이번이 마지막이니까 철두철미하게! 알았어?"

"염려하지 마십시오! 확실히 하고 있습니다. 그나저나 이번엔 최고의 정계 거물을 조지니까 그 새끼 밑에 빌붙은 조무래기들 밤잠 못자겠지요? 그리고 선량한 사람들은 춤을 추고⋯ 그런데다 귀신같이 나타났다가 바람처럼 사라져 다시는 나타나지 않으니까 원장님은 전설로 남을 거예요, 전설!"

"허튼 소리 그만해! 그런데 그놈의 재산이 얼마나 될까?"

"말도 마세요! 상상을 초월한답니다. 권력있는 정치인 새끼들 다 그렇잖아요. 기업들한테 거두어들인 것도 모자라 국가적인 큰 공사 벌여놓고 거기서 얻은 이익하며 아마도 재벌 뺨칠 정도로 돈이 많을 걸요."

"그렇겠지! 그런데 말이야, 혹시 모르니까 별장에 묻어놓은 돈하고 귀금속, 만에 하나 잘못돼서 수색당해도 찾지 못하게 잘 해놓아야 해. 여기 금고에 있는 돈이야 다 잃어도 걱정 없지만… 하여간 돈만 있으면 죽는 놈도 살리는 세상이니까!"

"예, 저도 그런 생각을 해봤습니다. 걱정 안 하셔도 됩니다. 근데 원장님! 그놈 집에 설치된 감시 카메라하고 경비는 계획대로 하면 되겠지만 길들인 개까지 키운다는데 어떡하죠?"

"걱정할 것 없어! 개는 먹이를 주면 주인을 배신하기 마련이니까. 그놈의 집사하고 운전사만 회유해 놓으면 개는 문제가 없다. 집사하고 운전사한테는 아까워하지 말고 한 일억씩 안겨주어라. 그리고 나중에 그만큼 더 준다 하면 아마 개처럼 물불을 가리지 않고 충성하면서 협조할 거다."

강철호는 얼떨결에 개를 말하다 보니 한성민이 또 떠올랐다.

개는 자신을 위해 짖는다는 그 말이 단순한 것 같지만 이익에 따라서 능변하는 인간에 비하면 더 나을지도 모른다는 생각도 들었다. 욕심낼 만한 이익이 눈앞에 있으면 섬기는 신이든 사람이든 혹은 법의 심판자이든 돌변해 이익을 위한 충성에 목숨까지 내놓으니 말이다.

그러므로 돈이 곧 인격이요, 명예며 인간성이자 권력이라 생각했다.

그런데 소진수를 내보내고 베개에다 뒷머리를 얹어놓고 누워 있자니 한성민의 얼굴이 자꾸만 어른거렸다. 그리고 불의를 미워하면 미워하는 그 자체가 이미 불의라 한 말이 귀에 거슬리고 마음에 걸려서 짜증스러웠다.

더욱이 정의니 불의니 분별하는 것 자체가 쓸모가 없다. 불의야 말할 것도 없지만 정의가 옳다고 정의만을 고집하면 반드시 불의가 따르기 마련이라고 힘주어 하던 말이 더 켕겼다.

어떻게 그럴 수 있을까?

정의와 불의는 분명하게 존재하고 있는 것, 불의 때문에 사회가 혼란스럽고 착함이 핍박받는 세상인데 불의를 미워하는 것이 불의라니 그런 요상한 논리가 어디에 있나 싶었다. 그리고 동물이 아니라 사람이기 때문에 오히려 불의를 미워하고 응징하는 것이 가장 올곧은 인간다운 것인데 그것을 왜 불의라 규정하는 것일까?

그런 주장은 결국 선악이 없다는 불교적 논리와 무위자연의 도만을 생각하는 이상주의에 지나지 않았다. 그리고 심약한 자의 자기변명은 아닐까? 하고 의구심도 들었다.

하지만 곧 고개를 내저었다.

그것만은 아닌 것 같았다. 한성민은 항상 양보하고 손해 보는 것 같지만 나중에는 기이하게도 승자가 되어 있었다.

누님인 강서영은 한쪽 다리가 불편한 결점이 없지는 않지만 뛰어난 미모도 미모지만 재력과 가문의 명성도 상당한 집안의 외동딸에다가 재원으로 칭송받았다. 그런 누님이 쟁쟁한 인물들의 청혼을 모두 거절하고 보잘 것 없어 보이는 그를 사랑해 결혼한 것만 봐도 범상치 않은 사람임에는 틀림이 없었다.

그러나 한성민의 어떤 점이 누님의 마음을 사로잡았는지 그것만은 얼른 이해가 되지는 않았다. 썩 잘나지 않은 인물과 왜소한 체격, 그리고 재산이라고는 시골에 고작 땅 몇 마지기뿐이어서 요새 여성이라면 거들떠 보지도 않을 사람이었다.

있다면 높은 학식뿐이었다. 그렇다고 대학의 강단에서 명강의로 이름난 학자도 아닌, 옛 조선 같으면 하잘것없는 유생쯤에 불과했다. 그럼에도 누이가 한사코 그를 택한 것은 그가 늘 말하던 인연 때문일까?

한성민은 늘 말하기를, 사람은 인연을 찾아가서 인연을 맺는다고 하였다. 그래서 자신이 그들 둘을 본의가 아니었는데도 무심코 중매자가 되어 인연의 끈을 맺어준 것일까?

그렇담 지금 자신이 세상을 떠들썩하게 하는 것도 타고난 인연의 힘인 것 같았다. 그렇지 않고서야 평생 생각지도 않은 일을 감행할 리가 없지 않은가 싶었다.

그것이 사실이라면 자신에게 돈을 빼앗긴 악인들은 마땅히 그래야 할 인연을 타고난 운명이라서 당연히 받아야 할 업을 받는 것이라 생각했다.

강철호가 마지막 범행을 준비하고 있던 그 날이었다.

인도에서 한성민은 자신을 초청한 대 바라문의 힌두 사원에서 아내와 함께 밤을 보내고 있었다. 그곳의 교주인 스와미지가 3층 한 곳에 신혼방이라며 특별히 일급호텔을 방불케 하는 스위트룸까지 꾸며놓아 하룻밤을 호화롭게 보낼 수 있어서 뜻밖에 신혼여행다운 밤을 보냈다. 거기다가 두 명의 하인까지 시중들게 해주는 등 대우가 극진해서 그녀는 어느 왕국의 왕비라도 된 듯했다.

"당신의 친구가 당신을 정말 좋아하나 봐요. 하지만 생각지도 않은 하인의 시중까지 받다보니 기분도 이상하고 당황스러워요."

"아직도 카스트제도가 엄격한 사회니까 일상생활이라 생각하고 그냥 자연스럽게 받아들이도록 해요."

마지막 계급인 수다라sudala는 바라문이 출입하는 장소에는 아직도 함부로 들어갈 수 없을 정도로 제약을 받는 천민이다. 그러므로 주인의 명이면 무조건 복종해야 하는 관습이 엄연히 존재하는 사회라 마땅하지 않다 해도 그는 그대로 받아들이는 것이 옳다고 생각하고 있었다.

"그래도… 암튼 이국의 친구가 당신을 이만큼이나 존중해 주어서 저는 기쁘기도 하지만 당신이 더 자랑스러워요."

"존중이라기보다 친구에 대한 예의라 생각해요. 이곳 사람들도 우리만큼이나 손님 대접을 잘 해주는 관습이 있기도 하고. 그 전에 내가 귀국하기 직전에 축제가 있었는데 스와미지의 부탁으로 연설을 한 번 한 적이 있어서 아마도 그때의 생각을 잊지 않은 모양이오."

"축제 때 당신이 연설을 했어요?"

"응, 남인도 최고의 축제일이었소. 뭐랄까? 우리의 설 명절에 비유할 만한 축제일이지요. 그런데 축제일이 우리의 정월대보름과 같은 날이었소."

"어머, 그래요? 우리도 대보름 축제가 있잖아요? 농악 울리고 지신 밟고 달집 지어 불태우고… 여기서도 그렇게 해요?"

"그렇지는 않소. 신의 축복을 기리는 행사였소, 얼마나 큰 행사인지 수상과 각부 장관들이 참석해 연설했는데 군중이 무려 200만

명이 넘는다 했소. 말이 200만 명이지 막상 단상에 올라가 보니 끝이 보이지 않더군!"

"200만 군중, 그리고 인도 수상, 장관이 참석한 축제… 그곳에서 당신이 연설을 하셨다니 놀라워요! 뭐라 말씀하셨어요?"

"별 말 안했소. 우리 대한민국이라는 나라도 같은 날 축제가 있는데, 정월대보름축제라 한다 하고, 당신 말대로 풍악을 울려서 즐기고, 지신밟기로 집의 액운을 없애고, 소나무나 대나무로 지은 달집을 태워서 양기를 받아들이고, 하늘에 복을 비는 풍습이 있다 하였지요."

"군중이 그리 많았는데 연설하실 때 떨리지 않으셨어요?"

"사람 앞에서 말하는데 떨리긴… 그런데 축제가 끝나고 나서 오히려 당혹스러웠소!"

"어머, 왜요?"

"나의 연설이 수상 바로 뒤고 스와미지 앞이었으니 사람들이 나를 대단한 존재로 믿었던 모양이오. 그래서 퇴장할 때 사람들이 손을 내밀어 나의 옷깃을 다투어서 만져보려고 했지요. 그리고 다음 날 길거리에 나갔더니 또 그러더군. 서 있으면 발등에 입맞춤까지 해서 얼마나 당황스럽던지!"

"어머나! 그렇게까지 했어요? 왜 그랬을까요?"

"나를 신과 교통하는 성자로 생각했던 게지요. 종교심이 그 정도이니 보편적인 정신세계를 초월한 사람들이오. 생활 그 자체가 종교라서."

"신의 세계가 정말 있을까요?"

"우주 자체가 신의 몸이오. 그래서 무한의 생명이 있지요."

"모습이 없으니까 볼 수 없어서 안타까워요."

"모습이 있으면 이미 신이 아니오. 대자연을 관조해 보면 헤아릴 수 없는 생명이 태어나고 죽어가지 않소? 그렇게 삶과 죽음을 연속시키는 힘이 어디로부터이겠소? 이 우주에 상존하는 무한의 힘이 그리하는 것인데, 이것을 인격화하면 신이 되겠지요."

"그래도 신의 모습을 묘사한 그림이나 상은 있던데요?"

"신의 모습은 민족마다 다르지요. 민족성과 자기들 생김새를 상상한 것이니까. 사실 신은 변화가 무쌍해서 어느 형상으로도 모습을 지을 수 있다고 봐야 해요."

"우리 민족은 신의 형상도 없고 이름도 없이 그냥 하느님, 한님, 하나님 이라고만 하는 것도 그런 이치 때문이군요?"

"그렇소, 유일한 신은 이름이 있을 수 없기 때문에 그렇게 부르지요."

"그럼 환인桓因은 이름이 아니에요?"

"환인의 '환'은 빛, 진리, 원대함, 대우주, 밝음 등 여러 가지로 해석이 되오. 그리고 '인'은 태일太一이니 최초의 빛이란 뜻이지요. 따라서 이름이 아니라 하느님을 일컬음이오. 즉 환인님이 한님, 하늘님, 하느님 또는 하나님으로 변음된 것이지요. 우리는 한님의 적손으로 자부하는 세계 유일의 천손 민족이오. 천손민족의 첫 나라가 한국이고 다음은 배달국인데, 오늘날 개천절 즉 신시 개천은 단군이 아니고 환웅 배달국이오. 그런데도 신시를 개천한 분을 단군이

라 하고 노래도 그리 부르니 우리 역사가 잘못되어도 보통 잘못된
게 아니오."

"……?"

"개천절의 주인은 단군이 아니라 환웅인데 어째서 단군이라 하
는지 모르겠소. 그리고 10월 3일은 양력이 아니고 음력이오. 조선
조까지만 해도 음력 10월 3일이었소. 이날 하늘에 제사를 지내는
풍습이 남아 있었지요."

"저는 뭐가 뭔지 아직 잘 모르겠어요. 그만 물을래요."

"어린애처럼 많이도 묻더니, 이제 지쳤소?"

"아니에요! 살아가면서 하나씩 물어볼 거예요. 그나저나 우리 철
민이 아무 일 없이 잘 있는지 모르겠네요? 그리고 선희 아가씨도
건강한지…?"

"선희는 여전하고, 그런데 처남은 영 마음이 놓이지 않소."

"왜요? 당신이 걱정하시니까 저도 괜히 불안해요."

"이달만 잘 넘기면 될 텐데…?"

"철호 팔자에 액운이 있다면서요?"

"그래서 자중하라 했는데. 암튼 지금까지는 아무 일 없다고 하니
안심이오만 그래도 왠지 예감이 썩 좋지는 않소."

"너무 걱정하지 마세요. 당신이 시킨 대로 수련에 열중하고 있으
면 설마 무슨 일이 있겠어요?"

"그랬으면 좋으련만!"

한성민이 한숨을 내쉬었다.

인간은 묘하게도 정해진 운명대로 길을 밟아가서 길흉을 스스로

없는다. 강철호가 과연 자기 의지로 길이 아닌 길에서 벗어날 수 있을지 의문스러웠다. 충고를 순순히 받아들여서 수련에만 열중하면 얼마든지 액운이 없는 길이 보일 텐데…! 아무래도 야밤에 귀신에 홀려가듯 제정신을 못 차리고 길이 아닌 길을 가고 마는 어리석음을 자초할 것만 같아서 불안했다.

태양이 대지를 뜨겁게 내리 쬐어 발바닥이 후끈 달아올랐다. 모자를 쓰지 않으면 두피에 화상이라도 입을 만큼 강렬한 햇살이었다. 그러나 워낙 습도가 낮아서 나무 그늘 아래에 서면 거짓말처럼 선선해서 적응하는 데는 별 문제가 없었다.

그리고 남인도에서 가장 큰 힌두 성전의 교주가 내준 귀빈용 승용차는 성능 좋은 최고의 벤츠라 차 안은 늦가을처럼 시원해서 나다니는 데는 불편하지 않았다.

게다가 한성민 부부가 그 차를 타고 관광길에 나서면 스와미지의 요청이 있었던지 미리 대기하고 있던 경찰 교통차가 에스코트까지 해주었다. 그리고 두 하인은 작은 승용차를 타고 뒤따르니 그야말로 귀빈이었다.

강서영은 정말 왕비라도 된 것처럼 마음이 황홀했다. 남편 덕에 결혼식은 초라했어도 신혼여행은 한 작은 나라의 왕비처럼 화려해서 소녀시절에 동경하고 꾸었던 꿈이 현실에 펼쳐진 것 같았다.

그리고 힌두의 고대 유적지에서 불가사의한 유물들을 돌아볼 때는 타임머신을 타고 2000여 년 전으로 훌쩍 날아온 것 같았다. 묘하게도 전생에 이곳의 사람이 아니었나 싶을 정도로 유적지가 낯설지가 않았다.

거대한 바위산을 그대로 뚫고 들어가서 장엄하게 조각해 놓은 성전하며, 코끼리가 끌었다는 엄청나게 큰 돌수레, 그리고 10층 높이의 돌탑과 그 탑에 벌집처럼 새겨진 신들의 기이한 모습이 정겹게 다가왔다.

신화라 불리는 옛 이야기가 실제로 이와 같았을까?

그러나 웬만한 단독주택만한 바위 하나를 통째로 여자의 성기와 똑같이 조각해 놓고, 그 위에 아름드리 기둥 크기로 영락없이 닮은 남자 성기를 깎아서 하늘로부터 내려 찌르듯이 박아놓은 섹스 장면은 흉측했다. 전에 남편으로부터 이야기를 들을 때는 그렇거니 했는데 막상 실상을 보니 징그러웠다.

더욱이 여인들이 그 주위를 돌며 꽃을 뿌리고 있는 모양이 이상하고 야릇해서 얼굴을 붉혀 고개를 돌렸다.

"당신 왜 그러오?"

한성민은 빙그레 웃음지으며 아내를 돌아보았다. 예전에도 심심찮게 보았던 터라 아무렇지 않기도 하지만 그 의미를 잘 알고 있어서 태연했다.

"어떻게 저런! 당신은 보기가 좋으세요?"

"좋고말고! 신성한 느낌이 드는 걸…!"

일부러 탄성을 지른 그는 아내를 놀리듯 일부러 싱글벙글 웃음지어 말했다. 그녀는 남편의 그 모양이 갑자기 음흉한이 아닌지 의심스럽도록 이상했다.

"당신 갑자기 딴 사람 같아요!"

"왜? 우리나라에도 성기숭배 풍습이 있었잖소? 관악산 삼막사에 가면 작지만 저와 똑같은 모양의 자연석 두 개가 나란히 있는데 아기 못 낳는 사람들이 거기서 기도하면 임신한다던데?"

"그건 그렇다 해도 이건 너무 적나라하잖아요! 거기다가 꽃을 뿌리며 기도하는 것도 이상하고? 무슨 뜻이야 있겠지만 이해하기 어려워요."

"그렇군!"

한성민은 우선 항의하듯 하는 아내의 말에 동조해 주고는 꽃바구니를 들고 서 있는 한 소녀한테로 뚜벅뚜벅 걸어가서 향기 좋은 꽃 한 다발을 사서 그 반을 아내에게 나눠주며 말했다.

"저기 봐요. 사람들이 탑돌이하듯 돌면서 저곳에 왜 꽃을 뿌리고 있겠소?"

"몰라요!"

"음양이 화합한 창조의 순수함을 땅에다 재현해 놓은 것이기 때문이오. 인간은 소우주이므로 남녀의 섹스는 대우주의 창조원리와 같소."

"그래도 어떻게…!"

"인간뿐만 아니라 자연의 암컷과 수컷이 섹스를 하는 것은 창조본성을 그대로 내림받았기 때문에 자연스런 본능이오. 그래서 자식을 낳으면 그 자식은 대우주가 천지만물을 낳은 것과 같소."

"……!"

강서영은 점점 남편의 말에 귀를 기울이기 시작했다.

"그리 보면 인간의 섹스는 창조를 위한 창조신의 행위와 같다고 할 수 있지요. 그러나 다른 것이 있소."

"다른 것이라니요?"

"창조신의 행위는 순수함 그 자체이지요. 그래서 엘로라 아잔타 석굴 성전에는 부처상 아래 섹스행위가 체위별로 자세하게 조각돼 있는데 음양화합의 순수성의 표현이오."

"그런 석굴이 있어요?"

"있소. 하여튼 보편적인 인간의 성행위는 순수성이 결여된 면이 없지가 않아요. 즉 순수하고 신실한 사랑의 행위가 아니라 애욕에 못 이긴 행위라 할 수 있지요. 그러므로 섹스 그 자체를 추하게 생각하는 것이오. 그렇지 않소?"

"저는 그렇지가 않던…데!"

강서영은 대뜸 대답하다가 얼굴을 붉히고는 말꼬리를 흐렸다. 그 모양을 슬쩍 본 그는 미소가 저절로 떠올라 잠시 말을 멈추었다가 목소리를 가다듬었다.

"추한 마음이면 만 가지가 추하게 보이고, 순수한 마음이면 보이는 모든 것과 자신의 행위가 순수하게 보이고 순수하게 생각하기 마련이오. 그러니 부끄러워 말고 지금부터 그런 마음으로 저 조각상을 다시 봐요. 우리가 서로 사랑하는 마음으로 말이오. 그럼 부끄럽지 않게 저 모양이 순수하게 보일 것이오."

"…!"

강서영은 할 말을 잃었다. 틀린 말이 없는데다 남편과의 사랑행위가 떠올라 부끄럽기도 하였다. 그런데 그가 딴 말을 할 틈도 주지 않았다.

"자, 그럼 우리도 그런 마음으로 꽃을 뿌리며 탑돌이를 해볼까?"

하고는 성기상 앞으로 뚜벅뚜벅 걸어갔다.

"아이 참!"

강서영은 웃음지었다. 그리고 남편 뒤를 따라 재빨리 걸음을 놓았다. 그리고 힌두의 여인들처럼 그곳에 꽃을 뿌리며 탑을 돌았다. 연이어 세 바퀴나 돌며 창조신의 순수함처럼 한 점 티 없는 사랑의 진실이 남편과의 사이에 영원불변하기를 기원했다.

"당신은 장승의 의미를 생각해 본 적이 있소?"

한성민은 탑돌이를 다 한 뒤에 다음 유적지로 발길을 옮기며 문득 생각나는 것이 있어서 물었다.

"아 참! 인도에도 우리와 똑같은 장승이 서 있는 마을이 있다 했지요? 우리 언제 거기도 가요. 네?"

"거긴 내일 갑시다. 마을에 장승이 하나만 서 있는 것이 아니라 거의 모든 집 앞에 다 세워져 있소. 안 그래도 그 생각이 나서 물었소. 장승의 의미를 잘 생각해 봐요. 방금 본 남녀 성기 조각상과 어떤 연관성이 있는지."

"글쎄요… 아무 연관성이 없는 것 같은데요."

"아니 매우 깊소. 섹스 표현을 노골적으로 하지 않았을 뿐이지 장승도 마찬가지요."

"……?"

"사모관대를 한 천하대장군 장승과 원삼족두리를 한 지하여장군 장승의 모습을 잘 생각해 봐요. 사모관대와 원삼 족두리는 당신과 내가 결혼할 때 입었던 옷이었잖소. 그러니까 장승은 음양 화합의 창조원리를 땅에다 재현해 놓은 것이지요. 그리고 두 장승이 마주보고 허연 이빨을 드러내고 괴이한 표정을 짓고 있는 모습은 섹스의 쾌락을 표현한 것이오."

"어머, 그리고 보니 정말 그런 것 같네요? 그런데 왜 마을의 수호신이라 해요?"

"천하대장군은 천기天氣이자 천오령天五靈이고, 지하여장군은 지기地氣이자 지오령地五靈의 표상이오. 하늘은 양기陽氣로서 남성이고, 땅은 음기陰氣로서 여성이니 남녀가 결합해 자식을 낳듯 하늘과 땅의 기운이 화합해 만물이 탄생되기 때문에 그것을 형상화한 것이 장승이오."

"…!"

"따라서 우리 조상들이 마을 어귀에 장승을 세워 자식과 양식의 생산을 염원했던 것이었소. 마을 수호신이라 한 말도 틀린 것은 아니요. 마을이란 뜻은 본래 생명의 땅이란 순수 우리 언어인데, 장승은 종교적으로는 천신天神과 지신地神의 대표적 표상이라고도 할 수 있으므로 생명의 땅을 지켜주는 수호신으로 해석할 수도 있겠지."

"듣고 보니 장승에 많은 의미가 농축돼 있군요. 그런데 어떤 종교단체 사람들이 장승을 왜 미신이라며 못 세우게 방해하고 그 난리들을 치는지 모르겠어요! 언젠가 장승배기에 장승을 세울 때 그런 일이 있었잖아요. 신문에서 읽었어요."

"지식도, 양식도, 정체성도, 사상과 철학도 없는 무지의 소치이겠지! 자기 조상의 정신과 피를 부정하는 사대주의자들에 다름이 아니니 어느 종교를 막론하고 그런 자들은 자기들이 믿는 종교문화의 땅에 가서 살아야 할 것이오!"

한성민은 또 한 번 그답지 않은 분노의 빛을 띠며 과격한 말을 서슴없이 하였다.

개 마음의 눈에는 개가 보이고, 사기꾼의 눈에 사기꾼이 보이고, 강도의 눈에 강도가 보인다. 불의를 미워하면 불의라 생각하는 그 마음이 이미 불의해서 세상사가 다 불의하게 보일 수 있다. 그러므로 항상 차별심을 갖지 말고 평등한 눈으로 세상을 보라던 그의 주장과는 사뭇 다른 언사였다.

그러나 그는 자기 발언의 모순을 모르고 한 말이 아니었다.

보편적인 사회 정의다, 불의다 하는 것에 대해서는 관대했으나 지식의 사이비와 민족의 역사와 정신, 그리고 문화에 반하는 불의만은 묵과할 수 없는 정신세계가 있었다.

그러한 불의를 순순히 받아들여서 무위의 도에 녹여 없애면 자신의 정체성을 부정하는 것과 같아서였다.

대도大道의 입장에서 보면 천하 만민이 무위의 도를 실현하고 있다면야 그러한 불의조차 없을 터였다. 그러나 그렇지 못한 역사의 흐름으로 볼 때 그런 불의를 불의라고 말하지 않는다면 민족정신이 뿌리째 흔들려서 어느 시기에 가서는 민족 자체가 흔적도 없이 사라질 것이라 생각해서였다.

한성민 부부는 남인도를 여행한 뒤 엘로라 아잔타 석굴을 구경하

기 위해 몸베이로 향했다. 원래 계획에 없었으나 기왕 남인도에서
여행 기일을 훌쩍 넘긴데다가 대 바라문 스와미지가 항공표까지
사주어서 마지못해 한 사흘만 더 머물다가 귀국할 생각이었다.

그런데 그들 부부가 몸베이의 한 호텔에서 일박을 하던 그 날 늦
은 밤이었다.

서울에서는 소진수가 묵직한 가방 하나를 들고 어느 다세대주택
의 반 지하방에 이제 막 들어가서 50대 중반의 한 사내와 마주 앉
아 있었다. 반가운 기색이 역력한 사내는 소진수가 들고 온 가방을
힐끗힐끗 곁눈질하며 넋두리를 늘어놓았다.

"아들놈은 군대 가고 딸년은 고3인데 대학 보낼 생각을 하니 걱
정이야. 그도 그렇지만 아들놈이 곧 제대한다는데 보다시피 방이
둘뿐이라서."

"걱정 마세요. 오 기사님! 아니 형님! 여기 오천만 원으로 우선 집
을 계약하세요. 며칠 있다가 오천만 원하고 일 끝나고 나서 이억 원
더 드릴 테니까 염려 놓으시고."

소진수가 언제부터 아는 사인지 사내를 오 기사라 부르다가 능
청스럽게 대뜸 형님이라 다정하게 부르며 시원시원하게 큰소리를
쳤다.

그리고 들고 온 가방을 사내 앞으로 쓰윽 내밀었다. 사내는 마치
빼앗길 위기에 놓인 것처럼 낚아채다시피 잽싸게 가방을 잡아당겨
엉덩이 뒤로 돌려놓고 잔뜩 긴장해 말했다.

"형편이 이렇다 보니…!"

"형님, 다 압니다. 이건 나쁜 일이 아니에요! 형님도 알다시피 정치계 거물이라 하는 그놈은 천문학적인 나라 돈 빼돌려 놓고 그 돈으로 정계를 좌지우지하고 있잖아요. 그런데 그 돈 누구 겁니까? 우리 돈이지! 우리가 낸 세금이에요! 그런 돈은 우리가 돌려받아야지요. 그러니까 정당하게 돌려받는 것이니까 도둑이 아니에요!"

"그… 그렇지! 맞는 말이야!"

소진수가 혈기왕성한 정의의 기사처럼 당당하게 열변을 토하자 정당행위로 자위한 사내도 덩달아 맞장구를 쳤다.

"그런데 생각해 보세요. 형님이 그 자식 차 운전한 지가 몇년입니까? 20년이잖아요. 그리 충성했는데도 고작 방 두 개짜리 지하 셋방이라뇨? 그놈은 양심도 없어요!"

"맞아! 다른 사람은 자기 생명을 싣고 다니니까 기사한테 집도 사주고 애들 학비도 대주고 그런다던데 하여간 그 새끼는 명색이 대통령을 꿈꾸는 거물이면서 용돈 몇 푼 주는 것도 벌벌 떨었어!"

사내는 분기가 탱천했다. 초라하게 사는 살림 꼬락서니를 생각하면 굽실대며 20년을 종노릇한 대가가 고작 이것이냐 하는 투였다. 그 권력자를 때려 죽여도 시원찮을 것 같다며 울분까지 토했다.

사내를 충동질한 소진수는 속으로 그러면 그렇지! 하고 회심의 미소를 머금고 기회다 싶어 속내를 드러냈다.

"형님! 그 새끼 집 설계도는요?"

"여기 있다!"

사내가 일어나 벽장 속에 감추어 둔 A4용지 한 장을 얼른 꺼내놓았다. 그리고 서툴게 그린 그림을 손가락으로 짚어가며 자세히 설명했다.

"그 새끼 침실은 집 안에서 왼쪽 끝 정원과 맞붙어 있는 이곳이고, 안방 맞은편에 주방이 있는데, 그 옆방이 요리사와 청소하는 아줌마가 거주해. 지하방은 정원을 가꾸는 노부부가 살고 있고, 대문간에 붙은 방 두 개는 경비 서는 세 명이 숙식해. 감시카메라는 대문 들어가는 곳과 현관 입구, 정원 모퉁이 두 곳 모두 네 곳에 설치돼 있다. 개는 현관 입구에 있고. 그리고 2층은 자식들 방이지만 모두 외국에 있어서 비었어."

"새끼, 어마어마하게 해놓았군! 돈이 얼마나 많아서 이 지랄까지 해놓았을까? 그런다고 부정한 돈이 지켜지나? 하여간 형님, 염려 마시고 모레 봅시다. 정확하게 새벽 1시에 이 집 근처에서 만납시다."

소진수가 사내를 다시 한번 충동질했다. 그래서 지금의 분기를 계속 가슴에 품고 변심하지 않을 것이라 확신하고 사내와 헤어졌다.

소진수가 오 기사라는 사내를 안 지는 불과 얼마 전이었다. 국회 사무처를 통해 오 기사의 연락처를 알아냈다. 그리고 권력자의 벤츠를 혼자 몰고 가는 때에 맞추어 의도적으로 가볍게 들이받아 차에 상처를 냈다. 그리고 몇 십만 원이면 될 도색비를 무려 500만 원이나 듬뿍 집어주어 마음을 사놓았었다. 그러고 나서 얼마 후, 오 기사가 퇴근할 때 그의 집 근처에서 어슬렁이다가 우연히 만난 것처럼 반가워하며 다짜고짜 술집으로 데리고 갔다. 그리고 자신도 실은 개인 승용차의 기사인데 차주가 돈도 많지만 후덕하다며 자랑했다. 그에 더해 다 같이 남의 차나 몰며 먹고 사는 신세니 예사 인연이 아니라며 같은 운명의 길을 걷는 동료인 척했다. 그리고 경험도 많고 나이도 많은 오 가사를 앞으로 형님이라 부르겠다며 살갑게 굽실댔다.

그런 이후 수시로 오 기사와 술잔을 기울이며 마음을 텄다. 거기다가 시골에 땅이 좀 있는데 값이 올라서 최근에 팔았다며, 형님 아우가 되었으니 같이 나눠 쓰자며 만날 때마다 몇십만 원을 아낌없이 내놓았다. 처음에는 사양하는 체하던 오 기사가 점점 제정신이 아닐 정도로 소진수를 신뢰했다. 그럴 즈음 조금씩 자신이 모시는 권력자를 욕하기 시작하다가 나중에는 분통을 터뜨렸다. 천하에 둘도 없는 나쁜 놈이라 욕을 퍼부어서 오 기사가 공분을 느끼도록 세뇌시켰다.

아닌 게 아니라 소진수의 집요한 세뇌공작에 오 기사는 기어이 마음이 동하고 말았다. 소진수의 욕설에 맞장구를 치기 시작하더니 그 권력자는 세상에 둘도 없는 사기꾼이라며 죽일 놈이라고 흥분했다. 소진수는 그때를 노리고 있었다. 마치 독수리가 병아리를 낚아채듯 오 기사의 마음을 눈이 번쩍 뜨이는 말로 단박에 사로잡았다.

그 권력자의 금고를 털 테니 대문만 슬쩍 열어놓아 주기만 하면 2억을 주겠다며 유혹했다. 그리고 금고를 같이 털자는 것이 아니라 했다. 그저 수단껏 대문만 잠그지 않으면 된다 하였다. 만약 일이 잘못되더라도 실수로 대문을 잠그지 않은 것뿐이라 하면 아무런 문제가 없을 것이라 설득했다.

또 설사 붙잡히더라도 모른다며 잡아떼면 그만이라고도 했다. 잠자코 듣고 있던 오 기사는 호기롭게 동조했다. 그리고 이날 오천만 원을 선금으로 받고나니 그나마 겁이 나지 않을 수 없어서 좀 망설여지던 마음도 확실하게 굳혔다.

한성민 부부는 예정에 없던 엘로라 아잔타 석굴을 구경하고 부랴부랴 다시 몸베이로 돌아왔으나 귀국 비행기가 결항이었다. 그래서 부득이 하루를 더 쉬고 뉴델리로 가서 겨우 비행기를 탈 수가 있었다.

그런데 그들이 뉴델리로 가던 날 자정이 좀 지나서였다.

서울의 한 동네에서는 전대미문의 희대의 사건이 벌어지고 있었다.

예전과는 판이하게 다른 모습으로 변장한 강철호가 어느 저택 담장 밑에서 소진수와 오 기사를 초조하게 기다리면서 사건은 시작되었다.

마치 성벽처럼 높은 담장, 그 가운데에 무겁게 내려진 철문, 그리고 작은 성의 성문 같은 웅장한 대문을 다시 한번 살펴보았다. 여러 번 답사를 해서 준비를 철저하게 했는데도 역시 만만치가 않아서 비장하게 각오를 다졌다.

그 시간 오 기사는 안채를 청소하고 문을 단속하면서 주방일을 돕는 노파의 방문을 노크하고 있었다. 손에는 소주병이 가득한 묵

직한 비닐봉지와 떡이 담긴 푸른색 플라스틱 도시락을 들었다. 평
시에도 가끔 홀로 사는 노파가 안쓰러워서 떡을 사다 주기도 하고
심심찮게 말동무도 되어 주었던 터라 문을 연 노파가 반갑게 맞이
했다.

"아이고 또 떡을 사왔어?"

"예 할머니, 출출하실 텐데 좀 드시고 주무세요."

방에 들어간 오 기사가 소주병이 든 비닐봉지를 옆에 두고 도시
락을 풀어놓으며 전에 없이 다정스럽게 말하며 까만색 떡 하나를
집어 노파에게 권했다.

"검은 깨떡이네!"

노파는 주름지고 시커먼 반점이 듬성듬성 난 손등으로 생각없이
성큼 떡을 받아 입안에 넣더니 우물우물하다가 맛있다 하였다. 그
모양을 물끄러미 바라보는 오 기사의 입가에 묘한 미소가 흘렀다
가 사라졌다.

"오 기사도 하나 먹어 봐. 달콤한 게 참 맛있어."

노파가 노란색 떡 하나를 집어 내밀었다.

"아니에요. 할머니, 저녁밥 먹은 지가 얼마 안 되었거든요. 그냥
혼자 천천히 많이 드세요. 저는 그만 가볼게요. 바쁜 일이 있어서."

오 기사가 극구 사양하고 서둘러 일어섰다.

잘 가라는 노파의 말을 듣는 둥 마는 둥 했다. 빠른 걸음으로 현
관문을 열고 나왔다. 그리고 소진수가 시키는 대로 이상한 마스크
를 쓰고 머리카락이 긴 가발에다가 모자까지 눌러 쓰고 마당으로
내려와 사나운 경비견부터 바라보았다. 계단 옆에 송아지만한 몸뚱

이로 떡 버티고 자는 듯이 누워 있던 녀석이 기척에 벌떡 일어났다
가 냄새로 낯이 익은 사람임을 알아차렸는지 꼬리를 흔들며 반기
었다. 오 기사는 평소처럼 녀석을 부르지 않고 얼른 호주머니에서
까만 비닐봉지 하나를 꺼냈다. 봉지 속에는 주먹만 한 쇠고기 한 점
이 들어 있었다. 고기 냄새를 맡은 녀석이 몸통이 꼬리를 흔드는지
꼬리가 몸통을 흔드는지 온몸을 흔들어 댔다.

"쉿! 이놈 가만 있어!"

하고 오 기사가 조용히 명령했다. 그리고 감시카메라를 등지고
고기 덩어리를 슬쩍 던져놓았다. 녀석은 얼씨구나 하고 한입에 냉
큼 물어 삼켰다.

"한 두어 시간만 지나면 네놈도 세상 끝이다!"

오 기사가 들릴 듯 말듯 뇌까렸다. 그리고 가장 두려운 놈을 제압
했으니 이제는 손쉬운 상대만 남았다며 자신하고 가면과 가발, 그
리고 모자를 벗어 비닐봉지에 쑤셔 넣고는 문간방으로 향했다.

문간방엔 집을 지키는 경비원 셋이 있었다. 그들은 50대 중반의
나이로 오 기사와 비슷한 또래여서 친구로 지내는 사이였다. 퇴근
할 때 가끔 심심찮게 소주잔을 기울였던 터라 오 기사가 들고 있는
묵직한 비닐봉지를 보자 너나 할 것 없이 반겼다. 밤도 늦고 마침
출출하던 참이라 술안주까지 쇠고기 캔이라 얼씨구나! 하는 표정
들이었다. 그들 중에서 한때 주먹깨나 씀직한, 제법 어깨가 딱 벌어
진 사내가 덥석 잡아 뚜껑을 빙빙 틀어서 열더니 호기롭게 물컵에
다가 콸콸 쏟아 부었다.

그들은 근 20년 가깝게 감히 넘볼 수 없는 권력자의 집을 지키면서 도적의 그림자조차 본 적이 없었다. 하릴없이 밤을 새는 데 길들여진 습관이 어떤 일이 일어날 것이란 예상이나 의심 자체도 하지 않았다. 게다가 언제나 그랬듯 시간이나 때우면 그만이어서 권력자가 잠든 야밤에 지루함도 달랠 겸 마시는 술맛은 그야말로 일품이었다.

그러니 갈증에 물 마시듯 훌쩍훌쩍 소주 다섯 병을 순식간에 다 비웠다. 그러고도 술이 모자란다며 한 사내가 몰래 숨겨 두었다며 이불 속에서 소주 두 병을 꺼냈다. 의심을 받지 않으려고 오 기사도 그들 못지않게 마셔서 취기가 제법 타올랐다.

술이 약한 한 명은 아예 길게 드러누워 버렸다. 그런데 주량이 여간 아닌 한 명이 술이 모자란다며 밖에 나가 몇병 더 사오겠다며 일어섰다. 나머지 한 명이 좋아라 하였다.

그러나 그들은 이미 몸을 비틀대고 있었다. 술이 술을 부른다더니 만취했는데도 소주를 세 병이나 더 사와 둘이서 주거니 받거니 하였다. 오 기사는 술병이 거의 다 빌 때까지 기다렸다가 취기로 몸을 못 가누는 체하며 벌렁 드러누워서 잠을 자는 체했다 그리고 이내 눈을 번쩍 뜨며 화들짝 놀란 시늉으로 일어나 앉았다.

"어이, 나 이러다가는 집에도 못 가겠어. 내일 일찍 의원님 모시고 멀리 가야 하는데 안 되겠어. 나 먼저 간다."

하고 더듬더듬 혀가 꼬부라진 소리를 하였다. 그리고 몸을 일으키다가 일부러 비틀하고 쓰러졌다가 일어섰다. 그들은 몸을 거들거리며 그래 가지고 의원님 차 몰겠어? 하고 손짓으로 가라는 시늉을 하며 낄낄댔다.

　문간방을 나온 오 기사는 샛문을 나서서 적당히 열어놓았다. 나중에 들통이 나서 추궁을 받으면 술이 취해서 문이 왜 안 닫혔는지 모르겠다고 잡아떼면 그만이라 자위하면서 어둠 속을 두리번거렸다.

　"형님 수고했소!"

　어디에 숨었다가 나타났는지 소진수가 깜짝 모습을 드러냈다.

　"놀래라!"

　긴장한 오 기사가 흠칫 놀랬다.

　"어떻게 되었소?"

　"안채 할머니는 지금쯤 정신없이 잠들었을 거야, 고기에 독약을 섞었으니까. 개는 죽을 거고 경비원들은 제 정신이 아니야."

　"됐소. 가보세요!"

　소진수가 태도를 돌변시켜 싸늘하게 명령했다. 그리고 반대편 담장 쪽으로 손을 번쩍 들었다. 가로등이 희미한 어느 집 집 대문 앞에 몸을 숨기고 있던 강철호가 움직이기 시작했다. 말없이 소진수 앞을 지나쳐 열린 샛문을 살그머니 밀고 성큼 안으로 들어섰다. 거기까지 지켜본 소진수는 산책이라도 나온 사람처럼 느릿느릿 걸어서 대문 멀찍이 담장 밑에 바싹 주차해놓은 지프에 올라 집안의 기척에 온 신경을 곤두세워 기울였다.

　한편 집안에 들어선 강철호가 주머니에서 뭔가를 꺼내 뒤집어썼다. 검은 복면이었다. 두 눈만 싸늘한 빛을 쏟아내서 먹이를 노리는 살쾡이 같았다. 그런 눈으로 살펴보니 경비실의 사내들은 불을 훤히 켜둔 채 기척이 없고 현관을 오르는 계단 밑에는 사납다던 개도 나자빠져 있었다. 앞을 가로막는 게 아무 것도 없다는 걸 확인하고 긴장을 풀었다. 그러나 소리없이 감시하는 카메라가 조금은 마음에 걸려서 다시 긴장의 끈을 바짝 조였다. 그리고 잘 다듬어 놓은, 잎이 무성한 나무에 의지해서 비호처럼 현관에 접근했다.

현관문도 열려 있었다. 살그머니 열어 인기척에 귀를 기울이다가 성큼 들어서서 발뒤꿈치를 세워 소리 없이 안방 문 앞으로 다가갔다. 문손잡이를 살며시 젖혀 보니 부드럽게 돌아가고 문은 저절로 틈을 내놓았다.

방 안에는 불은 꺼져 있는데 정원의 불빛이 새들어와 희미했다. 사람의 모습이 제법 뚜렷이 보일 정도로 밝아서 크고 넓은 침대에 나란히 누운 권력자 부부가 한눈에 들어왔다. 나라를 쥐락펴락하는 자가 눈곱만큼이라도 양심의 빛도 없이 편하게 잠든 모습이 역겨웠다. 주먹이 절로 불끈 쥐이고 혈기가 거꾸로 치솟아 당장 때려죽일 듯이 성큼성큼 걸어갔다. 그리고 예의 수법대로 먼저 권력자의 아내부터 입을 틀어막고 재빨리 테이프로 막아버렸다. 그리고 신음소리 한 번 지를 틈새도 없이 빠른 손놀림으로 사지를 묶어버리고는 연이어 권력자 역시 같은 수법으로 꼼짝 못하게 해놓았다.

늙은 여자가 버둥대고 권력자는 끙끙대며 몸을 일으키려 하였다. 그러나 강철호의 주먹이 그대로 두고 보지 않았다. 권력자의 이마를 사정없이 내질렀다. 권력자가 비명도 지르지 못하고 일으키던 몸을 제자리에 털썩 자빠져 사지를 쭉 뻗었다.

"이 새끼 소리치면 죽을 줄 알아! 금고 어디에 있어?"

강철호가 싸늘하게 물었다.

그러나 권력자는 여느 사채업자와는 달랐다. 제법 위엄까지 갖추고 고개를 내저으며 단호하게 반항했다. 하지만 권력자 역시 위기 앞에서는 한갓 보잘것없는 인간이었다. 잔인한 폭력 앞에 여지없이 꺾이고 말았다. 강철호가 어깨 급소를 잡아 손아귀에 강력한 힘을 가하자 숨이 넘어갈 듯 눈을 허옇게 뒤집고 사지를 부들부들 떨었다. 그리고 고개를 돌려 금고가 있는 쪽으로 눈짓을 보냈다.

강철호의 억센 손아귀가 권력자의 멱살을 와락 잡아 일으켰다. 그리고 사정없이 침대 아래로 끌어내려서 또 한 번 어깨 급소를 누르고 권력자의 육중한 몸을 다른 한 손으로 움켜잡고 금고 앞으로 질질 끌고 갔다. 그리고 손아귀 힘을 좀 느슨하게 해서 묶은 한 손을 풀어주고 금고문을 열라고 명령했다.

권력자의 얼굴상이 다 찌그러진 양재기처럼 일그러졌다. 당당한 기백은 어디로 가고 그야말로 졸장부의 전형을 보는 듯했다. 권력자가 얼른 금고문을 열지 않자 이번에는 강철호의 주먹이 사정을 보아주지 않았다. 아귀부터 어깨, 옆구리, 허벅지 할 것 없이 무자비하게 두들겨 패기 시작했다. 무어라 말도 하지 않았다. 그냥 닥치는 대로였다.

"예, 예, 그만, 그만 하세요!"

이러다가 죽겠다 싶었던지 권력자의 입에서 기어코 항복하는 소리가 터져 나왔다. 그래도 여러 대를 더 두들겨 팬 뒤에야 강철호의 주먹이 멎었다. 권력자는 그제야 살았다 싶었던지 얼른 금고 앞으로 기어가더니 부들부들 떨리는 손으로 비밀번호 숫자를 돌리기 시작하였다. 그리고 마지막 번호를 누른 뒤에 금고문을 조금 열다가 절망의 표정으로 맥없이 푹 꼬꾸라졌다. 금고문을 활짝 열어본 본 강철호의 두 눈이 찢어지게 부릅떠졌다.

미화가 거대한 금고 바닥에서부터 위까지 빈틈없이 꽉 차있었다.

"죽일 놈!"

권력자의 아귀에 두 번이나 거푸 주먹이 날아들었다. 운동으로 다져진 프로선수라도 버텨낼 수 없는 강력한 주먹이었다. 결국 사지를 쭉 뻗은 권력자의 눈동자가 희멀겋게 뒤집어졌다. 하지만 그는 희미해져가는 정신을 차리려고 기를 쓰고 감긴 눈동자를 부릅뜬 채 기절한 척 미동도 하지 않았다. 그랬기에 망정이지 뻣뻣하게 맞섰다가는 여러 대의 치아와 갈비뼈 몇 대가 부러졌을 수도 있었다.

강철호는 안심하고 대형금고 속의 달러와 귀금속을 두 개의 자루에 남김없이 쓸어 담았다. 하지만 그냥 곱게 가지 않았다. 무슨 큰 원한이 있는 것도 아닌데도 권력자의 옆구리를 몇 차례 발길로 지근지근 밟아놓았다. 권력자도 어쩔 수 없었다. 강철호의 발길질에 더 버티지 못하고 순간적으로 기절하고 말았다. 자루 두 개를 하나로 묶어 어깨에 훌쩍 멘 강철호의 몸은 여전히 가벼웠다.

실로 놀라운 힘이었다. 그 무거운 여러 개의 미화뭉치와 귀금속을 가득 채운 큰 포대 두 개를 어깨에 울러 메고도 가볍게 걸어 현관문을 나섰다. 그리고 본모습을 감춘 변장술에 자신을 얻은 터라 감시카메라를 별로 의식하지도 않았다. 볼 테면 보란 듯이 당당하게 성큼성큼 정원을 가로질러 단걸음에 샛문을 나섰다.

밖에서 초조하게 기다리던 소진수가 재빠르게 지프를 몰고 마주 달려왔다. 차문을 활짝 열어놓은 채였다. 강철호가 멈추지 않고 다가오는 차에다가 두 개의 포대를 훌쩍 던져 넣었다. 그리고 동시에 가볍게 차에 뛰어올랐다. 동시에 소진수의 발이 힘차게 엑셀레이터를 밟았다. 엔진소리가 어둠을 찢어놓으며 눈 한 번 깜짝할 사이에 권력자의 집으로부터 멀리 사라져 갔다.

소진수는 권력자의 저택에서 멀찍이 벗어났으나 마음을 놓지 못했다. 긴장하고 다급해서 운전대를 잡은 손아귀에 땀이 축축이 젖어들었다. 강원도로 가는 고속도로에 차를 올려놓아야 안심할 수 있어서 땀을 닦을 겨를도 없었다.

"야, 진수야 좀 천천히 가자!"

강철호는 마음을 놓고 있었다. 멀찍한 거리까지 달려 온데다 줄곧 뒤를 돌아보아도 미행하는 차가 발견되지 않았다. 오히려 너무 과속하다가 재수 없게 단속에 걸릴까 봐 더 걱정했다.

"예!"

짧게 대답한 소진수가 속도를 좀 늦추었다. 그러나 여러 대의 차를 앞지를 정도로 속도를 유지했다.

"좀 더 천천히 가! 재수 없게 단속에 안 걸리게"

강철호가 다시 한번 주의를 주고 두 다리를 앞 의자 밑으로 쭉 뻗었다. 몸이 편안해지자 긴장이 풀어지고 쾌재를 부르고 싶을 만큼 흥분했다. 몇 명의 사채업자를 턴 돈보다 몇 배나 더 많은 거액을 손에 쥔 기쁨도 기쁨이지만 정치계의 거물을 때려눕히고 상상을 초월한 거금을 빼앗은 쾌감이 더 컸다. 게다가 삼엄한 경비망을 제 집처럼 들어갔다가 무사히 빠져나온 자신의 능력을 자만했다. 마치 소설에나 나옴직한 이름난 의적보다 더 뛰어났다는 생각도 들었다.

그러나 교만이 화를 자초한다는 한성민의 훈계를 잊지 말았어야 했다. 아니면 꼬리가 길면 밟힌다는 단순하고 상식적인 속담만 되새김질 했더라도 이번 범행을 애시당초에 생각조차 하지 않았을 수도 있었다.

처음 계획단계부터 완전범행을 위해서 예전처럼 치밀하게 따져 보지 않았던 것부터가 실수였다. 거기다가 일을 저지르면서 만에 하나 허점이 없나 하고 하나하나 상황을 점검만 했더라도 또 모를 일이었다. 그렇게 방심한 우를 미처 깨닫지 못했는데도 뜻이 이루어졌다면 그야말로 천운이겠지만 강철호에게 그런 운은 없었다.

강철호의 결정적 실수는 권력자의 운전기사를 너무 믿었던 데에 있었다. 오 기사라 불리는 그는 천성이 의심이 많은 데다 꾀가 보통내기가 아니었다. 소진수가 거금 500만 원을 선뜻 줄 때부터 자신에게 접근하기 위해 고의사고를 낸 것이라 판단하고 있었다. 그리고 소진수의 속셈을 알고는 공감하는 척하면서 주는 돈을 넙죽넙죽 받아 챙겼다. 도둑질하기 위해 수를 부리는 돈이라 먹어도 탈이 나지 않을 것 같아서 웬 횡잰가 싶었다. 그리고 권력자의 돈을 강도질해서 약속한 거금까지 받으면 더할 나위 없는 횡재라 생각했다. 강도질에 슬쩍 동조해 주고 소진수 일당이 잡히지 않으면 약속한 금액을 받아 챙기면 그만이고, 잡히더라도 소진수가 입을 다물어 줄 것이라 믿었다. 그리고 혹시 소진수가 자신을 공범으로 지목한다 해도 나름대로 빠져나갈 구멍을 충분히 검토해 놓았다.

그런데 오 기사는 소진수가 어둠 속에서 만나는 사내를 보고는 세상을 발칵 뒤집어 놓은 신출귀몰한 그 범인임을 곧바로 직감했다. 도사 행색의 긴 머리와 얼굴을 완전하게 가린 기이한 마스크만 봐도 의심의 여지가 없었다. 그렇게 확신한 오 기사는 큰일 났다 싶어 권력자의 집으로 다급히 되돌아가 술에 곯아 떨어진 경비원들을 깨웠다.

"어이, 이 사람들아, 큰일 났어! 빨리 일어나 빨리! 강도 들었어! 강도!"

"뭐 뭐야! 강도?"

곯아떨어져 제정신이 아닌데다 강도라는 말에 벼락이라도 떨어진 듯 우왕좌왕하였다.

"그래 강도! 비상벨 어디에 있어? 비상벨! 비상벨 어서 눌러! 나는 의원님한테 가볼 테니까!"

오 기사는 다른 이들보다 더 급하게 서둘러댔다. 누군가 비상벨을 누르는 사이 부리나케 안채로 달려갔다. 그리고 노크도 없이 안방 문을 활짝 열어 젖혔다가 방안 광경에 어안이 벙벙해 멍하니 섰다. 권력자의 몰골이 말이 아니었다. 얻어맞은 얼굴이 퉁퉁 부운 데다가 눈과 입이 일그러져 모습을 알아보기 힘들 정도였다. 다행히 그의 부인은 꽁꽁 묶여 끙끙댈 뿐 얼굴은 멀쩡했다.

"의원님, 의원님! 어떤 개자식이 감히 의원님을 이 꼴로 만들었습니까? 네?"

오 기사의 연기력이 대단했다. 엉엉 울면서 부인의 포박을 풀어 놓고 112에 신고한 뒤에 권력자를 끌어안고는 아예 넋두리까지 해 대며 꺼억꺼억 목이 메는 소리로 울어댔다.

"신고했어?"

"예, 경비실에서 신고했습니다. 경비원들이 술 먹는 거 보고 퇴근하다가 걱정이 돼서 집으로 되돌아 오는데 글쎄 어떤 놈이 자루를 메고 대문에서 나오지 뭡니까! 도둑이다 싶어 소리를 지르려는데 어디서 또 한 놈이 튀어나와서 저를 마구잡이로 두들겨 패고는 둘 다 차를 타고 달아났지 뭡니까? 아이고 의원님 얼마나 아프셨어요?"

"신고했으면 됐다. 놈들을 꼭 잡아야 해!"

권력자는 눈 가장자리가 찢어지게 눈을 치켜 뜨고 눈빛은 무서운 살기로 번뜩였다. 마치 그 살기에 반응이라도 하듯 밤의 정적을 깨는 여러 대의 경찰순찰차의 경보음이 대문 앞에 하나 둘 멈춰서는 소리가 들렸다. 그리고 들것을 든 소방대원들이 뛰어 들어오고 여러 명의 경찰들이 줄지어 들이닥쳤다.

권력자의 몰골을 확인한 경찰들은 아연 긴장했다. 상대가 상대인지라 감히 함부로 말도 하지 못하고 합동수사본부에 연락부터 취했다. 무료하게 시간을 보내고 있던 수사관들이 보고를 받자 너나 할 것 없이 의자에서 벌떡 벌떡 몸을 일으켰다. 누가 뭐랄 것도 없이 전장에 나가는 용사처럼 비장한 빛을 띠었다. 보고를 들은 그들은 그토록 찾고 있던 신출귀몰한 그 범인임을 직감했다. 감히 권력자의 집에 침입할 정도로 대담한 범인이라면 따져볼 것도 없었다. 거기다가 범행수법과 체격, 그리고 변장한 차림새까지 추정한 범인과 일치했다. 수사본부장 역시 빠르게 결단을 내렸다. 범인이 누구였든 권력자의 집에 침입한 강도인 이상 예삿일이 아니었다. 다급히 전 경찰에 비상령을 내렸다. 그리고 수사관들에게는 범인을 발견하는 즉시 검거가 어렵다고 판단되면 생명에 치명적이지 않은 신체 부위에 권총을 발사해도 좋다며 사생결단의 의지를 보였다.

자정이 넘은 시간에 온 시내가 전쟁이 난 듯하였다. 큰 도로와 좁은 도로 할 것 없이 빈번하게 오가는 순찰차의 경보음이 곤히 잠든 시민들을 깨워 놓았다. 거기다가 손 마이크로 부하들을 지휘하는 경찰간부들의 쉴 새 없는 고함소리와 골목길을 부산하게 뛰어다니는 군화소리가 시가전을 방불케 했다.

강철호는 시내 곳곳에서 경보음이 요란하게 울리자 처음에는 어디서 큰 화재가 났나 하고 대수롭지 않게 생각했다. 소진수 역시 늘 보고 듣는 소리라 그렇거니 하였다. 게다가 차 지붕에 붉은 빛을 번쩍이며 소리도 요란하게 내달리는 경찰차 두어 대를 그냥 앞질러 지나쳐 오기도 하였다. 그리고 불과 일이 분이면 고속도로에 진입할 수 있을 것 같아서 마음도 놓였다. 그런데 고속도로 진입로에 거의 다 와서는 생각지도 않게 여러 대의 차들이 줄지어 서 있었다.

"씨발! 급해 죽겠는데 사고가 났나? 신호등에 걸렸나?"

소진수가 투덜대며 고개를 쑤욱 빼고 먼 앞을 바라보다가 기겁을 하고는 반사적으로 왼쪽으로 핸들을 빠르게 돌렸다.

"야, 왜 그래?"

"원장님, 돌아가야 합니다. 경찰들이 검문하고 있어요!"

"뭐야?"

강철호가 편하게 누웠던 몸을 벌떡 일으켜 앞을 바라보았다. 차들이 줄지어 서있고 손전등을 이리저리 휘두르며 검문하는 여러 명의 경찰들이 한눈에 들어왔다.

"염려하지 마세요. 좀 가다가 국도로 빠지지요 뭐."

소진수가 대수롭지 않게 말하고는 야밤이라 훤히 뚫린 반대편 길을 빠르게 내달렸다. 하지만 속도를 너무 빨리 낸 게 문제였다. 맞은 편 건너 길에서 다가오던 경찰차 한 대에서 멈추라는 핸드마이크 소리가 들렸다. 그 소리에 놀란 소진수가 자신도 모르게 엑셀레이터를 힘차게 밟고 말았다. 지프는 굉음을 내며 전속력을 냈다. 직감으로 수상히 여긴 경찰이 즉시 경보음을 울리며 뒤를 쫓기 시작했다. 그리고 무선으로 전 지역에 수상한 지프를 발견하고 추격중이라 알리고 도움을 요청했다.

"원장님, 안 되겠습니다. 차라리 적당한 데 가서 차를 버리고 몸부터 피하는 게 좋을 것 같습니다."

"좋다. 그렇게 하자, 좀 복잡한 거리로 가서 골목이 보이면 차를 세워!"

"차를 세우면 원장님이 먼저 내려서 몸을 피하세요. 저는 경찰들을 따돌려 최대한 시간을 벌 테니까요."

"알았다. 진수야, 너도 절대로 잡히지 마라!"

강철호는 자신을 위해 모든 죄를 혼자 뒤집어 쓰려는 소진수의 마음을 읽고는 울컥하고 감격하였으나 생각하고 말고 할 겨를이 없었다. 마침 대로에서 우측으로 빠지는 길이 있어 소진수가 급브레이크를 밟아 지프를 세웠다. 동시에 문을 연 강철호의 날랜 몸이 비호처럼 날아 그 길로 뛰어들었다. 다행히 동네로 들어가는 샛길에는 경찰이 보이지 않았다.

강철호가 무사히 골목으로 사라지는 모습을 본 소진수는 지프를 세워둔 채 달려오는 경찰들 앞에 넉살 좋게 버티고 섰다. 그리고 총을 겨누고 먼저 다가온 경찰을 향해 순순히 두 손을 내밀며 장난스럽게 말했다.

"아저씨 제가 도둑놈이거든요."

"짜식!"

최소한 도망 가다가 붙잡히거나 반항이라도 할 줄 알았던 범인이 뜻밖에 도둑이라 자인하고 수갑을 채우라고 손까지 내밀자 경찰이 재미있는 놈이란 듯 미소까지 지었다. 그래도 긴장을 늦추지 않고 허리에 찬 빈 총집에 겨누었던 권총을 쑥 집어넣고는 재빠르게 두 손을 묶어 수갑을 채웠다.

"야, 한 놈은 어디에 갔어?"

"예? 한 놈이라뇨? 저뿐인데요. 그랬잖아요. 제가 도둑놈이라고… 훔친 돈은요. 저기 골목에 버렸어요."

소진수가 능청스럽게 시치미를 잡아뗐다.

"이 새끼 봐라. 너 죽을래? 도둑놈이 의리는 지키려고!"

곁에 섰던 경찰이 능청맞은 소진수가 믿지가 않았던지 이마를 쥐어박으며 어처구니가 없어 하였다.

"아저씨, 왜 때리고 그래요! 감옥에 가서 벌 받으면 되잖아요! 사람 때리는 게 경찰인가."

"하, 이놈 보게!"

경찰은 어이가 없었던지 껄껄 웃었다. 여간내기가 아닌 어린 놈과 옥신각신하는 것이 재미있다는 표정이었다. 하지만 골목을 봉쇄하고 도망친 놈 뒤를 쫓으라는 다급한 명령이 떨어지자 태도가 돌변했다. 웃음을 싹 거두고 소진수의 팔짱을 꽉 붙들었다. 소진수가 도망 안 가요! 하고 팔이 엄청 아픈 척 얼굴을 잔뜩 찌푸려도 힘껏 잡은 손아귀를 풀지 않았다.

그럴 때 강철호는 몇몇 취객들이 골목길을 비틀대며 오고가는 사이를 행인인 체하고 걷다가 앞뒤로 포위망을 좁혀오는 경찰들의 부산한 발자국 소리에 숨을 곳을 찾았다. 하지만 높은 담장과 꼭꼭 닫아놓은 문들만 시야에 들어와서 실망했다.

그러나 곧 안심할 수 있었다. 꺾어진 골목 귀퉁이에 서있는 가로등 전봇대 아래 네모진 큰 시멘트 쓰레기통 하나를 발견했다. 충분히 몸을 숨길만한 크기라 판단하고 주저하지 않았다. 곧바로 달려가서 뚜껑을 열고 쓰레기가 아직 덜 채워진 통 안으로 몸을 날렸다. 그리고 큰 비닐 한 장을 주어 머리를 가리고 몸을 잔뜩 움츠렸다. 오랜 세월 요가 단련을 해온 터라 손발과 머리를 한껏 웅크리자 줄어든 몸통이 마치 둥근 공 같았다.

경찰들의 어지러운 구둣발소리가 쓰레기통 근처에서 맴돌았다. 하늘로 솟았나, 땅으로 꺼졌나, 귀신같은 놈! 하는 소리가 바로 귓전에서 들려왔다. 강철호는 만약의 경우에 대비해 온몸을 긴장시켜서 급히 뛰어오를 자세까지 취했다.

하지만 천만다행이었다.

경찰들은 쓰레기통 뚜껑을 열어볼 생각을 하지 않았다. 근처에서 서성대더니 발자국소리가 조금씩 멀어져 가고 이내 조용해졌다. 이따금 취객의 비틀대는 발걸음소리만 들려왔을 뿐이었다. 그래도 그는 그대로 쓰레기통 속에서 밤을 지새울 각오였다. 단련한 요가 덕에, 조금은 고통스럽더라도 웅크린 채 몇 시간은 견뎌낼 자신이 있었다.

날이 어슴푸레 밝았다.

아침잠에서 일찍 깨어난 사람들의 기척이 여기저기서 들려왔다. 귀를 곤두세워 그 소리를 들은 강철호는 새벽인 줄 알았다. 안도의 숨이 절로 나왔다. 웅크린 채 힘들게 버틴 몸을 풀었다. 그리고 잠시 인기척이 없을 때까지 기다렸다가 뚜껑을 열고 슬며시 밖으로 나왔다. 그리고 가발과 수염을 떼어내 쓰레기통에 버리고 유유히 골목을 걸어 나갔다.

그런데 막상 밖으로 나오고 보니 어디로 가야 할지 망설여져 걸음을 멈추었다. 사방을 두리번거리며 갈 곳을 생각하다가 골목 모퉁이에 마침 문을 열어놓은 해장국집이 눈에 띄었다. 아닌 게 아니라 힘들게 밤을 지새우느라 배가 고프던 차였다. 우선 요기부터 하고 볼 생각으로 해장국집 문을 열어보니 너무 이른 아침이라 그런지 몇 개의 의자가 텅 비어 있었다.

강철호가 첫손님이라서인지 나이가 지긋한 여주인이 반색을 하며 어서 오라 하였다. 의심받을까 봐서 허리를 넙죽 숙여서 절하고 간밤에 술을 많이 먹어서 속이 안 좋다 하였다. 그리고 어디에 가서 앉을까 둘러보다가 구석진 테이블이 편안해 보였다. 여주인은 밤새 국을 끓여 놓았는지 금방 김이 무럭무럭 나는 뚝배기 한 그릇을 쟁반에 받쳐 들고 왔다.

허기가 심했던 강철호는 얼른 따로 가져온 밥을 뚝배기에 단박에 쏟아 부었다. 그리고 얼큰한 국물을 한 숟가락 입에 떠넣자 금방 온몸이 후끈해지고 생기가 돌았다. 문득 술이 생각났다. 그래 소주 한 병을 시켜 그라스에 넘치도록 채워서는 한 모금 삼키니 짜릿한 술기운이 뱃속으로 순식간에 퍼져나가 적이 긴장이 풀어졌다.

"오늘 새벽에 경찰들이 어찌나 시끄럽던지 장사도 못했지 뭐요. 뭐라더라? 아, 글쎄 이름이 뭐라는 국회의원인지 뭔지 그 양반 돈을 몽땅 턴 범인이 이곳으로 도망쳤다나! 그 왜 있잖아요? 악덕 사채업자 혼내주고 돈을 빼앗은 그 의적 말이요. 범인이 그 사람이라는데 정말 귀신같잖아요. 부하는 잡혔다는데 그 의적은 안 잡혔다지 뭐요! 안 잡히길 잘했지. 나쁜 놈 혼내주고 듣기로 돈이 엄청나게 많다는 그 국회의원인지 뭔지 다 도둑놈들이기는 마찬가지 아니요? 아, 글쎄 그 의적이 어제 밤에 그 사람 돈을 훔쳤다니 내 속이 다 시원하지 뭐요!"

식당 여주인이 들으란 듯이 큰 소리로 말하며 내 말이 맞지? 하는 표정으로 쳐다보았다. 댓거리를 해주기를 바라는 눈치였다. 그리고 이 양반이 안 잡혀야 할 텐데 하고 걱정하더니 그제야 생각난 듯 TV

를 켰다.

그런데 화면이 나타남과 동시였다. 아나운서가 권력자의 집 강도 사건을 보도하고 있었다. 그동안 미궁에 빠질 뻔했던 여러 폭행사건의 범인과 동일범이 확실하며, 공범으로 보이는 유력한 용의자 한 명을 검거했는데 모 수련원의 사범이며 주범은 그 수련원 원장 모 씨로 지금 그의 뒤를 쫓고 있지만 행적이 묘연하다 하였다. 그리고 범인은 도둑질한 귀금속과 달러를 두 개의 포대에 나누어 담아 골목에 버리고 도주해 모두 회수했다 하고는 그 금액이 얼마인지는 알 수 없다 하였다. 역시 권력자의 돈이라 수사관들이 금액을 정확하게 밝히기보다 적절히 조절해서 얼마라고 얼마 후에 공개할 게 뻔했다.

"그러면 그렇지! 그 힘 좋다는 의원의 돈이면 그런 돈은 국가에서 환수해야 해! 안 그래요 손님? 참 잘 털었는데 아깝다 아까워! 붙들리지 말아야 할 텐데."

식당 여주인이 흥분해서 혼자 떠들어댔다.

강철호는 불안감이 없지 않았으나 식당 여주인의 말을 들으면서 한편으로는 뿌듯했다. 설사 잡히더라도 나쁜 놈이라 지탄받지는 않을 것 같아서 당당하고 의연할 자신도 있었다. 더구나 여주인이 자신을 의적이라 부르는 말이 듣기가 좋았다. 그래서 침착하게 소주 한 병을 더 시켜 깨끗이 비우고 가벼운 마음으로 일어섰다. 그리고 어제 밤에 숨었던 쓰레기통으로 다시 가서 버려 둔 모자만 주워 눌러쓰고는 차도로 나와 택시를 기다렸다.

강철호는 자신의 범행이 드러난 이상 안전한 해외로 탈출할 계획이었다. 그러나 문제가 있었다. 실패를 염두에 두지 않았던 지나친 자신감에 도주 비용을 충분히 준비해 두지 않았다. 여권은 항상 지니고 다녔지만 주머니를 뒤져보니 해외로 가기는커녕 이대로 어딘가에 숨어 있기도 어려울 만큼 가진 돈이 턱없이 부족했다. 생각 끝에 위험을 감수하고서라도 집이나 수련원에 숨어들어가 돈을 가져올 결단을 내렸다. 설사 발각되더라도 형사들 몇몇쯤이야 간단하게 때려눕히고 도주할 자신이 있어서 깊이 생각하지도 않았다.

하지만 강철호는 겉으로 태연은 해도 초초감이 온통 머릿속을 지배하고 있어서 냉정하고 영명했던 평소의 판단력을 잃은 상태라 자충수를 두고 있었다. 젊은 기사가 모는 택시를 잡아타고 수련원이 있는 B동으로 가자 하였다. 그러나 수련원 근처에 갔다가 쫙 깔려 있는 사복경찰들을 발견하고는 속으로 기겁했다. 하지만 겉으로는 태연을 가장하고 무엇을 깜박 잊은 듯 놀라는 시늉을 하며 본가가 있는 S동으로 차를 돌리라 하였다. 그러나 마찬가지였다. 동네 입구부터 여러 대의 순찰차가 붉은 불빛을 번쩍이며 서있는데 집으로 들어가는 골목을 지키고 있는 정복과 사복을 한 경찰들이 한둘이 아니었다.

"아저씨 빨리 차를 돌려서 그냥 공항으로 바로 가주세요! 인천공항! 빨리요!"

강철호는 자신도 모르게 다급히 소리쳤다.

"예? 예 예!"

젊은 기사가 뜻밖의 말에 깜짝 놀라 허둥지둥 대답했다. 그러나 이때부터 젊은 기사가 강철호를 의심하기 시작했다. 두 번이나 도착

장소를 바꾸는 데다가 가는 곳마다 경찰들이 진을 치고 있어서 여간 수상하지가 않았다. 앞 거울에 비친 강철호의 인상착의를 힐끔힐끔 자세히 살펴 보았다. 그러다가 어느 순간 가슴이 덜컥 내려앉았다. 뉴스에서 들은 그 신출귀몰한 범인이 틀림이 없었다. 사내의 눈빛이 예사롭지가 않았다. 거액의 현상금이 붙은 범인이라 봉 잡았다는 표정이 역력했다.

하지만 젊은 기사는 긴장했다.

범인이 워낙 무술이 뛰어나서 실수했다가는 무슨 봉변을 당할지 몰라서 운전대를 단단히 움켜잡았다. 그리고 공항으로 가기 위해서는 왔던 길에서 반대방향으로 가야 하므로 유턴할 수 있는 표시가 골목 어귀에서 10m쯤 떨어진 곳으로 빠르게 차를 몰았다. 그리고 유턴 장소에서 운전대를 급회전해 되돌아오다가 마침 신호등에 빨간 불이 켜지는 순간이었다. 즉시 차를 반대편을 향해 큰길을 가로질러 경찰차가 있는 곳에서 급정거했다.

강철호가 저지할 틈도 없었다. 워낙 빠르게 회전해서 급정거한 터라 몸을 가누기도 어려웠다.

"경찰! 경찰! 범인이 내 차에 타고 있어요!"

젊은 기사가 차를 세우자마자 화급히 뛰어내려서 소리소리 질러대며 경찰을 향해 달음질쳐 갔다. 그러나 강철호의 행동은 더 빨랐다. 기사가 차를 급정거하자 위기를 느끼고 차문을 박차고 뛰어내렸다. 그리고 경찰이 없는 다른 골목으로 전력을 다해 뛰었다. 하지만 강철호는 불빛을 찾아 날아가는 불나비처럼 경찰들이 잠복해 있는 곳을 향한 길게 나있는 골목길이었다. 골목으로 들어가자 어디에 숨어 있었는지 세 명의 사복경찰이 재빠르게 앞을 가로막아 섰다. 그런데다 뒤에서도 여러 명의 경찰이 달려오고 있었다.

그러나 경찰들은 강철호의 진짜 무술실력을 확인하는 데에 그쳐야 했다. 앞뒤에서 주먹과 발길, 그리고 곤봉을 휘두르는 칠팔 명의 경찰들을 귀신처럼 치고 빠지는 강철호의 무예에 손 한번 제대로 못 써보고 순식간에 모두 나가 떨어지고 말았다. 한 사람을 두 번 치지도 않았다. 단 한 번의 발길과 주먹으로 한 사람씩 눈 깜짝할 사이에 모두를 기절시키다시피 하였다. 하지만 강철호의 운명은 거기까지였다. 쓰러졌던 한 경찰이 권총을 뽑아들고 연속해서 두 발을 발사했다.

옆구리가 뜨끔함을 느낀 강철호는 도주하려던 발걸음을 멈칫했다. 보통사람 같았으면 겁에 질려서라도 쓰러져 순순히 체포되었을 것이다. 그러나 강철호는 그렇지가 않았다. 총을 두 발이나 맞고도 잠깐 멈칫했을 뿐 골목으로 비호처럼 내달렸다. 집 근처 골목이라 눈을 감고도 알 수 있는 길이었다. 골목을 두 구비 돌아서자 때맞추어 정류하고 있는 한 대의 택시를 발견했다.

"아저씨, 인천공항으로 빨리 가주세요! 택시비는 넉넉하게 드릴게요."

강철호가 택시에 오르면서 소리쳤다.

"그래요? 알았습니다! 어? 그런데 손님 어디가 아프세요?"

영문을 모르는 늙은 기사가 앞 거울에 비친 강철호의 일그러진 표정을 보고 전속력으로 내달리며 걱정스럽게 물었다.

"아니에요! 일하다가 조금… 아무렇지도 않으니까 그냥 빨리 가주세요!"

"쯧쯧! 차가 안 밀려야 할 텐데. 공항에 무슨 급한 일이 있나 보죠?" 안쓰럽게 혀를 껄껄 찬 기사가 복잡한 차 사이를 용케도 잘 빠져나가면서 거듭해서 말을 걸었다.

"네, 저어기… 신혼여행 간 우리 누님과 자형이 도착할 시간이 돼서… 하여간 빨리 가주세요!"

강철호는 문득 오늘 귀국하는 한성민 부부가 떠올라 순간적으로 그리 대답했다. 그러고 보니 오늘이 바로 그들이 귀국하는 날이었다. 급히 가면 그들이 도착하는 시간과 얼추 맞을 것 같았다. 마음이 급했다. 공항을 빠져나가지 못하더라도 기필코 그들만은 만나고 싶었다. 웬일인지 알 수는 없었다. 설사 죽는다 해도 그저 그들을 만나면 마음이 편할 것 같았다.

하지만 옆구리가 푹푹 쑤시는 아픔이 점점 심해져서 초조했다. 게다가 옆구리에서 흐른 피가 옷을 흥건이 적시고 있었다, 아까 운전기사 때문에 발각이 된 터라 더럭 겁이 나서 늙은 기사 눈치를 봐가며 손수건으로 상처를 덮고 그 위에 모자까지 벗어 눌렀다. 엄청난 아픔이 밀려들었으나 모질게 참고 신음을 내지 않았다.

그러나 이번에도 택시기사가 문제였다.

앞 거울로 강철호의 모습을 비춰 보다가 크게 상처를 입은 것을 눈치챘다. 그런데도 병원으로 가지 않고 그 먼 인천공항으로 가자는 데에는 피치 못할 사정이 있는 것이 분명했다. 그리 생각하다가 다시 한 번 앞 거울에 비췬 강철호의 모습을 힐끗힐끗 쳐다보았다.

그리고 번개처럼 머리를 스치는 것이 있었다. 뉴스에서 들은 권력자의 집을 턴 범인의 인상착의가 떠오르고 이내 긴장했다. 그러나 늙은 기사는 태연을 가장했다. 지나가는 순찰차가 있거나 경찰이 눈에 띄어도 그저 묵묵히 앞만 보고 달렸다,

"아저씨 좀 더 빨리 갑시다!"

강철호는 아픔을 참기 어려운데다 눈앞이 어찔어찔해서 마음이 더 급했다. 그러나 표정과 목소리만은 아무렇지도 않은 척하고 재촉했다.

"예 예, 손님 조금만 참으세요. 최대한 빨리 갈 테니까 마음 놓으세요."

늙은 기사가 친절하게 대답했다. 그리고 한층 속도를 높이는 느낌이 들만큼 앞서가는 차들을 따돌리기 시작했다. 넓은 길인데다가 오늘따라 차들이 많지가 않아서 그리 오래 시간이 걸리지 않았다.

거대한 공항건물 몸통이 보이는가 싶더니 얼마 지나지 않아서 안으로 들어섰다. 그리고 정류소 가까이 가서는 늙은 기사가 뜻밖에 친절했다. 살가운 목소리였다. 그러나 좀 더 귀를 기울였다면 늙은 기사가 능글맞다는 것쯤은 알아차릴 수 있는 음성이었다.

"손님 다 왔습니다. 빨리 왔지요? 운전 30년에 오늘만큼 과속한 적이 없었어요. 다 손님 생각해서 위험을 무릅쓰고 왔으니까 차비나 두둑이 주세요."

"예, 예, 감사합니다. 자요!"

강철호는 미리 쥐고 있던 10만 원 권 수표 한 장을 건넸다. 그런데 그만한 돈이면 잔돈도 내주어야 하는데 늙은 기사는 수표를 낚아채

듯 덥석 받기만 하고 일언반구도 하지 않았다. 그런데도 강철호는 늙은 기사의 수상한 행동을 생각할 여유가 없었다. 다급하기만 해서 문부터 활짝 열어 젖혔다. 그런데 통증이 급격히 밀려왔다. 도무지 두 발을 차 밖으로 내밀 수가 없었다. 할 수 없이 늙은 기사가 보든 말든 어금니를 깨물어 모질게 참고 부들부들 떨리는 두 발을 간신히 땅에 내려놓았다.

그때까지 가만히 있던 늙은 기사의 태도가 돌변했다. 강철호가 땅에 발을 딛고 서자마자 엑셀라이트를 급하게 밟았다. 내빼듯 쏜살같이 차를 발진시킨 늙은 기사의 손에는 벌써 휴대전화가 들려 있었다. 그리고 한 200m쯤 가서 차를 급정거시키더니 잽싸게 문을 열고 뛰쳐나왔다. 그리고 먹이를 노리는 맹수처럼 두리번거리다가 입국장 안으로 들어가는 강철호를 발견하고 다시 휴대전화를 꺼냈다.

강철호는 입국장을 들어서 겨우겨우 한 발짝씩 걸음을 옮겨놓았다. 머릿속은 한성민의 얼굴만 가득했다. 기왕 해외로 탈출할 수 없다면 오늘 마침 때맞추어 귀국하는 그를 꼭 만나고 싶었다. 재앙이 있으니 가만히 수련만 하고 있으라고 신신당부하던 그의 말을 무시하고 교만했던 자신의 어리석음을 사죄해야 죽어도 여한이 없을 것 같아서 자꾸만 흐려지는 눈을 부릅뜨기를 거듭했다.

거대한 몸통으로 허공을 날아온 비행기가 기러기처럼 날렵하게 내려와 미끄러지듯 활주로를 내달리다가 먼 곳에 가서 안착했다. 그리고 출구로 되돌아 와 멈추어 서자 공중에 뜬 긴 다리가 터널 앞으로 다가가 문과 맞닿아 통로를 만들자 여행객들이 앞다투어 몰려나왔다.

그들 가운데는 한성민 부부도 있었다. 입국장으로 나온 그들은 화물을 기다릴 것도 없이 곧장 입국심사대로 갔다. 출국할 때 가방 속에 넣어간 옷가지와 인도의 이름난 홍차 몇 통, 그리고 실크로 짠 스카프 서너 개가 짐의 전부여서 세관 검열을 받을 필요가 없었다.

가볍게 입국심사를 받고 밖으로 나오자 선희가 먼저 발견하고 반갑게 손을 흔들었다. 선희 옆에는 강서영의 어머니가 만면에 웃음을 머금고 서 있었다.

그러나 그들의 반가움도 잠시였다. 뒤에서 들리는 환영객들의 비명소리에 무심코 고개를 돌이켰다가 기겁을 하고 말았다. 입국장 출구 문 앞에 쭉 늘어서서 저마다 기다리는 이를 마중 나온 사람들 사이를 비집고 비틀거리며 들어오는 사람이 있었다.

피투성이 옆구리를 움켜진 채 꼬꾸라질 듯 허리를 숙이고 비틀대며 오는 사람! 그들 부부가 강철호를 발견했다. 선희가 놀라고 강서영의 어머니는 사람들 사이를 비집으며 소리쳤다.

"철호야!"

강철호는 큰어머니 목소리를 기억하면서 달려오는 그들 부부의 모습을 흐릿한 눈으로 쳐다보았다. 그렇게 반가울 수가 없어서 달려가서 얼싸안고 싶었다. 그러나 몸이 뜻대로 움직여 주지 않았다. 사력을 다해 버티는데도 눈앞이 캄캄해지고 사지가 풀어져 더는 버텨내지 못했다.

그런데 그들 부부가 동시에 달려가서 안아 일으키려 했으나 때가 늦었다. 어느 사이 몰려든 경찰들이 강제로 그들을 밀쳐냈다. 그리고 빙 둘러서서 사람들의 접근을 막아서고 뒤이어 여럿이 와서 강철호의 겨드랑이와 허리, 그리고 두 다리를 번쩍 잡아들었다.

강철호는 아픔도 몰랐다. 자꾸만 밀려오는 어둠 속에서 빛을 찾으려고 안간 힘을 다했으나 눈이 떠지질 않았다. 울부짖듯 부르는 그들 부부의 음성도 점점 희미해져 갔다. 어느 순간 귀를 때리는 구급차 소리에 잠깐 정신이 돌아와 사람들 사이를 비집는 그들 부부를 한 번 보았다.

"형님, 누님 미안합니다!"

그러나 입술은 움직여지지 않았다. 마음의 소리만 내질렀을 뿐 이내 어둠 속으로 깊숙이 빠져들었다.

"가족 한 분만 타세요!"

강철호를 구급차에 반듯하게 올려놓은 한 경찰이 명령했다.

"내가 갈게. 서영이는 작은 집에 어서 연락해라."

강서영의 어머니였다. 딸에게 다급한 말을 남긴 그녀는 누가 뭐라 할 새도 없이 재빨리 차에 올랐다. 연이어 차 뒷문이 닫히고 구급차는 요란한 비상 음을 토하며 급발진했다. 쭉 늘어서 있던 세 대의 경찰차도 꼬리를 물고 뒤를 따랐다. 한성민은 멀찍이 떨어져 서 있는 택시를 급한 손짓으로 불러 아내와 선희를 함께 태워 멀리 사라지는 차들의 뒤를 따랐다.

택시는 구급차가 질러대는 비상음 소리가 들릴 듯 말 듯 긴 여운이 아스라이 남아도는 소리를 들으며 달렸다. 그리고 거의 따라잡은 지점은 한강변 길이었다. 신호등이 없는 넓은 길이라 질주하는 차가 위태위태했다. 거기다가 잔뜩 찌푸린 날씨에 진눈개비가 풀풀 흩날려 길과 강을 뿌옇게 뒤덮어 차창 밖이 희미했다. 출렁이는 검푸른 파도가 진눈개비를 아귀 혓바닥처럼 늘름늘름 집어삼키는 모양이 흉측했다.

행복한 미래를 위하여

남쪽 하늘 먼 곳에서 불어온 바람이 꽃을 피웠다.

아직 옷깃을 여미게 하는데 찬바람이 무슨 기운을 머금어서 저리도 고운 꽃을 피웠을까? 모닥불에 시린 몸을 돌려 쬐듯, 얼어붙은 땅이 태양을 향해 몸통을 굴리고 굴려서 되살아난 생명들, 그 모두가 무위의 천상을 디자인해 장식해 놓은 것 같았다.

두견화를 애무하는 아침햇살에 산비둘기가 잠을 깨고, 굽어 뵈는 산골엔 농익은 복숭아꽃, 벚꽃… 피안의 동네가 저러할까?

새벽수련을 마치고 석굴 밖으로 나온 한성민은 한참을 서서 온누리를 둘러보다가, 누가 앉으라고 가져다 놓은 듯 평평하고 널찍하게 놓인 돌 위에 앉았다. 그 옆에는 겨우내 눈비바람에 시달리던 싸리나무가 초연히 서 있는데, 메말랐던 그 가지에 촘촘히 매달린 연두빛 여린 잎이 아침이슬보다 고왔다. 그래 한 번 쓰다듬어 겨울을 이겨낸 생명력을 치하해 주니 수줍은 듯 한들거리는 가녀린 가지가 정겨웠다.

하지만 도는 한곳에 머물러 있지 않은 것, 머지않아서 여린 잎은 여윈 몸을 무성하게 가렸다가 성큼 다가온 가을에 고개 숙이고, 겨울에 헐벗어 추위에 또 떨 테니 부질없이 태어난 것은 아닐까?

엊그제 같은 뒤안길에 부지런히 뿌린 삶의 향기는 자취도 없으니, 먼 후일 영육이 갈라질 때도 그러하겠지.

그러나 추사 김정희 선생은, '백세재존百世在存 도불가멸道不可滅'이라며 무한 세월이 지나도 도의 향기는 멸하지 않는다 하였다.

맛도 없고 소리도 없고 모습도 없으며 자취도 없는 도의 향기는 억만 년이 지나도 사라지지 않는다. 알 수가 없어서 신비스럽기만 한 우담바라처럼 도의 꽃은 영원히 지지 않아서 삶도 죽음도 없이 불멸한다.

그럼에도 사람들은 왜 도를 잊은 삶을 사는 것일까? 공기로 숨을 쉬고 살면서 공기를 잊고 살듯, 제 몸에 도가 있는 줄도 모르고, 지고 말 장미꽃 같은 탐욕의 향기에만 도취돼 생사生死의 고통을 자초하고 있으니!

한성민은 생각에 잠기다가 강철호의 모습이 불식간에 떠올랐다.

불의를 응징한다는 명분으로 호기롭게 포장한 명예와 재물욕에 제 몸속의 도의 향기를 시궁창에 쓰레기처럼 생각했던 사람이었다. 악취가 코를 찔러도 도취되면 무감각해져서 그것을 당연히 들이마셔야 할 향기처럼 착각하듯, 탐욕을 진실한 삶의 향기로 여기고 즐

거워하며 그것이 불나비처럼 생사의 고통에 제 몸을 내던지는 줄
도 모르고! 그러므로 자신을 복제해 표본실에 놓고 항상 바라보며
반추해 볼 수 있다면야 오염된 냄새를 걸러내고 향기로운 도의 자
아를 깨달을 수 있으련만 그리 할 수도 없으니 어찌 해야 할까?

오직 고요한 마음으로 내면을 관찰해야 황홀한 불멸의 도를 자각
할 수 있다는 것쯤은 적어도 도에 관심이 있는 사람이라면 누구나
다 아는 사실이다. 그럼에도 강철호는 말은 도를 추구하면서 정작
행동은 그에 반했으니 정해진 운명의 길을 망나니처럼 날뛰며 가
다가 기어이 재앙을 불러들여 업을 입고 말았다.

훤칠한 키와 잘 생긴 용모에 타의 추종을 불허하는 무예, 거기다
가 현란한 언변술까지 천성으로 겸비해서 어느 정도 도의 향기만
지녔더라도 민중을 위해 크게 쓰일 재목이었다.

그러나 강도짓에 실패하고 도주하다가 총상을 입고 죽음 직전에
야 겨우 살아났다. 그리고 범행이 한둘이 아니어서 무려 7년이란
긴 형을 선고받고 3년째 영어圖圖의 몸이 되었으니 타고난 재능을
잘못 써서 그리 된 것을 누구에게 원망을 돌릴까?

한성민은 그때를 생각하면 새삼 가슴이 저리게 아렸다. 총을 맞
아 생명이 위험한데도 피투성이 몸으로 자신을 찾아와 죽음을 맞
이하려 했다. 나중에 안 일이지만 자신의 충고를 듣지 않아서 미안
하다는 그 말 한 마디를 하기 위해 그랬다 하여 더 마음이 아팠다.

다행히 지금은 건강을 회복해 감옥생활에 잘 적응하고는 있었다.
그리고 절제된 생활과 꾸준한 운동으로 재생 불능이라 포기했던

성기도 되살아났다고도 하였다. 하지만 바깥세상과 4년을 더 단절해 있어야 하니 그 심정이 오죽할까?

지난 3년 세월쯤은 어쩌면 자기 과오에 대한 참회와 남의 이목이 두려워서 차라리 감옥에 있는 것이 더 편했을 수도 있었을 것이다. 그리고 사람들의 기억에서 사라지고 자신도 그만 하면 과거를 잊을 만한 충분한 시간의 흐름이었다.

하지만 마음이 놓이지가 않았다.

평정심을 되찾으면 감옥생활이 일상처럼 길들여졌다 하더라도 울타리 안의 맹수가 숲을 그리워하듯 바깥세상을 동경하기 마련이라 강철호가 또 어떤 심리변화를 일으킬지 걱정이었다. 틈틈이 도덕경과 불경에 감추어져 있는 수행법을 자세히 기록해 편지로 보내 주고는 있지만 아무리 그래 봤자 마음을 못 다스리면 헛일이다. 그래서 비록 감옥이기는 하지만 혼자 산속에서 수도하는 셈 치고 수행에 정진해 보라 신신당부하는 말도 편지할 때마다 당부하기를 잊지 않았다. 그리만 해준다면 정신도 피폐해지지 않을 뿐더러 이참에 새로운 인간상으로 변모해 후일 감옥 밖에서 도를 얻은 쓰임새 있는 인물이 될 터이니 세속보다 오히려 값진 삶이란 생각도 들었다.

사방을 가로막은 콘크리트 벽이란 것은 시각으로 가두어 놓은 경계일 뿐, 마음이 자유로우면 그 무엇도 경계지울 수가 없다. 개미가 제아무리 울타리를 처서 집을 지어 놓아도 사람의 눈엔 그저 지구의 한 평면으로 보일 뿐 울타리가 아니다.

마찬가지로 집집마다 쌓아올린 담이든 감옥의 철망이든 도의 눈으로 크게 보면 지구의 모래알 같은 한 모퉁이 평면에 지나지 않는다.

그럼에도 사람들은 이 땅 저 땅, 이 집 저 집, 이 나라 저 나라 개미처럼 경계를 지어 내 것이라 한다. 우주의 모래알보다 작은 지구에 개미처럼 붙어살면서 내 것 네 것이 어디에 있을까?

그리 생각한 그는 문득 한 이야기가 떠올랐다.

어느 부유한 집안에서 하인이 마당을 쓸고 있었다. 그 집에 초대를 받은 한 귀족이 황금마차를 타고 들어오는 것을 본 하인은 대뜸 불만을 터뜨렸다.

"어느 놈은 팔자 좋아 황금마차를 타고, 어느 놈은 그놈을 위해 마당이나 쓸고 세상 참 더럽다!"

하고 불평하였다.

그 소리를 들은 귀족이 하인을 불러 물었다.

"하인이여, 그대는 마당을 쓸고 있는가?"

"그렇소!"

"아닐세. 그대는 지금 지구의 한 모퉁이를 쓸고 있다네."

"……!!"

하인은 즉시 깨달았다.

"경계는 인위적인 것, 내 마음을 허물면 우주는 광대하여 걸림이 없다."

한성민이 석굴에서 하산하는 길섶엔 작은 풀잎이 파릇파릇했다.

쑥도 군데군데 무리지어 여린 잎을 내밀었는데 빛깔도 고운 노란 민들레가 밟힐 줄도 모르고 길 가운데에 보란 듯이 피었다. 하늘빛도 고와서 고개 들어 멀리 보다가 하마터면 한 포기를 밟을 뻔도 하였다. 몸을 실은 무거운 발에 밟혔다면 민들레가 얼마나 아파했을까? 그래 민들레를 굽어보고 미안하다 하고는 좁은 길을 조심조심 발을 내디뎠다.

비탈진 길을 내려와 아래 산자락 모퉁이를 돌아서자 아내가 대문 없는 문 가운데에 선녀처럼 서 있다가 손을 들어 흔들기에 걸음을 빨리 했다.

"오늘은 늦으셨어요. 당신이 좋아하시는 쑥국 끓여 놓았는데."

강서영은 봄볕에 정겹게 빛나는 남편의 얼굴이 고와서 팔짱부터 꼈다. 그는 보일 듯 말듯 미소지은 입술만 한 번 빙긋해 화답했다.

"오빠 기다리다가 허기져서 지팡이 짚고 일어서야겠어요!"

부엌 앞에 서 있던 선희가 장난스럽게 말했다. 그는 아직 거두지 않은 미소를 이번에는 활짝 열어 미안하다 하고는 섬돌 위로 훌쩍 올랐다.

강서영은 재빨리 남편 팔을 놓았다. 그리고 선희보다 먼저 밥상을 들 욕심에 급히 마루에 올랐다. 선희가 질세라 잽싸게 먼저 밥상을 들었다. 올케언니의 불편한 다리를 생각한 배려였다.

"정말 맛있군!"

밥상 앞에 앉은 그는 먼저 쑥국부터 한 숟가락 맛보고는 짐짓 감탄한 척하였다.

"시장하시니까 그렇죠!"

늘 시누이와 함께 준비하던 식사인데 오늘 아침 쑥국만은 자신이 직접 다 요리했던 터라 그의 반응을 보던 중이었다. 입맛에 맞을지 숟가락도 들지 않고 남편의 얼굴을 주시하던 그녀는 그제야 안심하고 기쁘게 웃음지었다,

"언니가 일부러 싱싱한 쑥이 맛있다며 아침에 캤어요. 그리고 얼마나 정성을 들였다고!"

선희 역시 오빠가 맛있어 하자 은근히 올케를 치켜세웠다. 그리고 제 앞에 놓인 국을 얼른 한 숟가락 입에 떠 넣어 쩝쩝 입맛을 다시다가 맛있다며 그녀에게 엄지손가락을 치켜세웠다.

"아니에요. 아가씨한테 배워가면서 끓인 건데요, 뭐. 아가씨가 끓인 거나 마찬가지예요."

강서영은 시누이의 칭찬에 얼굴을 붉히며 제 요리솜씨가 아니라고 극구 부인했다.

"언니도 차암! 음식은 손끝에서 나온다잖아요. 언니만큼 오빠한테 정성을 쏟을 사람이 누가 있겠어요."

선희는 올케언니의 정성스러운 손길을 떠올리며 수다스럽게 말했다. 소중한 무엇을 찾아내듯 어린 쑥만 골라서 하나하나 손톱으로 뿌리를 잘라내는 것부터 답답할 정도로 마음을 썼다. 그리고 오염이 없는 산골이라 그냥 쑥을 한 주먹 쥐고 대충대충 흐르는 물에 설렁이었다가 건져내도 깨끗할 텐데 그게 아니었다.

국 한 숟가락에 얹힐 건더기만큼 쥐고는 세 번 네 번 씻어서 그릇에 담을 때도 기왕 냄비에 넣을 것 아무려면 어때서 헝클어지지 않게 가지런히 놓았다. 그러니 자신이 다른 반찬을 다 만들 때까지 올

케언니는 국 하나에만 매달렸다.

한성민은 시누이 올케 간에 자매처럼 다정하게 서로 칭찬하는 대화가 흐뭇해서 껄껄 웃으며 말했다.

"그렇구나! 너의 말이 맞는 것 같은데, 그래도 요리선생은 너이니까 제자의 솜씨가 이만큼 좋아졌겠지!"

하고는 그렇지 않느냐는 눈길로 아내를 넌지시 돌아보았다. 그녀도 사실이라며 고개를 크게 끄덕여 화답했다. 그리고 또 한 번 맛을 볼 양으로 숟가락을 들어 국그릇으로 가져갔다.

분위기가 그래서인지 전에 먹었던 쑥국보다 훨씬 맛있다는 느낌이 혀끝에 전해졌다.

"여보, 우리 아가씨 요즘 소설 쓰고 있는 거 아세요?"

밥상에 마음이 가있는 터라 잠시 대화가 끊어져 어색하던 차에 그녀가 숟가락을 들다말고 문득 생각난 듯이 물었다.

"소설?"

"아니에요, 오빠! 그냥 심심해서 습작하는 건데 언니도 차암!"

"아가씨는 습작인지는 몰라도 나는 안 그렇던데요. 정말 대단해요. 문장력! 시도 그렇고… 아가씨, 시집부터 먼저 출판해요. 그냥 썩히기 아까워요."

"선희 실력이 그 정도였소?"

한성민은 일부러 놀라는 척했다.

사실 동생의 문장력은 익히 알고 있었다. 첫사랑에 실패한 뒤 병원일도 그만두고 무섭게 독서에 매달리다가 어느 날부턴가 마음의 상처를 시를 통해 표출해 내기 시작했다. 그 시들을 우연히 읽어 보았는데 문단에 데뷔해 보라 권하고 싶을 정도로 뛰어나서 놀랐다. 하지만 자신의 아픈 마음을 그대로 옮겨놓은 글을 세상에 내놓아 보라고 차마 말할 수 없어서 지켜만 보고 있었는데, 시를 쓰다가 갑자기 소설을 쓴다니 의아했다.

"당신은 아가씨 실력을 여태 몰랐어요?"

선희의 과거를 모르는 그녀는 남편이 자기 동생한테 너무 무심했다 싶어 나무라는 표정을 지었다.

"알고 있었소. 내가 왜 몰랐겠소? 그런데 선희야, 시가 아니라 소설을 쓴다니 뜻밖이다. 어쨌건 나는 너의 문학성을 믿으니까 기왕 시작한 거 열심히 써보렴. 내가 책임지고 출판해 줄게."

"고마워요. 오빠, 그리고 언니도… 열심히 습작해서 부끄럽지 않은 작품을 써볼게요."

"그래요. 아가씨! 아가씨라면 틀림없이 훌륭한 작품을 써낼 거예요. 이제부터 내가 다 알아서 할 테니까 집안일은 걱정하지 말고 작품에만 열중해요. 네?"

강서영은 적극적으로 권유했다. 선희가 처음 써보는 소설이라며 어떠냐고 보여준 글을 읽으면서 첫 문장부터 간결하고 아름다운 문장에 놀랐다. 몇 장 쓰지 않았으나 소설이라기보다 서사시처럼 절제된 문장인데도 깊이 있는 철학성과 아름다운 감성이 그대로 녹아 있었다. 그만 하면 신예작가로 문단에 혜성처럼 등장할 것이라 확신했다. 그래서 끝까지 격려해 재능을 살려주고 싶었다.

그러나 그는 걱정이 앞섰다.

강철호가 그리 되고 나서 낙향한 지 벌써 3년이었다. 아내와 더불어 오직 농사일에 힘쓰고 수행 정진에만 열중했던 시기였다. 그러나 이제는 세속으로 들어가 개소리를 들어라 했던 노인의 명을 또한 번 실현할 때에 이른 것으로 생각하고 있었다.

수행중에 개벽의 재앙을 몰고 올 천기天氣의 조짐을 감지했기 때문이었다. 사람에 의한 격변이 잇따르다가 드디어는 하늘 재앙이 땅을 송두리째 개벽할 때가 다가오고 있었던 것이다. 그러므로 세속의 일에 관여할 결심을 굳히고 있던 차에 선희가 소설을 쓴다니 마음이 무거웠다. 소설이란 것이 자신과의 치열한 싸움인 데다가 뼈저린 외로움과 고독이 수반되는 작업이어서 그럴 동생을 또 혼자 두고 훌쩍 떠나자니 가슴이 아리었다.

"오빠, 갑자기 울적해 보여요. 무슨 걱정이 있어요?"

선희가 의아해했다. 그녀는 때로는 아버지처럼 오빠를 의지하는 마음이 깊어서 풀잎이 미풍에 흔들리듯 표정만 미세하게 변해도 그 마음을 금방 알아차렸다.

"울적하긴…!"

"그래요. 방금 당신의 얼굴이 살짝 변했어요…"

강서영도 남편의 표정에서 이상한 기미를 느꼈었다. 무심코 곁눈질해 보다가 스쳐 지나가는 어둔 그림자를 발견하곤 속으로 고개를 갸웃하는데 선희가 먼저 그 말을 꺼내서 정색을 했다.

"허, 이거 두 사람의 눈을 못 속이겠군!"

"말씀하세요. 무슨 걱정이라도 있는지…"

강서영은 내친김에 다잡아 물었다. 그러자 선희도 궁금해 죽겠다며 다그치듯 빨리 말하라고 올케를 거들고 나섰다.

"이것 참… 둘이서 나를 꼼짝 못하게 하는군! 별일 아니야. 실은 서울에 다시 가야 할 것 같아서. 뭐 그리 오래 걸리지는 않을 거야."

"아니, 서울에는 왜요?"

강서영은 놀랐다. 다시는 고향을 떠날 것 같지 않던 사람이었다. 강철호가 사고를 당하고 감옥에 간 뒤로 한동안 울적해 하다가 미련없이 서울을 떠나 농사짓고 수행하는 데만 열중하던 그였다. 그런 그가 왜 갑자기 시끄럽고 복잡한 서울엔 또 무슨 일로 가려는지 의아스러웠다. 자신은 이미 전원생활을 즐기는 시골아낙으로서 사랑하는 남편과의 삶 하루하루가 더없이 행복한데!

그런데 뜻밖에 선희가 남편의 말에 동조하고 나섰다.

"잠깐만 언니! 저는 오빠가 서울 가신다는 거 환영이에요! 그러니까 오빠는 나 때문에 주저하지 말고 가세요."

"아니, 아가씨! 그럼 아가씨는 어떡하고요?"

강선희는 또 한 번 놀라 다급히 반문했다. 그리고 만약 시누이가 시골에 혼자 남는다면 자신이 곁에 있어줄 생각부터 하였다. 그러나 선희의 다음 말을 듣고는 놀랍고 기뻤다.

"내가 쓰는 소설은 실은 넌 픽션이에요. 오빠가 살아온 삶을 생각하고 보통사람의 이야기일 수 없는 오빠의 인생을 지켜보면서 늘 생각했던 거예요."

"나의 이야기를?"

한성민은 뭐라 할 말이 없어서 멍하니 선희를 쳐다보았다. 선희가 자신의 삶을 그 정도로 드라마틱하게 생각하고 있을 줄은 꿈에도 몰랐다. 그러나 선희는 그의 눈길을 피해 회상이 어린 눈동자를 초롱초롱 빛내며 담담하게 말을 이었다.

"저는 오빠의 인생을 한편의 드라마 이상으로 생각해요. 세상의 격랑에 적응 못해 누구보다 처절한 삶을 살았고, 학문의 길에 들어서서는 밤을 낮으로 알고 치열하게 공부했지요. 하지만 그보다는 도를 향한 오빠의 집념이에요. 자기가 알고 있는 지식을 모두 버리고 무섭도록 도에 몰입하는 모습은 오빠가 아니라 어느 초월자의 화신化身 같았어요. 그래서 오래 전부터 오빠의 삶을 소설로 엮을 생각을 했어요."

"아가씨, 오빠의 진솔한 삶의 이야기이니 주저하지 말고 글 쓰세요. 기대돼요."

강선희는 적극 찬성했다. 그동안 선희와 함께 생활하면서 남편의 어린 시절부터의 이야기를 듣고는 때로는 가슴이 미어지게 아파서 눈물을 흘리기도 하고, 어떤 대목에서는 감동도 했다. 그리고 자신과의 사랑 이야기를 솔직하게 써서 보낸 편지를 선희가 보여 주었을 때는 가슴이 뭉클해서 눈시울을 적셨다. 마치 한편의 서사시처럼 진솔하고 아름다운 그의 마음이 고스란히 담겨 있었다. 그러기에 그가 살아오고 살아가는 이야기는 읽는 이로 하여금 삶과 사랑의 고귀함과 진실을 소중하게 간직할 수 있는 감동을 줄 것이라 확신했다.

"오빠, 오빠가 서울 가시는 거 삶을 위한 단순한 의미가 아니란 걸 알아요. 그러니까 나 때문에 주저하지 마세요. 이번에는 나도 서울에 따라갈 거예요. 오빠가 어떻게 이상을 성취하시는지 지켜보기로 했어요. 오빠가 이상을 성취하는 날, 나의 소설도 완성될 거니까."

차분하게 할 말을 다한 선희는 그의 대답을 들으려하지 않고 일어나 밖으로 나갔다. 그는 표정없이 묵묵히 듣기만 했다. 자신을 모델로 소설을 쓰겠다는 선희의 결심을 무어라 대답해 주어야 할지 아무 생각도 나지 않았다. 그저 자신만의 인생을 고집해 온 오빠의 삶을 동생의 입장에서 바라본 그 마음이 오죽했으면 소설까지 쓸 생각을 다 했을까 싶어 마음이 아플 따름이었다.

"여보, 당신을 소재로 글을 쓰겠다는 아가씨의 마음을 저는 이해해요. 저라도 그러고 싶어요. 그리고 이거 아세요? 아가씨나 저나 당신의 뜻이면 무조건 따르는 마음을요. 그만큼 당신의 삶을 존중하기 때문이에요. 존중하기에 아가씨가 당신을 소재로 글을 쓸 생각을 한 것이고요."

강서영은 시누이의 마음을 더 헤아려 주고 일어섰다. 그리고 마루 기둥에 기대서서 앞산을 바라보고 서있는 선희의 손을 가만히 잡았다.

"아가씨, 나는 아가씨의 마음을 다 알아요. 우리 함께 오빠 따라서 서울 가요. 언제까지일지 모르지만 오빠가 뜻을 이루시는 날 다시 이곳으로 돌아와요. 이제는 혼자 더 외로워하지 마세요. 내가 아가씨랑 늘 함께 있을 거예요. 실은 아가씨가 시골에 혼자 남겠다고 했으면 나도 아가씨랑 함께 있을 생각이었어요."

"고마워요. 언니!"

선희의 눈시울이 뜨거워졌다. 자매처럼 또 어떤 때는 친구처럼 늘 마음을 헤아려 주는 올케가 곁에 있어서 든든했다. 언제부터인가 유일한 의지처였던 오빠보다 올케가 더 믿음직스러운 마음의 기둥으로 자리잡아 혼자인 슬픔도 외로움도 잊었다. 거기다가 시골에서 함께 생활하겠다는 올케의 마음에 감격했다.

한편 침묵하며 여러 가지로 생각에 잠겼던 그는 비로소 마음을 정리하고 밖으로 나와 나란히 선 두 사람의 어깨를 가지런히 잡고 말했다.

"둘이 다정하게 서 있는 모습이 보기 좋군! 선희야, 너의 뜻대로 하자. 이제는 너를 혼자 두지 않기로 했다. 그리고 마음대로 글도 쓰고."

"고마워요!"

선희와 아내가 동시에 대답했다.

"여보, 서울 언제 가실 거예요? 준비해야지요."

"아직 멀었소. 그런데 당신은 내가 왜 서울 가려 하는지 궁금하지도 않소?"

"그야…"

"오빠는 차암! 언니나 저나 오빠가 무엇을 하건 무조건 따른다는 거 모르나 봐! 그러니까 묻지 않지요. 앞으로도 그럴 거예요. 오빠는 그런 우리 맘 알아야 해요."

"맞아요! 당신은 여태 그것도 모르셨나 봐요!"

"하, 이거 참 둘이서 짜고 나를 꼼짝 못하게 하는군! 아무튼 서울엔 그리 급하지 않소. 농사철이 시작되었으니까 며칠 내로 파종하고, 그리고 여름에 잘 키워서 가을에 추수한 다음에, 그러니까 초겨울쯤이 되겠군!"

"피! 아직 한참이나 남았네. 올봄에 당장 가자는 줄 알았는데."

"아니오. 농사지은 지 올해가 3년째니까 3년은 채워야지. 그리고 나서 세속에 나가 할 일이 있소. 나에게 주어진 삶의 몫이란 게 있으니 그때가 그 일을 해야 할 때라서. 아무튼 지금은 무어라 말해줄 수 없소만 차츰 알게 될 게요."

그리 말한 그는 좀 어두운 얼굴로 산에 올라 꽃구경이나 하자 하였다. 그녀는 무언가 알 수 없는 고민의 그림자가 살짝 스쳐 지나가는 남편의 얼굴빛을 놓치지 않았다. 선희는 좋아라 하며 뒤도 돌아보지 않고 얼른 섬돌 위에 놓인 신발을 끌며 마당으로 내려섰다.

"당신 무슨 걱정이 있어요?"

"걱정?"

"네, 저는 보았어요. 당신의 얼굴빛을…"

"그 참! 당신은 항상 나를 꿰뚫어 보고 있는 것 같소. 별일 아니니 걱정하지 말아요. 앞으로 나라에 큰 변고가 생길 것 같아서."

먼저 섬돌 위에 발을 디딘 그는 아직 마루에 서 있는 아내 손을 잡으며 말했다.

"네! 변고요?"

강서영은 남편의 손에 의지해 마루에서 내려오며 화들짝 놀랐다. 농사짓고 수행에만 열중할 뿐 바깥세상에 무관심하던 남편이었다.

그런 그가 느닷없이 나라 걱정을 하다니. 뜻밖이라 놀라웠다.

"아까도 말했듯이 차츰 알게 될 테니… 자, 어서 갑시다. 선희가 기다리겠소."

"네…!"

강서영은 더 묻지 않았다. 남편이 언젠가 말해줄 것이라 생각하고 대문 밖에서 기다리는 시누이를 보고 빠르게 걸음을 놓았다.

선희는 올케가 오자 반갑게 덥석 팔짱을 끼고는 돌아서 산으로 먼저 길을 잡고, 그는 다정한 그녀들의 뒷모습이 흐뭇해 느릿느릿 뒤따랐다.

그리고 걸으면서 생각에 잠겼다.

3일 전이었다.

새벽 3시에 일어나 석굴에서 무아에 들었다. 눈부신 신의 빛이 온몸을 감싸는데 천계의 신들이 한눈에 들어오고 여러 혼들의 삶을 뚜렷이 보았다.

그들의 삶은 인간 세상과 다름이 없었다. 사회의 언저리에서 헐벗고 굶주리는 사람들에 해당하는 혼들의 삶은 처참함 그 자체였다. 그들은 눈 덮인 얼음산에 잎이 하나 없는 메마른 나뭇가지에 매달려 추위에 떨고 있었다. 몰골도 참혹했다.

지옥의 혼들이었을까?

그러나 그는 눈에 보이는 그 모든 것을 지워냈다. 그러자 몸은 사라지고 우주와 하나가 된 느낌 속에 들자, 어느새 신들이 노니는 천계의 한 높은 곳에 있었다.

수억만 천체가 한눈에 보이고 그 중에 지구가 선명했다. 땅을 덮은 바다와 바다, 그 사이에 우거진 숲들… 천계보다 아름다웠다.

그러나 놀라웠다.

기울었던 지구가 아주 미세하게 조금씩 조금씩 제몸을 바로 세우는 깃털 같은 움직임을 감지하고는 의식계로 돌아왔다.

많은 것을 깨달았다.

머지않아서 지구의 축은 바로 서리라!

그리고 그때가 천지가 개벽하는 날일 것이다. 지금은 지구가 서서히 제 몸을 바로 일으켜 세우면서 태풍, 화산폭발, 지진, 쓰나미 같은 격변을 일으키는 시기에 놓였다는 생각이 들었다. 그러다가 어느 순간 일순간에 제 몸을 바로 잡을 때 대개벽은 일어나리라! 땅을 덮은 바닷물이 한쪽으로 휩쓸려 땅이 바다가 되고, 바다가 땅이 되고, 갈라지고 찢어진 땅은 뭇 생명을 집어삼키고!

바로 그것이었다.

조선 중엽의 남사고 선생이 <격암유록>에서 예언한 개벽이 그동안 비스듬히 누워있던 지구가 제 몸을 일으키는 것이었다. 그때는 그릇된 신을 믿는 자, 그리고 그 신을 빙자해 제 잇속을 채우는 자, 사이비한, 위정자, 불효자, 탐욕자… 등등 죽어야 할 악인들은, 어떤 이끌림에 의해 스스로 죽을 자리로 찾아가 수천 년 인류를 지배해 온 그들 악한 혼들의 자취는 흔적도 없이 영원히 사라질 것이다.

"장차 천하를 취하려고 욕심을 낸다고 해서, 그 욕심대로 얻을 수 없음을 나는 안다.

천하는 신령스러운 그릇이라 (억지로) 가지려는 자 반드시 실패하고 다 잃는다 하였다.

수백 년 세월, 세세손손 대를 이어 세계를 지배해 노예로 삼겠다는 악마의 검은 그림자들은 결코 그 뜻을 이루지 못하고 그때 모두 멸망하고 말리라.

그들은 돈의 힘으로 권력자들을 조종해 전쟁을 일으켜서 더 많은 돈을 벌어들였다. 그리고 교묘한 수단으로 모든 민족의 경제권을 좌지우지해 왔다. 이제는 식량을 무기삼고, 휴대폰 같은 기계로 인간을 조종해 전 인류를 노예로 부리려고 마귀처럼 이빨을 드러냈다.

'그림자정부'라는 베일에 싸인 그들의 음모를 이미 느낌으로 감지했다. 개인의 명칭을 '프리메이슨'이라 하는 그들은 그동안 지은 죗값으로 처참하게 그때 멸하고 말리라! 그는 그렇게 결론지었었다.

그러나 그때가 되기 전에 그들의 계획을 지금 실행에 옮기면 어찌할까? 지금 그들은 그 계획을 거의 완성해 서서히 마각을 드러내고 있으니 말이다.

한성민은 그래서 세속에 나갈 결심을 굳혔다. 우선 민중을 깨우쳐 그들의 음모의 올가미에 걸려들지 않도록 계몽하고, 장차 닥칠 개벽에 경각심을 심어줄 계획을 세웠었다.

그리고 그 계획을 실현할 방안도 마련해 두었다.

다행히 강철호가 감옥에 있어서 문을 닫은 지가 오래이기는 하지만 소진수가 먼저 출옥해 지금껏 건물과 수련원 관리를 잘 하고 있었다. 수련원을 재건해 널리 교육하다가 강철호가 출옥하면 그대로 물려주어 자신의 뜻을 계승하게 할 생각이었다.

봄꽃이 무르익으니 농부들의 일손도 바빴다. 겨우내 입었던 옷일 랑은 벗어던지고 차곡차곡 접어두었던 일옷을 꺼냈다. 그리고 묵혀 두었던 농기구를 손질한 부지런한 농부는 그새 못자리에 볍씨를 뿌리고 논갈이에 열심이었다.

부지런하기로 치면 한성민도 남 못지않아서 동네에서 제일 먼저 파종해 모가 벌써 그 여린 잎을 파릇파릇 물 위로 고개를 내밀었다. 그래서 오늘 못자리를 둘러보고 논에 물을 댈 생각으로 아침식사 를 마치자마자 일복으로 갈아입었다.

그런데 아내가 식전에 미리 일복으로 갈아입고 있었다. 일 나가 는 아낙들이 그리 하듯 수건까지 머리에 둘렀다.

"오늘은 별일이 없으니 당신은 그냥 집에 있어요."

아내가 먼저 마당으로 내려서자 그는 마루에 걸터앉아 목이 긴 물장화를 신으며 말했다.

"싫어요! 저도 일할 거예요!"

"언니, 봄볕에 얼굴 다 타요! 그리고 언니 맵시가 우스워요!"

밥상을 치우던 선희가 올케언니 모습에 웃음을 못 참아 깔깔댔 다. 머리에 두른 수건이 어색한데다 일복도 헐렁하게 커서 영 몸에 맞지 않았다. 신은 장화는 또 어린 아이가 어른 신을 신은 것 같아 우스꽝스러웠다.

"그럼 어때요? 아가씨는 글 쓰다가 깜박해서 때 놓치지 말고 점심이나 맛있게 해다 줘요."

강서영은 양손을 덮은 긴 소매자락을 걷어 부치고 터무니없이 큰 장화를 질질 끌며 절뚝이는 걸음으로 그의 뒤를 따랐다.

그래도 마을에서 제법 떨어진 들녘까지 용케도 잘 걸어갔다. 그리고 논에 가서는 즐거웠다. 논두렁에 파릇파릇 돋아난 풀잎이며 소복소복 잘 자란 어린 모가 사랑스럽고 드문드문 솟아 있는 잡초도 귀여웠다. 흙물에 묻힌 씨앗이 죽은 듯이 있다가 생명으로 솟아난 것들이라 더 신기하고 정겨웠다.

이튿날은 그가 농기구를 세내어 열서너 마지기 무논을 갈고 논두렁을 쌓았다. 논두렁 만드는 일이란 게 농사만 짓는 장정들도 허리가 아파 쉬이 할 수 있는 것이 아니라서 하루에 다 못하고 이틀 만에 다 쌓아올렸다.

그러고 나서 그는 산골의 밭을 이천 평이나 갈아엎어 놓았다. 한이틀 쉰 뒤에는 모내기를 하고, 연이어 밭에는 깨며, 콩이며, 고구마, 감자 따위를 심었다. 그야말로 눈코 뜰 새 없는 하루 하루였다.

"우리가 지어서 수확한 쌀과 잡곡을 해마다 친정에 보내 주니까 부모님이 얼마나 좋아하시는지… 수확은 남보다 적어도 농약도 안 뿌리고 비료 대신 퇴비를 준 농산물이라고 자랑했더니 두 분이 얼마나 좋아하시는지…!"

달빛도 고운 이르지도 늦지도 않은 밤이었다.

이따금 개구리 울음소리가 어둠의 정적을 운치있게 깨뜨리고 멀리 산비둘기 우는 소리도 간간히 들리는 정겨운 밤이기도 했다. 어젯밤만 해도 피곤에 못 이겨 잠자리에 들기 바빴다. 그러나 오늘 고구마를 심은 것을 마지막으로 가을에 거둘 파종을 다한 터라 그들 부부는 한시름 놓고 편한 마음으로 참 오래 만에 마주앉아 도란도란 이야기를 주고받았다.

"금년 가을에도 보내드립시다. 그나저나 그동안 일하느라 고생이 많았소. 곱던 당신 손이 거칠어지고… 자, 돌아앉아요. 어깨라도 주물러 줄게!"

"아니에요! 당신이 돌아앉으세요. 힘든 일 너무 많이 하셨잖아요."

"아니오. 이래 봬도 나는 강골이오."

"저도 강골이에요. 당신 만나서 농사지으라고 몇 년이나 요가로 몸을 단련시킨 것 같아요. 안 그랬음 몸살로 몇날 며칠 끙끙 앓았을 텐데!"

"당신도 이제 농촌 아낙이 다 되었소. 그 곱던 얼굴도 거칠어지고."

한성민은 말은 그리 해도 봄볕에 그을린 아내의 얼굴이 더 생기가 넘쳐 보였다. 그러나 작고 하얗던 손이 까칠까칠해서 안쓰러웠다. 그래 아내의 두 손을 가만히 잡아서는 손바닥으로 비벼 그 마음을 전하였다.

"아이 참! 괜찮아요. 일하시느라 부르튼 당신 손은 어쩌고요!"

남편의 거친 손바닥에 손등이 껄끄러웠다. 하지만 손등을 스치는 까칠한 느낌이 행복해서 한 뼘이나 더 다가가 남편과 무릎을 맞대고 영롱한 눈망울을 빛냈다.

"나야 농부니 당연하고."

한성민은 아내가 무엇을 원하는지 알았다.

가만히 한 팔을 둘러 아내의 어깨를 껴안았다. 그녀는 향긋한 머리카락을 쓸어 올리며 남편의 가슴에 가만히 기댔다.

한성민은 잠시 아내가 그러고 있게 하다가 두 손으로 아내의 양 볼을 감싸 안았다. 그리고 이마를 맞댔다가 살짝 키스하고 속삭였다.

"당신이 나이고, 내가 당신이오."

강서영은 행복했다.

남편의 몸속에 산화돼 들어가 심장이 겹쳐지는 것 같았다.

이윽고 남편의 손길이 차례차례 위 아래 옷을 풀어내자 파르르 떨며 그의 가슴으로 파고들었다. 그가 일어나 불을 끄자 달빛이 하얀 속살을 드러내게 하였다.

아내를 반드시 누인 그는 오래도록 키스하고 귀와 목, 양 젖가슴을 입술로 애무하다가 음모를 거쳐 발끝까지 입술을 멈추지 않았다.

한성민은 탄트라섹스의 저 오묘한 애무의 순서를 정성을 다해 밟아가고 있었다.

마지막으로 음모 아래 질퍽하게 젖어 넘쳐 흐르는 따끈하고 향기로운 현빈玄牝의 샘물을 혀끝으로 받았다.

강서영은 뜨거워진 온몸의 전율이 격랑처럼 밀려와 행복에 겨운 신음을 가까스로 토해냈다. 달빛 밝음도 느껴지지 않았고 개구리 울음소리도 들리지 않았다. 오직 사랑의 희열만이 몸과 마음에 불타오르고 있었다.

이때를 기다려 온 그는 행위를 시작했다. 좌로 세 번, 우로 세 번, 가운데 세 번, 아홉 번을 거듭했다. 그리고 열 번째는 현묘한 곡신谷神의 저 끝을 향해 힘차게 돌진하자 아내의 비명이 달빛을 타고 문 밖으로 터져나갔다.

이윽고는 강둑이 무너지듯 쏟아져 나오는 정액, 그는 즉시 거두어 회음에다 모았다.

그러기를 여러 차례, 회음에 정액이 충만해지자, 삽입한 채 아내와 서로 마주보고 앉았다. 그리고 회음에 모은 정액의 기를 의식의 힘으로 임독맥을 4차례 유통시킨 다음 하단전에 모아놓았다.

그러자 놀라운 현상이 일어났다.

행위를 하지 않음에도 그들은 무한의 쾌락 속에서 정수리로부터 별무리 같은 빛이 무럭무럭 솟아올라 허공에서 서로 엉키더니 무수한 신들의 빛이 찬란하게 빛났다.

무아의 쾌락에서 순백의 음양이 결합해 발산하는 황홀경 그 자체로서 만다라의 빛이었다. 그 빛들은 그들이 의식계로 돌아올 즈음 허공으로 흩어졌다.

그리고 그들은 황홀경에서 깨어나 포옹을 풀었다.

결혼한 후 언제나 경험한 탄트라의 저 신묘한 성도인술性道人術을 그들은 오늘도 완벽하게 구현해 냈던 것이다.

"여보, 저 애기 갖고 싶어요."

차안此岸을 훌쩍 뛰어넘어 피안彼岸에 들었던 그녀는 아직은 그 쾌감의 여운이 남아도는 몸을 남편의 가슴에 묻었다. 그리고 이런 순간이면 허락하겠지 하는 마음으로 어렵사리 말을 꺼냈다. 나이든 자신의 건강을 생각해서 절대로 그럴 수 없다고 완강하게 반대해서 조심스럽게 꺼낸 용기였다.

그러나 그는 정색을 하고 일언지하에 거절했다.

"나는 당신 하나면 족하오. 앞으로도 무리해서 아이를 가질 생각일랑 절대로 하지 말아요. 당신이 아무리 자신이 있다고 해도 사람의 일이란 게 뜻대로 되지 않소."

"하지만."

"안 되오! 그런 말 다시는 꺼내지 말아요!"

한성민은 전에 없이 단호했다.

싸늘하리만치 반대의사를 명확히 하는 남편의 어조가 섭섭한 그녀는 눈시울이 뜨거웠다. 결혼 전에는 자신의 나이를 생각해서 애기를 갖지 말자는 제의를 고맙게 여겼었다. 그러나 신혼의 밤을 보내고 나서는 그게 아니었다. 어떡하든 남편과 자신의 사랑의 분신을 탄생시키고 싶었는데 또 다시 반대에 부닥치자 서러웠다.

"당신 울고 있군! 슬퍼하지 말아요. 당신의 마음을 내가 왜 모르겠소? 그러나 당신을 위험에 빠뜨리고 싶지가 않소! 이런 내 마음을 이해해요. 응?"

한성민은 표정을 부드럽게 해서 아내를 힘주어 껴안아 위로했다.

사실 그 역시 아이를 갖고 싶은 마음이 없는 것은 아니었다. 대를 잇는 것은 천지만물을 탄생시킨 천도天道를 따라야 할 인간의 마땅한 도리이기에 당연히 그러고 싶었다. 그러나 그로 인해 아내가 목숨까지 위태로울 수 있음을 일찍부터 예감하고 있었다. 그렇다고 차마 그 말을 해줄 수가 없어서 속내를 숨기고 모질게 반대했던 것이다.

하늘은 개벽의 징조를 보여준다

봄은 빠르게 지나갔다.

청명淸明까지 계절로는 봄인데, 작년의 혹독한 추위가 남아돌아 겨울인지 봄인지도 모르게 한 계절을 훌쩍 넘겼다.

그래도 천지 기운은 추위 속에 따뜻한 바람을 머금고 싹을 돋아나게 하고 꽃을 피우기는 하였다. 하지만 눈비가 잦은 데다가 찬바람 때문에 농작물의 피해는 이만저만이 아니었다. 몇백 원 하던 배추 한 포기 값이 오천 원을 넘을 정도니 다른 작물이야 말할 것도 없었다.

게다가 청명을 지나 입하立夏가 되자, 그리도 잦던 비가 뚝 그치고 가뭄이 시작됐다.

작년의 여름보다 더한 더위까지 기승을 부려서 저수지마다 바닥을 드러내 쩍쩍 갈라지고 고기떼들이 허연 배를 드러내고 죽어갔다. 애써 다시 심어놓은 밭작물은 성장을 멈추고 비비 꼬이도록 여위어 갔다. 바다 건너 가깝고 먼 나라에서는 화산이 폭발해 그 연기가 하늘을 뒤덮어 비행기를 날지 못하게 하고, 지진으로 수천 명의 목숨이 매몰되는 사고도 연이어 일어났다. 그리고 또 어떤 나라는 때아닌 폭설로 집이 무너지고 길이 막히는가 하면 폭우가 쏟아져 인간이 세운 문명이라 자부하던 것들을 모두 쓸어가기도 하였다.

그런데 한민족의 나라에 이 무슨 청천벽력 같은 날벼락인가!

몇해 전에는 어떤 연유에서인지 서해를 순찰하던 해군 군함이 폭파돼 수십 명이나 몰살하는 사건이 벌어졌다. 그들을 구조하려다가 목숨을 내놓은 영웅적인 한 군인, 그리고 군인이 아니어서 자기들과 무관한 어부들도 단지 동족이란 피의 흐름이 시키는 대로 고기잡이배로 구조에 참여했다가 돌아가는 바닷길에서 풍랑에 좌초돼 모두 목숨을 잃었다.

뿐만 아니었다.

거센 바람을 무릅쓰고 사명을 다 하다가 그만 날개 짓을 멈춘 헬기가 추락해 그 바다에 생명을 던진 군인들! 쉰 명이 넘는 목숨을 앗아간 통곡의 바다! 감히 뉘가 그 속에 목숨을 던져 넣었는가?

북쪽의 제일 높은 곳에 앉아 있는 권력과 탐욕의 화신들이었다. 그리고 전쟁을 일으켜 이익을 보려는 흉악한 자들이 음모의 이빨을 드러냈을 수도 있었다. 앞으로 이런 일이 또 일어난다면 어찌 할까? 한 번 재미에 맛을 들였으니 두 번 저지르기는 쉬울 터, 그리 되면 더 많은 목숨이 위태로울 텐데!

그리 생각한 한성민은 생각의 깊이를 더해갈수록 근심이 깊어졌다.

"올해 큰 재앙이 올 것이라 걱정하시더니 정말 그렇군요!"

밤 TV뉴스를 보고 있던 그녀가 그제야 남편의 예언이 생각나서 화들짝 놀랐다. 그는 3년 전부터 해마다 금년을 걱정했었다.

"재앙은 금년부터 내후년까지… 모르긴 해도 몇 년간 가뭄이 계속되었지만 금년이 더 걱정이오."

"예?"

"아직은 아무 것도 묻지 말아요. 내가 하자는 대로만 하면 될 테니… 지금은 가뭄이 걱정이지만 늦은 여름과 가을에 태풍과 홍수가 크게 일어날 것이오."

의미심장한 말을 꺼냈다가 이내 말문을 닫은 그는 문득 날씨 이야기로 화제를 돌렸다. 그녀는 무슨 큰일이 벌어질 것을 예감한 남편의 깊은 속내가 궁금했으나 언젠가 알게 될 것이라 한 말이 생각나 굳이 캐묻지 않았다.

하지만 농사일은 여간 걱정이 아니어서 물었다.

"어쩌지요? 금년 농사 다 망치면?"

"하늘이 내리는 재해를 인력으로 어찌 하겠소. 그저 최선을 다해 피해를 줄이는 수밖에!"

"정말 세상을 다스리는 분이 계시다면 인간을 이롭게 해주실 텐데…!"

"땅에서 사악함이 넘치면 하늘은 그 사악함을 받아 두었다가 무위하게 되돌려 주는 법이오. 수증기가 많으면 구름이 가득해지고, 구름이 짙을수록 큰비가 내리는 것과 같소. 인간의 사악함이 하늘에 쌓이고 쌓여서 폭우처럼 재앙이 내리게 되는 것이지요."

"그래도 선량한 사람은 피해를 입지 않아야 하잖아요? 신이 계시다면 말예요!"

"선량한 사람이 따로 있는 것이 아니라 근본 마음자리를 찾은 사람이오. 근본으로 돌아가면 고요함이요, 고요함은 다시 밝은 목숨이며, 목숨이 밝게 거듭되는 것을 상常, 항상 영원이라 하지요."

"지극한 허에 이르러 고요함을 지키면, 만물이 한꺼번에 나타나는데 그것을 거듭해서 관찰해 보면, 만물이 무럭무럭 자라나서 각기 그 근본道으로 돌아간다. 근본으로 돌아가면 고요함이고, 고요함은 다시 목숨인데, 목숨은 불멸하여 영원하다. 목숨이 불멸함을 앎을 밝음이라 하고, 알지 못하면 망령되어 흉하다. 항상 밝음을 갈무리하고, 일체를 갈무리하고 있으므로 공평하며, 공평하므로 하늘을 꿰뚫고, 하늘을 꿰뚫으므로 도이며, 도는 영구하여몸이 멸해 없어질 때까지 위태롭지 않다 하였으니 이 말을 깨닫지 못하면 재앙을 피할 수 없을 것이오. 목숨을 항상 밝게 유지하면 만물을 용납하고, 만물을 용납하므로 치우침이 없이 공평하며, 공평하므로 천지만물을 꿰뚫어 보는데, 그러면 우주 그 자체가 되거니와 우주 자체가 곧 도이니 늘 목숨을 밝게 기르도록 노력해야 하오. 신은 그런 자만을 구원해 줄 것이오."

한성민은 말하고 마당에 나가 하늘을 보자 하였다.

여름이기는 하지만 아직 밤바람이 차서 어깨에 가벼운 옷을 걸치고 나가 남편 곁에 선 그녀는 하늘을 쳐다보자마자 원망스러웠다.

구름 한 점 없는 청명한 하늘, 보석이 쏟아질 듯 반짝이는 별들의 아름다움도 아름답게 보이지 않았다.

"전에 보던 별처럼 아름답지가 않아요… 요즘 같으면 비를 머금은 시커먼 먹구름이 더 아름다울 텐데. 하늘이 원망스러워요."

"하늘을 원망해서는 안 되오. 하늘도 사람 하기 나름이오. 저 북한 땅을 봐요. 수년간 왜 비가 내리지 않았겠소? 계속되는 흉년으로 죽어가는 사람들… 얼마나 가슴 아픈 참상이오! 폭정에 시달리는 인민들의 원망이 하늘에 맺히고, 하늘은 그 원망을 북한 땅에 되돌려 놓기 때문이오."

"결국 위정자들이 흉년의 원흉이군요?"

"그렇소! 옛 성군은 흉년이 오면 자신이 덕이 없어서 하늘이 재앙을 내리는 것이라 생각하고 하늘에 속죄했지요!"

한성민은 말하고 탄식했다.

이익을 위해서는 못할 짓이 없는 인간의 사악함을 하늘이 언제까지 두고 보랴!

사람을 죽이는 훌륭한 무기를 개발하면 자랑하며 이익을 챙기고, 사람을 죽이는 훈련을 잘 시킨 젊은이들을 싸움터로 내몰고, 위민 爲民한다며 떠드는 자들이 그 실은 제 명예와 잇속 챙기기에 급급하고, 그럴듯한 말솜씨로 신을 내세워 이익을 챙기고, 그리고 온갖 술수로 재물을 움켜쥐는 시정의 잡배들… 그 사악함을 참고 지켜보아 온 신의 인내가 어찌 한계에 이르지 않았으랴!

"요즘은 옛 성군 같은 지도자가 왜 없을까요?"

"인간의 본심은 퇴보하고, 욕망만 끊임없이 진화하기 때문이겠지요. 생각하면 문명이란 것이 욕망을 일으켜서 사람을 망치고 있소. 오늘날 문명이란 게 뭐이겠소? 더 편리하게 살기 위한 수단이오. 그래서 욕심낼 만한 것들을 수없이 만들어 내 그것에 종속되니 물질이 하늘이요 신神인 세상이 되고 말았소! 그러나 그런 문명은 결국 더불어 살아야 할 자연을 파괴하고 스스로 병을 얻는 것이니 인간은 스스로 재앙을 만들어서 불러들이는 꼴이라 할 수 있소."

"옛날에 올바른 선비는 미묘하고 현통하여 지식의 깊이를 알 수가 없었다. 그렇게 많이 알아도 바른 선비는 어둔해서 깎지 않은 통나무처럼 둥글고 원만하며 순박하다 하였소. 그러니 우리도 설사 온갖 문명을 다 안다 해도 마음에서 지우고 저 산의 깎지 않은 나무처럼 질박하게 삽시다."

"좋은 말씀이세요. 저는 무조건 당신하자는 대로 할 거예요!"

"내가 생각했던 시가 있소. 들어보겠소?"

"잠깐만 오빠! 두 분 죄송해요. 다정한 분위기 안 깨려 했는데 할 수 없어요. 오빠가 읊는 시는 꼭 들어야 하거든요."

두 내외의 대화를 엿듣고 있었던지 선희가 방문을 활짝 열어 소리쳤다. 그리고 쪼르르 달려 나와 언니! 하고는 그녀의 팔에 살갑게 매달렸다. 시누이가 반가운 그녀는 포옹하듯 맞이하는데, 그는 글은 안 쓰고 마음은 우리한테 와 있었다며 슬쩍 핀잔을 주고는 말했다.

"시 같지 않은 시인데, 시인인 네가 들으면 고리타분할 텐데."

"오빠 시는 현대적 감각이 없어서 멋은 없지만 미사여구가 없고 철학이 있어서 좋아요."

"그런가? 그럼 들어보고 네가 시대에 맞게 멋있게 고쳐 보렴."

한성민은 그리 말하고 하늘을 우러러 잠깐 생각에 잠겼다가 차분히 입을 열었다.

불사不死의 곡신谷神이
홀연히 현빈玄牝의 문을 열었나니
면면히 뿜어내는 도의 향기여
신神도 그때 존재를 드러냈는가?
프라나prana로 천지만물을 지어내
영험한 신광神光을 사자使者 삼아
무위로 힘주어 역할을 맡기시니
이에 만물은 다스려졌노라.

그러나 뉘 알았으리요?
악혼惡魂이 수억 겁 세력을 모아
상생의 화평을 깨뜨림에
사람이 사람의 이치에 이르지 못하였구나.
욕망의 귀鬼가 자생함이여
신神의 사명使命을 받은 성인이 현신해
사람이 할 바를 목매이게 가르쳐도
천상천하에 도덕을 무너뜨림이여!

본시 산골짜기 물은 맑은 것을

세속에 스며들어 오염되었나니

천하의 생명이 그로부터 잃었노라.

그대 본성은 신神의 신령함인 것을

탐 진 치에 혼을 팔아 귀鬼가 되었구나!

천하 만민의 고통이 그대로부터임을 알라.

오염은 걸러지고 불태워지는 것

개벽의 때에 그 목숨 어찌 유지하려 하오.

자작한 시를 다 읊은 그는 처연한 표정으로 앞산 능선으로 시선을 옮겼다.

남편의 눈길을 따라간 그녀는 즐비한 나뭇가지에 내려앉은 별들이 슬픈 눈동자처럼 촉촉이 젖어 반짝이는 것 같아 숙연했다.

올케언니의 팔을 놓지 않은 선희는 적막 속에 몸을 내맡기고는 그가 읊은 시의 내막을 찬찬히 곱씹어 음미하였다. 그러나 개구리가 요란히도 귀청을 괴롭혀서 성가셨다.

"선희야, 사람은 항상 깨어 있어서 세간의 유혹에 빠지지 않도록 경계해야 한다. 바른 길은 문도 없고 평탄하고 넓어서 자유자재로 드나들 수 있으나, 욕망의 길은 문도 많고 좁고 험해서 드나들기가 괴롭고 번거롭기가 한이 없다. 그런 문을 고집하는 중생이 악혼惡魂의 유혹에 빠진 귀鬼이니 장차 개벽의 때에 이르러 혼백마저 사라지고 말 것이다."

그는 개구리 소리에 짜증이 난 선희를 어루만져 주기라도 하는 듯 말하고 잠시 침묵했다가 계속했다.

"농자천하지대본農者天下之大本이라 하였다. 땅의 순수한 덕을 알고 땅에 의지하면 본성은 온전히 보존될 것이다. 나의 이런 마음을 너의 글에 담으렴. 농토는 사람을 살리는 작물을 길러주는데, 인간이 문명의 이익에 눈이 멀어 파헤쳐 개발에만 매달리니 장차 무엇을 먹고 살지 걱정이다."

"오빠, 산업시설을 하는 건데 어때요? 산업으로 외화 많이 벌면 나라가 부유해지잖아요?"

"돈이 넘쳐나고, 금은보화가 산더미같이 많은들 식량이 부족하면 무슨 쓸모가 있겠느냐? 지금 우리가 예전과 같지 않아서 배불리 먹는다만 그 식량이 다 수입품이 아니냐. 어느 날 식량을 수출하는 나라에서 수출을 중단하면 어떻게 될까? 돈은 휴지조각에 불과하고, 금은보화는 돌덩이보다 못할 것이다. 그러니 적어도 우리 민족이 자족할 수 있는 농토만은 확보해 두어야 한다. 그렇지 않으면 언젠가는 식량을 무기삼은 자들의 노예가 되고 말 테니까."

"그러고 보니 식량이 원자탄보다 무섭네요!"

강서영이 못볼 것을 본 것처럼 깜짝 놀랐다. 그녀의 눈은 앞산 나뭇가지에 걸린 별을 보면서도 귀는 남편의 소리를 듣고 있었다. 그러나 안이했던 영혼이 발끝까지 소름이 끼치도록 정신을 번쩍 들게 해 공포의 눈동자로 남편을 쳐다보았다.

"그렇소! 원자탄, 아니 천지개벽보다 더 무서운 것이 식량이오! 음모자들이 식량을 움켜쥐고 마치 굶주린 개를 마음대로 조종하듯 인간을 노예로 전락시킬 수 있소! 지금 그런 음모가 진행중인지도 모르오. 하니 개발이란 명목으로 농토를 잠식하지 말아야 할 텐데… 아니 우리 민족이 자족할 수 있는 농토를 더 개간해 두어야 하오. 쌀이 넘쳐나니 다 우리 쌀인 줄을 알고 돈에만 욕심들을 부려서 큰일이오."

한성민은 탄식했다.

무슨 짓을 할지 모르는 검은 그림자들이 언제 마각을 드러낼지 모를 일이었다. 미국을 비롯해 세계 어느 나라건 엄청난 채무를 짊어지고 있는데, 이상하게도 채권국가는 단 한곳도 없다. 그것은 무엇을 의미하는가? 바로 검은 그림자들의 돈줄이 그렇게 만들어 놓았기 때문이다.

그러므로 그들이 마음만 먹으면 어느 국가건 식량 수출을 중단시켜 그 국민을 아사상태로 몰아가서 노예로 전락시키는 것쯤은 손쉬운 일인 것이다. 그는 그렇게 단정하고 휴지에 지나지 않을 종이로 만든 돈이란 것에만 혈안이 돼 있는 작금의 행태에 장탄식이 절로 나왔다.

"여보, 당신은 그래서 농사일을 고집하셨군요?"

"그래서라기보다 농사는 천하의 근본이오. 땅은 거짓이 없으니 정성을 기울인 만큼 먹을 것을 주오. 그런데 무엇을 더 바라겠소. 사람이 태어나서 먹고 입고 편히 잠잘 수만 있으면 그것으로 족하지 더 편리한 삶을 위해 인위적으로 만들어 낸 문명이란 것에 집착할 필요가 없어요. 문명에 집착하면 기계의 노예가 되는 것이나 마찬가지가 아니겠소."

"그래도 오빠, 문명 덕분에 생활이 많이 편해졌잖아요? 예전에는 얼마나 불편했다고! 부엌에 나무로 불을 때서 밥해야지, 냉장고가 없어서 김치는 시고… 그리고 농기구도 그렇고, 전화는 또 얼마나 편리해요. 휴대폰 주머니에 넣어 다니면서 서로 소식 전하고…!"

잠자코 듣고 있던 선희가 어깃장을 부리듯 한 마디 했다.

"너의 말이 맞다. 내가 하고자 하는 말은 너무 기계에 종속돼서는 안 된다는 뜻이다. 생활에 불편하지 않을 정도의 문명은 당연히 수용해야겠지. 그러나 너무 첨단으로 가는 기계는 인간에게 오히려 해를 줄 수 있다는 뜻이다. 비근한 예로, 얼마 전에 TV를 보니 이런 일이 있더구나. 휴대폰 통화로 최면을 걸어 사람을 다섯 명이나 자살하도록 조종하는 실화였다. 실제로 다섯 명이 이유도 없이 다 자살하더구나!"

"어머 그런 일이 있었어요?"

강서영이 깜짝 놀랐다.

"그렇소. 만약 말이오. 최첨단의 부속을 장치한 휴대폰으로 사람을 조종하면 어떻게 될까? 자신도 모르게 조종자의 의지대로 로봇처럼 움직이겠지. 그런 과학문명이 결코 환상만은 아니오. 언제든 만들어 낼 수 있는 기술이라 생각해요. 그래서 더 편리함을 위해 정도에 넘치는 최첨단이란 것에 현혹돼서는 안 된다는 뜻이오."

"오빠 말씀이 맞아요. 아가씨! 나도 최첨단 운운하는 거 별로예요."

"듣고 보니 그러네! 하긴 나도 그렇기는 해요."

선희가 그제야 납득이 가는지 슬그머니 제 주장을 거두어 들였
다.

"아무튼 우리는 농사일이나 열심히 하자. 지금껏 최첨단의 것
이 없어도 불편 없이 만족하게 살고 있으니 여기서 무엇을 더 바랄
까!"

"그래요! 이만 하면 만족하고도 넘쳐요. 아가씨 안 그래요?"

남편의 말이면 생각할 것도 없이 공감하는 그녀는 시누이를 다그
치듯 동의를 구했다. 그런 올케한테 아니다 하고 반대했다가는 그
럼 지금 삶이 불평이 많은 것이냐 하고 따져 물을 것 같아서라도 만
족하고 말고요! 하고 대답하지 않을 수 없었다.

하지만 그런 말을 한 것은 속내를 숨기고 마지못해 대답한 것은
아니었다. 소설을 쓸 때도 컴퓨터에 의지하지 않고 지금껏 육필을
고집해 온 것도 사실 기계와는 그리 정이 들지 않아서였다. 그리 생
각해 보면 어느새 자신도 오빠의 의식구조와 닮아져 가는 것 같아
서 웃음이 절로 나왔다.

"언니, 역시 피는 못 속이나 봐요. 나도 오빠를 닮아가거든요. 좀
고리타분하게!"

선희가 말하며 깔깔 웃었다.

그리고 밤도 늦었고 밤바람이 차다며 그만 가서 자야지 하고는
제 방으로 쪼르르 달려갔다. 그녀는 선희가 자리를 뜨자 마당에 오
래 선 채로 주고받은 이야기가 적지 않아서 다리도 아팠다. 앞산을
보니 나뭇가지에 내려앉았던 별들도 자리를 옮겨 저만큼 멀어져
있어서 밤도 제법 이슥한 것 같았다. 그들 부부도 누가 먼저랄 것도

없이 나란히 방으로 향했다.

　장마철이기는 하지만 비는 그리 많이 내리지 않았다.

　하늘이 요실금에라도 걸렸는지 잔뜩 흐려서 비가 흠뻑 쏟아질 것이라 기대한 날도 정원에 물 뿌리 듯 찔끔찔끔 뿌리다가 그쳤다.

　그러니 밭농사는 아예 기대하기 어려웠다. 푹푹 찌는 날씨에 콩이며 고구마, 깻잎이 맥없이 시들시들 생기를 잃어가고 땅은 푸석푸석하고 쩍쩍 갈라졌다.

　제 세상 만난 것은 개구리 매미 따위들이었다. 노래인지 울음인지 개구리가 어찌나 소리를 질러대는지 밤잠 자기에 짜증스럽고, 낮이면 낮대로 숨이 깔딱 넘어갈 듯 악을 쓰고 외쳐 대는 매미소리가 성가셨다.

　그러다가 8월이 다가왔다.

　한여름에 땅을 뜨겁게 달군 열기가 사람을 푹푹 쪄서 밤낮없이 괴롭힐 즈음 어느 날 아침에 갑자기 시커먼 구름이 하늘을 덮기 시작했다.

　그러더니 후드득 후드득 굵은 빗방울이 떨어져 흙냄새를 물씬물씬 풍겼다. 워낙 심했던 가뭄이라 지나가는 소나기이겠거니 하고 그나마 해갈이라도 되었으면 했는데 그게 아니었다.

　멀리서 가끔 들리던 천둥소리가 좀 지나자 바로 머리 위에서 번개가 하늘을 찢어놓고 뇌성이 지축을 뒤흔들기 시작했다.

　그리고 쏟아지는 비!

　소나기가 아니라 물동이를 쏟아놓는 듯 무섭게 내리는 폭우였다.

거기에 더해 선들선들 불어오던 바람이 나뭇가지를 활처럼 휘어놓도록 거세게 밀어 닥쳤다. 시시각각 우르르 쾅쾅 벼락치는 소리가 심장이 멎을 듯 천지를 진동시켰다.

태풍과 뇌성 번개, 그리고 쏟아지는 비!

여름 내내 비를 내리지 않고 강과 바다에서 끓어 수증기를 머금고 머금었다가 기어이 한꺼번에 토해놓는 하늘의 심보가 얄미웠다.

득실대는 사악한 무리들의 그 사악함, 그리고 맺히고 맺힌 무리들의 원한을 수증기처럼 하늘이 머금었다가 되돌려 주는 재앙이 저러할까?

눈에 보이는 천하는 삽시간에 물바다가 되고 말았다. 졸졸 흐르던 개울물이 차올라 길바닥으로 넘쳐나고, 마을 앞을 휘어 도는 개천은 강이 되어 도도한 기세로 논이고 밭이고 아귀처럼 모조리 집어 삼키며 휩쓸어 갔다.

그러다가 한나절이 되어서야 언제 그랬느냐는 듯이 햇빛이 쨍쨍 내리 쬐이더니 산 너머로 보란 듯이 무지개가 찬란한 모습을 드러냈다.

그러나 그것은 더 큰 물을 쏟아내려는 하늘의 시범동작 같은 것이었다.

다음 날 새벽에 나뭇가지를 휘던 태풍이 아예 나무를 뿌리째 뽑아버리고 담장을 무너뜨렸다. 여러 차례 번개가 화등잔같이 방안을 환히 밝히더니 뒤이어 뇌성이 고막을 찢어놓을 듯 우르릉 쾅쾅 해 댔다. 그리고 하늘은 또 다시 폭우를 쏟아내기 시작했다. 얼마나 퍼붓는지 마당이 패이고 지붕이 무너질 것 같았다.

"아무래도 집을 둘러봐야겠소!"

한성민은 뇌성 번개를 무서워하는 아내를 꼭 껴안고 있다가 못내 불안해서 이불을 박차고 일어났다.

"여보, 삽이나 괭이 들지 마세요. 위험해요! 그리고 우산도요!"

"이 바람에 우산을 어찌 쓰겠소. 그냥 나갔다 올 테니 당신은 밖에 나오지 말고 방안에 가만히 있어요."

한성민은 신중하게 말하고 작업복 차림으로 밖으로 나갔다. 마당에 내려서니 이건 비가 아니라 폭포수의 거센 물살 같았다. 섬돌 아래 발을 딛자마자 몰아친 폭우를 동반한 폭풍에 한순간 몸을 바로 가누지 못하고 휘청했다. 보통사람이었으면 몇 걸음 떠밀려 갔을 수도 있었다. 그러나 그는 이내 자세를 곧추세우고 잠깐 눈을 감았다 뜨더니 별 힘들이지 않고 장대 같은 빗줄기 속을 뚜벅뚜벅 걸어서 우선 집부터 한 바퀴 둘러보았다. 다행히 본채와 사랑채의 지붕과 흙 담장이 천년을 버티어 온 고목처럼 꿋꿋했다.

그러나 대문 옆에 수십 년을 집지킴이처럼 묵묵히 서있던 감나무의 큰 가지가 꺾어져 하늘 높이 솟았던 잔가지를 제 몸통에 늘어뜨렸다. 그리고 사랑채와 헛간을 빙 두른 담장 흙이 군데군데 허물어져 곧 무너질 것 같았다.

자연미를 내느라고 장독 가에 가져다 놓은 여러 개의 큰 돌을 들어다가 허물어진 담장 여기저기를 임시방편으로 메워서 무너지지 않도록 해두었다. 그리고 덮개 없는 하수도 물이 마당으로 넘쳐서 막힌 곳을 손으로 파헤쳐 물이 잘 빠지도록 한 뒤에야 안심했다.

"여보, 어서 옷 갈아입으세요!"

강서영은 마루에 서서 마른 옷과 수건을 들고 초조하게 기다리고 있다가 남편이 일을 마치고 섬돌 위에 올라서기 바쁘게 수건부터 내밀었다. 뇌성 번개가 내리치고 거센 폭풍에 폭우까지 쏟아지는데도 할 일을 다 하는 남편이 걱정스러웠으나 워낙 태연해서 심장을 조이게 하던 뇌성 번개가 이제는 무섭지가 않았다.

"당신, 천둥소리를 그리도 무서워하더니!"

"이젠 안 무서워요. 죄 지은 게 있어야 무섭죠!"

"하긴! 마음이 무서워서 무섭지, 천둥 벼락이 무서운 게 아니니 당신도 이제야 그걸 깨달은 모양이오!"

"그럼요! 당신을 보니까 무서울 게 없다는 걸 알았어요. 어서 방에 들어가세요. 감기 드실라."

"곧 날이 밝을 텐데 그때 비바람이 좀 그치면 논에 가서 물꼬도 터주고 쓰러진 나락도 묶어서 세워야겠소. 당신은 좀 더 자도록 해요."

"아니에요. 잠도 다 깼고 있다가 당신과 같이 나갈래요. 근데 폭우가 그칠 것 같지 않아요. 계속 내리면 어쩌죠?"

"하늘이 머금었던 것이라 사나운 폭풍도 한계가 있소. 비바람이란 본래 그치기 전에 더 퍼붓고 발악을 하기 마련이라서 해뜨기 전에 멈추겠지요. 걱정하지 말고 잠시 눈을 붙였다가 날이 개이면 일어납시다."

한성민은 예사롭게 말하고 두 손을 깍지 끼어 뒷머리를 받치고 편안히 누웠다. 그녀는 남편 곁에 가만히 드러누우며 고개를 갸웃했다. 지금 쏟아지고 몰아치는 비바람의 기세로 보아서는 떠오르는 해마저 집어삼킬 것 같은데, 아침에 해가 뜰 것이라는 예측이 믿기지 않았다.

그러기라도 하면 애써 지은 농사를 그나마 조금이라도 건질 수 있으련만 아침에도 폭우가 그치지 않으면 논이고 뭐고 다 망가뜨릴 것 같아 불안했다. 그런데 남편은 눈을 감아 깜박 잠이 든 것 같은데 가만히 입술을 움직여 잠꼬대 같은 뜻밖의 소리를 하기 시작했다.

"어둠 속의 거친 비바람은 아침을 넘기지 못하고,
폭풍같이 쏟아내는 말은 고요함 앞에서 그친다.
천지가 빛 앞에 오래지 못하는데
하물며 사람이랴!
아, 도의 "고요함이여!"
하고 말하더니 이내 코를 곯았다.
맨정신으로 한 말일까?
잠꼬대로 한 말일까?
천지가 뒤집어질 듯 폭우와 폭풍이 아수라장을 만드는 이 판국에 근심걱정 하나 없이 도를 말하는 그가 기이하기만 했다.

그러나 아침 해는 떴다.

남편이 말한 대로 해 뜰 시간에 어둠이 걷히더니 그리도 난폭하던 폭풍이 잦아들고 폭우도 뚝 그쳤다. 잠깐 사이 깊이 잠이 들었던 그는 꿈속에서 날이 밝은 줄을 알았는지 정확히 때맞추어 눈을 떴다.

그리고 주섬주섬 비옷을 걸치고 나서기에 그녀도 부리나케 옷을 갈아입고 수건을 목에 걸쳤다. 이때 선희도 깨어 있다가 함께 일복 차림으로 방문을 열었으나 그가 아침식사나 준비해 놓으라 이르고는 바삐 삽을 찾아들었다.

마을 밖은 온통 물바다였다.

마을을 초승달 모양으로 빙 둘러 흐르던 개울은 온 데 간 데가 없고 큰 강 하나가 도도하게 흐르고 있었다. 마을로 들어오는 다리에는 여기가 길이요 하고 안간 힘을 다해 버티어 선 수양버들 끝가지가 성난 물결 위에서 금방 잠길 듯 위태위태했다.

그러나 다행히 좀 높은 지대에 있는 그의 논은 대부분 물에 잠기지 않았다.

뛸 듯이 기뻐한 그녀는 얼른 논에 들어가서 쓰러진 벼를 묶어 세우고, 그는 급히 물꼬를 터주어 넘치는 논물을 강으로 흘려보냈다. 그리고 무너진 논두렁이며 언덕을 보수하기 시작했다.

일을 다 하려니 집에 가서 아침식사도 할 겨를이 없어 선희가 바구니에 간단히 차려온 도시락 같은 음식으로 대충 허기를 때우고 곧바로 일을 시작했다. 논일을 다한 뒤에는 다시 밭으로 가서 넘어진 깨와 고춧대를 바로 세우고 나서야 내내 굽히고 있던 허리를 펴서 쉴 수가 있었다.

하지만 그것도 잠시였다.

집으로 막 돌아와서 손발을 씻으려는데 바로 이웃집 아낙네가 사색이 돼 허둥지둥 마당으로 들어서며 기절할 듯 소리를 내질렀다. 남편이 무너진 흙 담장에 묻혔다 하였다. 그는 손을 씻다 말고 아내더러 얼른 침통을 가지고 따라오라 이르고 삽을 들고 뛰쳐나갔다.

그런데 가서 보니 사람이 흙 속에 묻힌 것이 아니라 무너진 담장의 돌이 한쪽 다리를 골절시켜서 일어나지 못하고 있었다. 흙은 엉덩이와 허리를 좀 덮고 있을 뿐이었다. 그는 얼른 돌을 들어내고 흙은 걷어낼 것도 없이 그대로 사람을 들쳐 업고 마루에 누이고 골절 부위에 침을 놓았다. 그리고 마침 선희가 들고 온 비상약을 바르고 붕대로 감아놓았다.

신이 진노했는가?

원혼들의 한풀이 한마당인가?

무슨 놈의 하늘이 또 물을 쏟아내기 시작했다.

낮에 쨍쨍 햇빛이 쏟아져서 이만쯤에 멈춘 줄 알았는데 밤이 되기 무섭게 먹구름이 별을 가리더니 번개가 날카롭게 어둠을 가르고 우레가 산천을 뒤흔들었다.

그리고 연이어 빗물이 몇 방울 떨어지다가 이내 쫙 쫙 하고 퍼붓기 시작했다. 그나마 잠시라도 그치면 좋으련만 밑빠진 독에 물 새듯 밤새껏 쏟아냈다가 그쳤다가 또 쏟아내기를 반복해서 천지를 개벽시킬 듯하였다.

그러다가 새벽에 뚝 그쳐서 아침에는 얄밉도록 해가 눈부시게 떠올랐다. 그러나 줄어들었던 강물은 더 불어나서 아예 수양버들 끝 가지마저 집어 삼켰다.

좀 더 지나서는 어제까지 멀쩡하던 그의 논도 잠겼다. 그런데 그만하면 다행이겠으나 점점 높아지던 수위에 들판을 보호해 주던 큰 강의 둑이 기어코 무너지고 말았다.

불어난 물이 노도와 같이 닥치는 대로 뒤덮어 온갖 것을 둥둥 띄워 흘려보냈다. 흙탕물에 둥둥 떠내려 가는 둥치 큰 나무와 누군가의 집 지붕, 그리고 거센 물살에 허우적이지도 못하는 소와 돼지…!

강서영은 남편과 마을 앞 나지막한 민둥산에 올라 거의 반이나 잠긴 들판을 바라보고 발을 동동 굴렸다. 물 위의 참상도 참상이지만 여름 내내 가뭄에 물 대느라 그 고생을 했는데, 그리고 어제는 끊어질 듯 아픈 허리를 참고 참으면서 묶어 세운 벼가 잎사귀조차 보이지 않았다. 보이는 것이라고는 누런 흙탕물만 넘실대니 억장이 무너져 눈물만 펑펑 쏟아졌다. 선희는 올케를 달래다가 덩달아서 눈물을 그렁그렁 머금더니 이내 주르르 흘렸다.

그런데 그는 무엇을 바라보는지 흐르는 강물을 주시하다가 갑자기 산 아래로 내달렸다. 그와 동시에 아이가 물에 빠졌다! 하고 누군가 외치는 소리가 들리고, 물 구경 나온 사람들이 발을 동동 굴렀다.

한성민이 물가에 도착하자 아이의 아버지가 물속에 첨벙 뛰어들었다. 그러나 워낙 물살이 사나웠다. 바로 눈앞에 떠내려 가는 아이를 구하기는커녕 거센 물살에 몸을 가누지 못했다. 오히려 물에 휩쓸려 갈듯 휘청거려서 위태위태했다.

그런데 그때였다.

누군가 쏜살같이 물속으로 뛰어드는 한 사람이 있었다.

"여보!"

멀리서 보고 있던 강서영이 목이 터져라 외쳤다.

하지만 그녀는 말문을 닫고 어느 새 절뚝거리며 강으로 달려가고 있었다. 그리고 저만치 떠내려가는 아이를 향해 헤엄쳐 가는 그를 향해 강물에 뛰어들려 하였다.

"안 돼. 언니!"

마침 뒤따라 온 선희가 그녀의 허리를 끌어안았다.

"여보!"

강서영은 울부짖었다.

"저기 봐요! 언니! 오빠가 얼마나 헤엄을 잘 치는지 걱정하지 마세요."

한성민은 물속에 잠겼다가 떠오르고 잠겼다가 떠오르며 점점 강 가운데로 떠내려가는 아이 쪽으로 물살을 비스듬히 가로질러 사력을 다해 헤엄쳐 갔다.

놀라운 수영솜씨였다.

사람들은 그를 백면서생 쯤으로 생각하고 있었는데 저런 수영 실력이 있을 줄은 꿈에도 몰랐다. 그저 탄성을 지르며 손에 땀을 쥐고 지켜보았다.

한성민은 아이가 강 가운데로 떠내려 가 물속에 잠기기 직전에 덜미를 잡아챘다. 그런데 거의 기절했을 것이라 짐작했던 아이가 몸을 되돌려서 그의 목을 무섭도록 끌어안았다. 어디에서 그런 힘이 나오는지 휘감은 팔이 동아줄 같아서 떼어내기 어려웠다.

그러나 그는 침착했다.

물속으로 잠수해 들어가서 아이의 팔을 떼어낸 뒤에서 양 겨드랑이를 껴안았다. 그리고 배영의 자세로 발춤을 추며 흐르는 물길을 따라 내려가면서 조금씩 뭍으로 나가기 시작했다. 아이의 부모가 강물 따라 달려가고 사람들도 몰려갔다.

그런데 그녀는 능숙하게 아이를 구하는 남편을 보지 못했다. 아이와 함께 물속에 잠길 때 그만 정신을 잃고 넘어지고 말았다. 놀란 선희가 사지를 주물러서 겨우 눈을 뜨게 했다.

그때쯤 그는 강 하류 저만큼 떨어진 곳에 닿아 아이를 안고 뭍으로 걸어 나오고 있었다.

3년 전 식중독으로 설사를 쏟아냈던 명식이라는 바로 그 아이였다. 그 아이의 똥맛을 보게 했던 계모가 달음질쳐 달려와 통곡하고 아비는 자식이 죽은 줄 알고 제정신이 아니었다. 그러나 그는 침착하게 인공호흡으로 아이를 소생시켜 놓았다. 그리고 깨어나 절뚝이며 기를 쓰고 달려온 그녀가 남편의 목을 끌어안고 엉엉 소리내어 울었다.

비단 그들 마을만이 아니었다.

이 해 불어 닥친 태풍과 폭우로 전국 대부분이 심각한 피해를 입었다.

도시와 농토 곳곳이 물에 잠기고 해일이 바닷가 집들을 덮쳐 삼켰다. 수많은 어선들도 풍랑에 좌초되고 산사태, 무너진 길, 그리고 인명 피해도 적지가 않았다.

그러나 빛의 땅이라서 일까?

대한민국은 그나마 온전한 편이었다.

이웃한 중국과 일본은 말할 것도 없고 여러 나라가 더 큰 홍수에 한 도시 전체가 물에 잠기기도 하고 지진으로 집과 건물의 파괴는 물론 수많은 목숨을 잃었다.

그뿐이 아니었다.

세계 도처에 화재가 발생하고 열대지역에 큰 눈이 내리는 등 불가사의한 개벽의 징조가 산발적으로 일어났다.

개벽 때 살아남을 십승지 十勝地

한민족의 대 예언서 <격암유록格菴遺錄>을 한 문장으로 묶으면 이러하다.

"개벽의 날, 열 집 중 한 집만 살아남고 다 죽으리라. 요사한 마귀가 사람의 마음을 흐리게 하나니, 이에 현혹된 자도 마귀와 함께 다 죽으리라. 나를 죽이는 자 그 누구인가?

불의, 불충, 불효, 음란, 속임, 빼앗음, 죽임, 배반, 모함… 온갖 죄이며, 그중에서도 남의 귀신 섬기고 제 조상을 배척하는 자는 그 화가 불구덩이 같으니 황량한 벌판에서 죽어간들 누가 돌보랴!

개벽을 당하여 누가 살아남을 것인가?

오직 마음속의 진리十勝地, 십승지에 드는 자라. 한 분 진인께서 개벽으로 마귀를 멸하신 뒤에 십승지에 든 자만 살리시어 영생하게 하시리라." 하였다.

그리고 마음속 십승지에 든 밝은 이와, 십승지에 들지 못한 죄인에 대해 한민족의 위대한 경전 <참전계경參佺戒經>에서는 이같이 말했다.

"밝은 이는 후덕하여 큰 덕을 받아서 하늘과 땅을 맡아 교화하며, 비참한 일을 당하지 않는다. 신선의 골격으로 몸이 변할 것이며, 이슬을 마시는 학과 같은 백발의 동안으로 수명을 늘린다.

그러나 밝지 못한 이는 천지 기운에 전신이 불타 없어지리라. 악한 귀신이 몸에 붙어서 행동할 때마다 남의 분노를 사고 혀를 문드러지게 할 것이다.

남녀노소가 아울러 칼날에 해를 당하고, 아버지의 화를 자식이 받고, 악한 사람의 아내는 지아비와 함께 화를 입을 것이며, 지아비 없는 아내는 자식이 함께 화를 입으리라." 하였다.

한성민은 이 두 가지 가르침이 시기적으로 보아 현실로 다가올 날도 머지않은 것으로 판단했다. 개벽의 징조가 여러 곳에 나타나고 있는 데다가 인간이기를 포기한 원혼들의 분탕질이 극에 달했기 때문이었다. 그리고 폭풍이 지나고 나면 고요가 찾아오듯 물, 불, 바람이 쓸고 간 개벽의 아침은 살아남은 자만이 하늘 덕을 입어 신선의 골격으로 이슬을 마시는 학처럼 수를 누리게 될 것이라 확신했다.

그러면 어떤 것이 참 진리의 땅인 십승지인가?

한성민은 이에 대한 교훈을 한민족의 경서 중에서도 진리훈眞理訓을 지목했다.

그것은 유, 불, 도, 그리고 하느님의 사상을 다 함축한 선도仙道의 정수였다.

그러므로 그 내용만 다 깨우치고 행하면 붓다, 공자, 노자의 난해하고 방대한 자료를 굳이 읽고 사유할 필요조차 없는 최상의 교훈이었다.

그래서 그는 선도仙道를 펼침에 진리훈을 정신적 지침으로 선택했는데 그 내용을 이와 같이 해석하였다.

"사람과 만물은 다 같이 세 가지 참本性, 성품, 목숨, 정기을 받았으나 오직 땅에서 온갖 욕망에 미혹되었으니, 세 가지 더러움몸을 유혹하는 느낌, 악함, 혀, 피부 등의 촉감이 뿌리를 내리니, 참과 망이 서로 싸우면서 더러움의 길을 걷게 되었다. 말하자면 참성품과 참목숨과 참정기를 사람은 온전하게 받았으나, 만물은 치우치게 받았는데, 참성품에는 악함이 없으니, 윗 밝음맑은 정신, 상단전, 위 하느님이 참과 통하면 목숨이 청정하여 탁함이 없고, 가운데 밝음중단전. 신을 호위하는 신령들이 참과 통하면 정기가 두터워서 야박함이 없으며, 아래 밝음하단전, 인간 자신이 참과 통하면 인간 자신이 하느님으로 회귀하는 것이다. 말하자면 마음과 숨 쉬는 기와 육신이 문제다. 중생심의 마음이 참성품에 의지하여 선악을 짓는다. 착하면 복이 되고 악하면 화를 입을 것이며, 숨 쉬는 기는 맑은 목숨에 의지하여 깨끗하고 탁함을 짓나니, 맑으면 오래 살고 탁하면 일찍 죽는다. 육신은 정기에 의지해 후하고 박함이 있나니, 정기가 후하면 귀하고 야박하면 천하다.

말하자면 마음으로 느끼고, 코로 숨 쉬며, 피부로 감각되는 것이 굴러서 열여덟 가지 경계가 돌고 돌아 천하고, 일찍 죽고 화를 입는 것이다. 느낌은 기쁨, 놀람, 애통함, 분노, 탐욕, 미워함이고, 숨쉼은 향내, 악취, 추위, 더위, 건조, 습함이며, 감각되는 것은 소리, 색깔, 냄새, 맛, 음란, 부딪침에 무리지어 내던져져, 착하고 악하고 맑고 탁하고 후하고 야박하고가 상대적으로 잡된 경계를 쫓아서 함부로 내달리다가 나고, 자라고, 늙고, 병들어 죽는 고통의 나락으로 떨어진다. 현명한 사람은 느낌을 멎고, 숨을 고르게 쉬면서 감각을 금함을 한뜻으로 행하여 망령됨을 고쳐서 참되면 크게 신령함을 발하니 본성을 통하여 공덕 공력 등 일체를 이룬다." 하였다.

성性은 착한 본성이요 신이며, 창조와 영원한 생명의 빛, 명命은 비바람에 허물어져 가는 집처럼 죽음으로 끌고 가는 파괴의 신이요 목숨, 정精은 성의 빛을 지속시키는 신이요 다함없이 보존하는 생명의 정기精氣… 이 셋을 만물은 치우쳐 받고, 인간은 온전하게 다 갖추었으니 만물의 영장靈長이요 신의 분화물이니 영생의 존재인 것이다.

참성품은 착함도 없고 악함도 없어서 상천上天의 밝음과 통하고, 참목숨은 맑음도 없고 탁함도 없어서 중천中天의 밝음과 통하고, 참정기는 두터움도 없고 얕음도 없어서 하천下天의 밝음과 통하여 보존하면 참이치로 돌아가 하느님과 하나가 되는 것이다.

착함도 악함도 없고, 맑음도 탁함도 없고, 두텁고 얕음도 없음은 무엇을 의미하는가?

진실은 분별할 수 없는 한도 없고 끝도 없는 불멸의 하나이기 때문이다. 착하다 하면 악함이 상대적으로 존재하고, 맑다 하면 탁함이 상대적으로 존재하고, 두텁다 하면 얕음이 상대적으로 존재하니 참착함도 아니요, 참맑음도 아니요, 참두터움도 아닌 것이다.

상천, 중천, 하천은 또 무엇인가?

상천은 인간의 탈을 벗겨내 하늘신과 통하는 상단전의 정신계精神界이고, 중천은 중생의 육신의 껍질을 벗겨내 죽음의 파괴를 걷어내고 불사의 생명을 보존케 하는 중단전의 욕계欲界이고, 하천은 영육靈肉을 끝내 지키지 못하고 고갈되는 중생의 정기를 영원 불멸케 하는 하단전의 생명계生命界라, 이를 가감없이 지키면 물방울이 바다가 되듯 하느님과 한몸이 되는 것이다.

마음心과 기운氣과 몸身은 또 무엇인가?

마음은 참본성에 의지해 착하고 악함이 있나니 착하면 복이요 악하면 화가 미치고, 기운은 참목숨에 의지하여 맑음과 탁함이 있으니 맑으면 오래 살고, 탁하면 일찍 죽고, 몸은 참정기에 의지하여 두텁고 얕음이 있으니 두터우면 귀하고 얕으면 천하니라.

마음은 본성에 의지해 본래 착하나 욕망이 악하게 함에 화를 입고, 기운은 파괴되지 않는 목숨에 의지해 본래 온전하나 오염에 물들어 일찍 죽고, 몸은 정기에 의지해 본래 불멸하나 정욕을 낭비해 천하게 되는 것이다.

무리들은 세 가지 더러움을 짓는다 하였다.

느낌과 숨쉼과 촉감이다. 이 세 가지가 변하여 열여덟 가지 더러움이 생기는데, 느낌은 기쁨, 슬픔, 공포, 성냄, 탐욕, 미워하는 마음이고, 숨쉼은 향기, 술, 냄새, 차가움, 뜨거움, 건조함, 습함이요, 촉감은 소리, 색깔, 맛, 음란, 감각, 냄새이다.

느낌은 욕망에 의한 온갖 번뇌요, 숨쉼은 오염된 기를 마심이며, 촉감은 육신의 쾌락, 그로 인해 마음이 악해지고, 목숨이 탁해지고, 정기가 고갈됨이다.

착하고 악함, 맑고 탁함, 두텁고 얕음을 서로 섞어서 더러운 지경을 함부로 내달리다가 나고, 자라고, 늙고, 병들고, 죽는 고통에 떨어지는데, 밝은이는 느낌을 그치고, 탁한 기를 마시지 않고 고르게 숨을 쉬며, 쾌락의 촉감을 금하여 일심으로 행한 즉 망령됨이 바뀌어 신령한 기미가 크게 일어나니 본성과 통하여 그 공덕이 이루어지는 것이다.

생로병사生老病死의 고통은 심기신心氣身의 감感, 숨呼吸, 촉觸의 욕구에 의해 발생하니, 이를 금하면 신령한 본성과 통하므로 이에 십승지에 드는 것이다.

이와 같이 진리훈을 해석한 그는 십승지에 들 수 있는 방편을 선도수행이라 생각했다.

그리고 이 법을 하루속히 알려야 할 때가 임박했음을 알고 마음이 급해 지난 한해 가뭄과 홍수에 농사 피해가 이만저만이 아니었으나 단안을 내리고 초겨울에 상경했다.

지은 농산물을 내다 팔아서 목돈을 쥐기는 어려워도 그나마 식구가 셋뿐이라서 한 일 년 먹고 살기에는 부족함은 없다 싶어 상경하는 데 크게 마음에 걸리는 것은 없었다.

더욱이 아내가 함께하는 데다 동생 선희도 동행해서 오히려 예전보다 마음은 편했다.

한성민은 계획했던 대로 강철호의 수련원에다 짐을 풀었다. 그리고 예전의 이름을 바꾸어 선도수련원이라는 간판을 새로 내걸고 선희가 기거할 방도 하나 더 꾸며놓았다.

서울 올 때 장인 장모가 친히 시골까지 내려와서 함께 있자고 사정도 하고 강권도 했으나 굳이 마다했다. 처갓집 생활이 불편해서가 아니라 새롭게 출발할 선원仙院을 제대로 운영하기 위해서는 수련원에서 숙식하는 것이 나을 듯해서였다.

선원을 개원한 첫날에는 찾아온 수련생이 모두 십여 명에 지나지 않았다.

강철호의 사건으로 풍비박산이 된 수련원이라 옛 사람들은 아무도 찾아올 것 같지 않았는데 뜻밖에도 대부분 그들이라 놀라웠다.

그러나 알고 보니 소진수 사범이 한성민이 직접 지도한다며 일일이 전화해 설득한 덕분이었다. 며칠이 지나서는 장인 장모가 은퇴해 하릴없이 소일하는 선후배 친구들을 대거 스무 명이나 모아와 처음부터 선원 운영이 순조로웠다.

한성민은 수련생들을 오전과 저녁에 한 번, 오후에는 두 번으로 나누어서 되도록이면 소수 인원으로 한 반을 조직해 직접 지도했다.

그리고 토요일 하루는 한 주일 동안 배운 수련법을 반복 연습하게 하되 2시간을 할애해 특강하는 날로 정하고, 일요일은 자율수련을 하게 하였다.

교육 프로그램은 처음 한 달간은 건강을 위주로 집에서 아침과 저녁으로 손쉽게 행할 수 있는 양생수련법을 가르쳤다.

그리고 웬만큼 체력이 길러진 다음에는 숨을 고르게 쉬고 정신을 집중하는 수련법을 가르쳤다. 그가 가르치는 법은 고대로부터 내려오는 한민족의 전통기공법이었다.

어떤 행법은 무술에 가까운 활기법이어서 나이가 많은 장인 장모 또래 수련생들은 불과 한 달 만에 활력이 넘친다며 서로 자랑할 정도였다.

그러다 보니 입소문이 널리 퍼져 불과 석 달 사이에 수련생이 오십 명이나 더 불어났다. 이렇게 되자 초급, 중급, 상급반으로 나누어서 아내와 소진수가 도와주어도 일손이 모자랄 지경이었다. 할 수 없이 선희도 양생법을 배워서 초급반을 가르쳤다.

4개월째 되는 날부터는 처음부터 배운 수련생들한테는 단전호흡을 가르치기 시작했다. 그는 새로운 한 가지를 가르칠 때는 반드시 토요일 특강 때 그 이치와 이론을 충분히 강의한 다음에 실습시켰다.

그런데 단전호흡에 대해서는 잘못 알려진 학문적 논리와 호흡법을 바로 인식시켜 주기 위해 별도의 시간을 할애할 수밖에 없었다.

그 내용을 집약하면 이러하다.

단丹이란 진리의 불씨에 집중한다는 뜻이며, 불씨는 양기로서 정신의 정기와 본성의 빛인데, 이 빛으로 음기陰氣로 차가운 육체의 정기精氣를 비추어 기르는 것이라 하였다. 사람은 본래 태어나기 전에는 혼백이 하나로 묶여져 있었으나 태어남과 동시에 혼백이 둘로 갈라져 죽을 때까지 만나지 못하므로 생로병사의 고통을 받는다.

그러므로 상단전의 정신의 양기로 하단전의 육체의 음기에 집중해 진리의 불씨를 기르는 것이며, 이 불씨가 자라고 자라서 나중에 독맥과 임맥이 저절로 유통된다.

이때 가슴 중앙, 즉 중단전이 열려 황홀한 불씨가 나타나는데, 이것이 바로 본성이며, 이 본성을 봄으로써 도를 얻은 신인神人이 되는 것이며, 이 법이 바로 부처가 녹야원에서 최초로 돌렸다는 법륜法輪이라 강조했다.

그리고 단전은 사람의 몸 세 곳에 있다.

상단전은上天 참성품性의 곳으로서 양 눈썹 사이 인당에 있으며, 중단전은中天 참목숨의 곳으로서 본성 신神이 거하는 가슴 중심부 심장에 있으며, 하단전은 참정기의 곳으로서 배꼽 아래 2치 반쯤에 있다.

사람이 참성품을 내지 못하는 것은 마음이 항상 밖으로 나돌아다니기 때문이다.

마음이 몸 밖으로 나가는 횟수가 많으면 많을수록 생명의 기가 빠져나가 수명이 짧아진다. 그러므로 발광하는 마음을 거두어서 상단전에 회귀시키면 천지 기운이 따라 들어와 생명을 지킨다.

하단전은 육신의 정기가 보관돼 있는 곳이다.

온갖 육체의 욕망과 수고로움이 많을수록 정기가 급히 고갈된다. 음험한 번뇌의 의식계意識界이므로 양기인 상단전의 참 성품으로 집중하면 떨어졌던 혼백이 자연히 하나로 묶여서 진리의 씨앗이 심어지고 이것이 자라서 임독맥, 즉 법륜이 돌아가는 것이다. 이로써 중단전이 열려 본성의 신이 황홀하게 나타나는 것이라 하였다.

그리고 또 말했다.

단전호흡이란 아랫배를 불룩이어서 숨을 들이쉬고 내쉬는 것이
아니다. 진실로 법륜을 돌린 부처의 법에 의하면 배꼽 아래 2치 반
에 마음의 바위 하나를 세우고 제 3의 눈인 인당으로 집중에 집중
을 거듭하되 숨은 잊어야 한다.

그러면 음양의 기가 파도처럼 출렁이며 허리에 띠를 두르는데,
이때 마음이 미친 듯이 발광하므로 용맹한 집중이 필요하다 하
였다.

또 말했다.

만약 호흡수련을 하려거든 먼저 고요히 오장육부를 관하고, 심신
이 고요해졌거든 호흡하되 숨을 들이쉬면 들이쉰다 하고 생각하고,
내쉬면 내쉰다 하고 생각하고, 들숨과 날숨의 분기점에서는 용맹하
게 집중해 마음을 붙들어 매야 한다. 물론 이때도 배를 들락거리는
것이 아니라 오직 숨에 마음을 따르고 마음에 숨을 따르는 것이다.
이 법은 부처가 설한 안반수의安般守意. Anapanasati, 들숨, 날숨, 집중이니 착
오가 없다 하였다.

한성민은 이와 같이 강연한 뒤에 실습에 들어갔다.

친히 자세를 바로잡아 주고 한 사람 한 사람을 자세히 살펴서 감각
의식 등에 의해 마음이 움직이면 즉시 그 기미를 알아차리고, 감각되
면 감각을 여의려 하지 말고 인정하여 감각되는 곳에 마음을 두고,
의식되는 것이 있으면 의식을 억지로 여의려 하지 말고 의식되는 것

에 마음을 두게 해 저절로 감각과 의식의 집착에서 벗어나게 하라 하였다.

그렇게 가르치자 그대로 법을 행한 수련생들 중에 비록 짧은 순간일지라도 무아에 드는 찰나에 황홀한 빛을 보거나 어둠, 또는 별천의 세계를 경험했다는 입소문이 늘어나기 시작했다.

한성민이 수련생들을 지도한 지 6개월이 지나자 소문을 듣고 찾아온 수련생들이 순식간에 백 명을 훌쩍 넘었다. 아내와 선희가 돕고 소진수 사범이 쉴 사이 없이 일해도 수련생들을 다 수용하기 어려웠다. 그래서 능력이 있어 보이는 남녀 젊은이들을 몇 명 선택해 사범으로 키울 생각으로 유심히 그들을 관찰했다.

그러던 어느 날 토요일 오후 특강을 하고 나서 질문을 받을 때였다.

30대 중반으로 보이는 한 젊은이가 벌떡 일어서더니 질문이 있다 하였다. 왜소한 체격에 키는 그리 크지 않으나 생김이 옹골차서 여간해서는 꺾이지 않을 자존심과 의지가 굳고 당차 보였다.

그런데 이 젊은이의 질문이 엉뚱했다.

"선생님, 운명이란 무엇입니까?"

하고 큰 소리로 묻는 것이 아닌가!

수련장이 쩡쩡 울리도록 목청이 높은데다 특강내용과는 전혀 다른 질문이어서 사람들이 젊은이를 의아한 눈초리로 바라보기도 하고 소리내어 키득키득 웃기도 했다.

"그대는 운명이란 말뜻이 무엇이라 생각하는가?"

한성민은 젊은이가 당돌하기는 해도 표정이 사뭇 진지해 보여서 정색하고 반문했다.

"제가 알기로는 초월적인 어떤 힘에 의해 의지와 상관없이 전개되는 삶이라 생각합니다!"

젊은이는 여전히 목청이 높았다.

"틀린 말은 아니네만 그대는 그 힘을 느껴 보았는가?"

한성민은 젊은이가 무언가 힘든 일에 봉착해 제 의지를 펼 수 없는 한계를 느끼고 묻는 것이라 직감하고 짐짓 무거운 목소리로 물었다.

"예, 지금 느끼고 있습니다!"

젊은이가 마치 상관한테 보고하는 군인처럼 씩씩하게 대답했다. 잠자코 듣고 있던 사람들의 웃음이 한꺼번에 터져 좀 숙연하던 분위기가 순식간에 화기애애하게 바뀌었다.

"지금 느끼고 있다?"

"예! 실은… 제가 말입니다. 좋은 대학 나오고 대학원도 마치고 공부도 잘했거든요. 그런데 이상하게 취직이 되지 않습니다. 저보다 공부 못한 사람도 일류기업에 다 들어가는데도 말입니다."

이번에는 젊은이가 좀 기가 죽어서 목소리가 한풀 꺾였다. 그리고 부끄러웠던지 머리를 긁적이고는 자리에 앉았다.

그 모양이 순진해 보여서 사람들이 키득키득 웃기도 하고 이해가 되는지 딱한 표정을 지어 연신 고개를 끄덕이는 이들도 있었다.

그런데 그때 또 한 청년이 벌떡 일어나더니 그 젊은이를 친구라 지칭하고 거들고 나섰다.

"이 친구는 무언가 앞을 가로막는 힘의 존재를 운명이라 인식은 하고 있지만 논리적으로 이해를 못합니다. 물론 저도 그렇고요."

말하는 품새로 보아 청년도 그 젊은이와 같은 처지에 있는 것 같았다. 훤칠한 키에 떡 벌어진 어깨하며 사내다운 기상이 엿보이기는 하지만 얼굴이 희고 곱상하니 학자풍이었다.

"질문한 두 젊은이들! 그냥 앉아서 나의 질문에 대답해 주게. 만약 말일세. 모든 인간이 마치 복제해 놓은 것처럼 같은 체격과 같은 두뇌와 품성, 그리고 같은 지혜를 지니고 같은 얼굴을 하고 태어난다면 어떻게 될까?"

"글쎄요… 재미가 없을 것 같은데요!"

처음 질문한 젊은이가 부끄러워하던 때와는 달리 큰 소리로 대답했다. 그 어투가 어린아이 같은 천진한 장난기가 묻어 있어서 모두들 폭소를 터뜨렸다.

"재미가 없을 것 같다… 그도 그렇겠군! 아무튼 사람은 애시당초에 차별되게 태어나게 되어 있었지. 그렇기 때문에 수십 억 인간이 다 제각각이 아닌가. 심지어는 쌍둥이까지도 똑같지가 않다네. 그러므로 평등할 수가 없어서 부자와 가난, 귀와 천, 현명한 자와 어리석은 자 등등으로 차별되겠지. 그러면 왜 인간은 이처럼 평등하지 못하게 태어나야 하는가? 이것이 운명을 가름하는 중요한 원인이거니와 그런 원인을 제공하는 자는 다름 아닌 무위한 하늘일세."

"잠깐만요, 선생님! 운명을 가름하는 어떤 초월적인 힘이 무위한 하늘이라 하신 말씀 잘 이해가 되지 않습니다. 어떻게 하늘이 인간의 운명을 좌지우지할 수 있습니까? 하늘은 말이 없잖아요?"

이번에는 제일 앞에 앉아 열심히 귀를 기울이고 있던 한 아가씨가 일어나 씩씩하게 말했다. 여자로서 알맞은 키와 체격에 피부가 좀 가무잡잡한 그녀의 머리카락이 어깨를 덮었다. 생김새가 야무진데다가 표정이 사뭇 꿋꿋해서 여성치고는 당돌해 보였다.

"아가씨 이름을 물어 봐도 되겠는가?"

"네! 진경숙이라고 합니다!"

"진경숙이라… 그럼 진경숙이란 이름을 가질 수 있도록 태어나게 한 분은 누구인가?"

"저의 부모님이십니다만…?"

진경숙이 당연한 것을 묻는 말이 이상해 얼른 대답을 못하다가 의아스럽게 대답했다.

"그렇지! 부모님이시지… 부모님은 육신을 주셨지. 그런데 그대의 영혼은 어디로부터 왔을까? 부모님 두 분의 영혼이 그대 육신 속에 들었다면 그대 영혼은 하나가 아니라 남녀 둘이어서 한 육신 속에 함께 존재할 테니 그럴 수는 없을 테고."

"그… 그건 저도 잘 모르겠습니다."

진경숙이 당당하던 아까와는 달리 우물쭈물하다가 자리에 털썩 주저앉았다.

한성민은 간단히 대답해 주어도 될 것을 너무 깊이 있는 말을 했다 싶었다. 그러나 기왕 한 말이니 어물쩍 넘어갈 수는 없고 이야기도 길어질 것 같아서 탁자 옆 의자에 앉았다.

"그대의 영혼은 천상천하에 독존하는 유일한 존재이지. 왜 독존이라 하는가? 인간의 영혼은 그 자체가 유일자唯一者의 분화물로서 유일자와 본래 하나이기 때문이다. 그러나 땅에서 업을 지어 그 기운이 참나인 독존의 영혼을 휘감아 나 아닌 나로 행세하게 된 것이다. 업을 비유하자면 보석이 참나이고, 그 보석의 빛을 가린 오염된 진흙과 같은 중생심衆生心이 바로 업인 것이다.

"업이라면 전생에 지었던 원인을 말씀하세요?"

진경숙이 앉은 채 진지하게 반문했다.

"그렇다. 그것이 바로 중생심이며 지금 그대의 마음인 것이다."

"그럼 업의 앙금이 현세에 마음으로 나타나는 것이군요?"

진경숙이 알겠다는 듯 고개를 끄덕이며 말했다.

"잘 이해했다. 이 중생의 마음은 반드시 그 마음이 원하는 대로 코드가 맞는 인연을 찾아가기 마련이다. 그대 역시 그대 부모와 코드가 맞는 인연이었기 때문에 그 자식으로 태어났다. 그런데 하늘은 그렇게 인연을 찾아가는 영혼을 무위하게 버려 둔다. 그래서 무위의 하늘이 운명의 원인이라 하였다. 그러나 사실 알고 보면 인간 자신의 마음이 운명의 원인이었다. 그럼에도 내가 왜 무위의 하늘이라 하였을까?"

한성민은 질문을 던지고 잠시 좌중을 둘러보았다.

대답은 없어도 사람들의 기대어린 눈길이 초롱초롱 빛나고 있었다.

"그 까닭은 인연을 찾아가도록 하늘은 그렇게 철리로써 안배해 놓았기 때문이다. 마치 아둔한 동물이 본능적으로 트인 길을 따라가서 밖으로 나오도록 인위적으로 꾸며놓은 미로와 같다고나 할까!"

"…!"

"그 철리哲理는 사시사철 낮과 밤으로 순환하는 자연법칙에 그 비밀이 숨겨져 있다. 밤낮이 바뀌면 하루가 지나고 사계절이 바뀌면 한 해가 지난다. 이것은 무엇을 의미하는가? 한 해가 지나면 그만큼 늙어가는 것이니 한 달, 하루. 그리고 시시각각 지나는 시간들이 바로 생로병사의 자연법칙인 것이다."

"…!"

"그러면 계절의 그 무엇이 생로병사를 전개시키는가? 바로 기운과 기후다. 봄에 싹이 트고 꽃이 피며 여름에 무성하게 자라서 가을에 열매 맺었다가 겨울에 죽지 않느냐. 이는 천지기운과 기후가 그렇게 하는 것이다."

"…!"

"사람 역시 마찬가지다. 사람의 육신이 특별한 것 같지만 길거리의 풀잎과 다름이 없다. 흙地, 물水, 불火, 숨 쉬는 기氣, 風 이 네 가지 물질적 요소로 이루어져 있는 자연 그 자체이기 때문이다."

"아, 선생님 저의 몸은 보잘것없는 것이었군요?!"

진경숙이 자신도 모르게 작은 소리로 말하고는 고개를 떨어뜨렸다.

"경숙 양, 보잘것없다 비하하지 말아라. 사람의 몸에 천지가 다 들어 있으니 지극히 귀하다. 흙, 물, 불, 기라고 하지만 그 영혼은 신이니 사람의 육신이 신의 집이다. 그대는 그대의 집이 귀하지 않은가?"

"……!"

"하지만 천지 기운과 기후의 영향을 받아서 자연처럼 육신은 늙고 병들어 죽기 마련이다. 늙고 병들어 죽음이 무엇인가? 바로 운명이 아니냐? 아니 영원히 피할 수 없으므로 숙명이라 해야겠지."

"선생님, 그럼 삶의 운명도 피할 수 없는 것 아닙니까?"

처음 질문했던 청년이 다시 벌떡 일어나 질문하고는 답을 듣기 전에는 앉지 않겠다는 듯 우두커니 서 있었다.

"끝까지 잘 들어보아라."

하고 그가 말하자 털썩 주저앉았다.

"삶의 운명이라… 그대가 그걸 물었었지?"

"……?"

"부귀빈천의 운명은 능히 바꿀 수가 있다!"

한성민은 아까보다 큰 소리로 당당하면서도 단호하게 잘라 말했다.

"……!"

사람들은 그 소리에 놀라움의 눈동자를 번뜩였다. 그러나 그는 목소리를 낮추어서 침착하게 차근차근 말하기 시작했다.

"육신이야 지수화풍이니 자연으로 돌아간다고는 하지만 삶은 무형의 기운에 의해서 전개되고, 그 기운은 인간의 마음으로 얼마든지 부릴 수가 있으므로 가능한 것이다."

하고 말한 뒤 잠시 뜸을 들인 뒤 계속했다.

"인간에게는 선천적인 것과 후천적인 것이 있다. 선천은 그 전생의 업과 조상으로부터 내림돼 온 업의 기운이고, 후천은 태어나면서 받는 무위의 천지 기운이다. 이 선후천의 업의 결정체와 태어나

면서부터 맞이하는 무위한 천기기운의 영향에 의해 운명은 좌우된
다."

"……!"

"운명은 삶과 건강을 아울러 하는 말이다. 그래서 운運이란 천지
기운에 수레바퀴처럼 굴러가는 인간의 육신과 마음이며, 명命은 하
늘의 뜻, 또는 하늘의 뜻을 교육한다는 의미가 있다. 따라서 운명의
진정한 의미는 하늘이 인간에게 내리는 뜻을 알아차리고 처신을
겸손하게 하라는 것이다."

"……!"

"마지막으로 인간의 운명을 전개시키는 계절과 밤낮의 기운과
기후를 변화시키는 하늘의 철리哲理는 무엇으로부터 시행되는가?
그것은 지구의 자전과 공전에서 그 원인을 찾을 수 있다. 지구가 공
전하여 태양의 북쪽으로 향하면 겨울이 되니 만물이 얼어 죽고, 동
쪽으로 향하면 따뜻한 풍이 일어나 봄이 되니 태어나 꽃이 피고, 남
쪽으로 향하면 열기가 일어나 여름이 되니 무성하게 자라고, 서쪽
으로 향하면 메마름이 일어나니 열매 맺고 시들며, 북쪽으로 향하
면 찬 바람이 일어나니 죽어 묻힌다."

"……!"

"이렇게 지구는 자전과 공전으로 제 몸통을 굴림으로써 천지기
운을 변화시키는 철리로서 만물의 생로병사의 숙명을 전개시키는
것이다."

"……!"

"이제 할 말을 다했으니 그래 진경숙 양, 아니 여기 계시는 모든

분들은 이러한 하늘의 철리를 가슴에 새겨서 늘 겸손하고 처신을 바르게 하기 바랍니다. 우리가 선도 수행을 공부하는 것도 운명의 수레를 바르게 알고 바르게 끌어가기 위함입니다."

한성민은 할 말을 다하고 강연을 마치려 하였다. 그래서 의자에서 일어서려 하는데, 진경숙이 때를 놓칠 새라 말보다 몸부터 먼저 화급히 일으켜 세웠다.

"친절하게 많은 말씀으로 이해시켜 주신 선생님께 감사드립니다. 하지만 한 가지만 더 묻게 해주세요. 이 의문은 저만이 아니라 여기 계신 모든 분들, 아니 세상의 모든 사람들이 알고 싶은 의문이라 생각합니다."

"그런가? 그렇다면 말해보라."

"아까 하신 말씀 중에 운명은 바꿀 수 있다고 하셨습니다. 참으로 귀가 번쩍 뜨이는 말씀이셨습니다. 세상 어느 누가 자기 운명을 의지대로 바꾸고 싶지 않겠습니까? 하지만 그 방법을 모릅니다. 운명을 바꿀 수 있는 방법을 말씀해 주셨으면 합니다."

진경숙이 말하고 사내처럼 씩씩하던 태도를 바꿔 이번에는 부드럽고 얌전한 여성답게 다소곳이 자리에 앉았다. 그녀를 향했던 사람들의 눈빛이 일제히 그를 향했다. 눈동자에 맺힌 기대와 희망의 빛이 어둠이라도 밝힐 것 같았다.

"잘 질문했다. 인간은 운명을 바꾸어야 할 책무가 있으니… 책무란 전생으로부터 내림돼 온 업을 수레바퀴처럼 굴려서 살아가면 마치 더러운 진흙에 몸을 굴리는 것처럼 업은 더 쌓이기 마련이다. 그러므로 빙빙 돌려서 옷을 씻는 세탁기처럼 업을 닦아내야 할 책임과 임무가 자신에게 있는 것이다. 누구를 위해서가 아니라 오직 독존하는 자기 자신을 찾기 위해서! 그래서 생로병사의 고통에서 벗어나 신인합일神人合一의 대도를 구현하기 위해서 말이다."

"문제는 업을 어떻게 씻어내는가 입니다. 저희는 그것을 알고 싶습니다."

진경숙이 다시 일어나 말하고는 제 자리에 앉았다.

"지금 그 이야기를 하려 한다. 무엇으로 업을 씻어내어 운명을 바꿀 것인가?"

"……?"

"그 법은 가장 쉬우면서도 가장 어려운 데에 그 이치가 숨어 있다."

"…..?"

"숨과 마음이 그것이다!"

"……?"

"숨은 생명의 원기元氣를 들이쉬고 생명을 갉아먹는 탁기를 배출해 낸다. 마음은 정신을 신의 성역으로 이끌만한 능력이 있다. 그런데 숨은 마음에 의해 쉬어지고, 마음은 숨에 붙어 떨어지지 않는다. 마음이 급하면 숨도 급해지고 마음이 고요하면 숨도 고요해지니 마음과 숨은 이와 입술처럼 불가분의 관계이다."

"…..?"

"마음이 사라지면 숨도 사라지고, 마음이 다시 일어나면 숨도 쉬어지고, 숨이 죽으면 마음도 죽고, 숨이 쉬어지면 마음도 다시 살아난다."

"……!"

"아까 내가 말했듯이 숨은 생명의 원기를 들이쉬고 생명을 갉아 먹는 탁기를 배출한다고…!

생명의 원기는 무엇인가?

이것을 프라나parana라 하거니와, 신의 영기로운 창조의 빛으로서 영원한 생명을 줄 뿐만 아니라 인간을 새롭게 변화시킨다. 프라나에 의해 만물이 탄생되고 길러지는 것이니 무엇이나 창조해내지 못할 것이 없다."

"……!"

"그러므로 마음을 곧고 바르게, 그리고 고요하게 하되 잡념에 물들지 않도록 용맹하게 원력을 세워서 정진하면, 숨으로 업의 기는 배출되고 창조의 프라나가 숨으로 들어와 육신을 영기롭게 해준다.

그러기에 운명은 바뀌어지는 것이다.

지금 내가 진경숙 양한테 아니 여러분들한테 배워주고 있는 선도 수행이 바로 마음을 바르고 곧게 해서 숨으로 프라나를 받아들이고 업의 기를 배출하는 법이다. 열심히 하면 반드시 뜻을 이루게 될 것이다."

한성민은 근엄한 표정으로 입을 다물었다.

그리고 좌중을 둘러보며 또 누가 질문할지 살폈다. 그러나 하나같이 침묵할 뿐 아무도 질문을 하려하지 않았다.

이에 그는 강연을 마치겠다 하였다.

그러자 잠에서 깨어난 듯 모두들 찬사의 뜻을 힘찬 박수로 대신해 줘 죽은 듯이 고요하던 수련장이 떠나갈 듯했다. 그들 중에서 장인장모는 어깨춤을 출 듯이 두 손을 높이 들어 박수의 여운이 끝날 때까지 아프도록 손바닥을 마주쳤다.

한성민은 아내더러 오늘 질문한 세 젊은이를 방에 데려가 기다리고 있으라 하고는 마침 다가오는 장인 장모를 맞이했다.

"한 서방, 오늘 저녁식사는 집에서 하게. 내가 할 얘기도 좀 있고!"

장인이 아직 강연내용에 도취돼 있는지 마주서자마자 상기된 표정으로 말했다.

"네, 아버님, 그리 하겠습니다."

"아, 이 사람아! 자네 장모는 토요일만 되면 자네가 집에 올 줄 알고 이것저것 준비해 놓고 언제나 오나 하고 때가 늦도록 기다리는데 그리 무심해서야 원!"

장인이 안쓰러운 얼굴로 탄식하듯 말했다. 그런데도 장모는 그저 사위가 좋아서 어디 불편한데나 있는지 이모저모 살피기만 하였다. 남다른 장모의 정을 느껴온 그는 가슴이 찡하고 송구스러워서 할 말을 잃었다.

"여보, 우리는 어서 갑시다. 이 사람 지금 바쁘니까 이따가 집에서 보기로 하고."

사위의 마음을 읽었는지 장인이 서둘러 말하고 장모의 손을 잡아 끌었다. 이때 마침 아내가 나와서 세 젊은이들이 아까부터 기다린다며 그를 재촉해 송구함을 덜 수 있었다. 부모 앞에서는 언제나 어린아이인 그녀는 매달리듯 아버지의 팔짱을 껴서 건물 밖에까지

나가 배웅하고 돌아왔다.

한성민은 그때까지 오늘 질문했던 세 젊은이를 앞에 앉혀 놓고 묵묵히 차만 마시고 있었다. 태도로 보아서는 면식이 전혀 없는 사람들과 마주 앉아 있는 것 같았다. 그러니 세 젊은이들은 괜스레 긴장되고 분위기가 어색해서 멀뚱멀뚱 얼굴만 서로 쳐다보았다. 그러다가 눈짓으로 누가 먼저 말해 보라고 진경숙과 처음 질문했던 젊은이가 신호를 주고받았다.

한성민은 그들이 하는 양을 짐짓 못본 체하면서도 속으로는 일거수일투족을 살피고 있었다. 그들이 질문할 때 첫인상부터 여러 가지로 자신과 인연이 깊다는 느낌을 강하게 받았었다. 그래서 그들을 사범으로 교육시키면 장차 크게 쓰일 인물이 될 듯해서 보자고 했던 것이다. 하지만 속단해서는 안 되겠다 싶어 말없는 가운데 그들의 됨됨이를 관찰하고 있었다.

"당신 왜 아무 말씀도 안 해주세요?"

강서영이 의아했다.

남편이 젊은이들을 부른 이유가 궁금해서 부랴부랴 돌아왔는데, 서로 의견이 맞지 않아 토라져 있는 사람들처럼 적막하고 서먹서먹한 분위기가 이상했다.

그러자 젊은이들이 원군을 만난 듯 굽힌 허리를 곧추 세워서 궁금증이 잔뜩 어린 시선으로 그를 빤히 바라보았다.

"아, 참, 그렇군! 그런데 자넨 이름이 무어고 금년에 몇 살이지?"

한성민은 깜박 잊었다 생각난 것처럼 그제야 세 젊은이들을 차례로 둘러보고는, 왼쪽 첫 자리에 앉은 두 번째로 질문한 학자풍의 청년한테 시선을 주며 미소지으며 물었다.

청년은 당당한 체격과는 달리 당황하고 수줍은 빛을 띠었다. 그리고 자신이 그의 첫 관심의 대상이어서 의외라 싶었는지 잠깐 머뭇거리다가 마주 앉은 선희에게 눈길을 한 번 돌렸다가 대답했다.

"네, 저는 주성수라고 합니다. 나이는 서른일곱 살이고 아직 미혼입니다."

"그리고 자네는?"

한성민은 고개를 끄덕이고 처음 질문한 옹골차게 생긴 청년한테로 시선을 돌렸다.

"네, 저는 박희경이라 합니다. 나이는 이 친구와 같습니다. 역시 미혼이고요!"

역시 당찬 청년이었다. 웬만해서는 그의 눈을 바로 쳐다보지도 못하는데 박희경은 기가 죽지 않았다.

"선생님, 저의 이름은 아까 말씀드린 대로 진경숙이고요. 나이는 저 두 사람보다 세 살이나 어려요. 하지만 형들과는 대학원 동기생이고요. 작년에 졸업했는데 셋 다 백수예요. 백수! 우습죠?"

진경숙은 그가 묻지도 않았는데 먼저 애교스럽게 말했다. 그리고 주성수를 슬쩍 눈짓으로 가리키고는 무슨 생각에서인지 선희한테 눈길을 돌렸다.

"언니라고 해도 되죠? 언니, 이 형은요! 집도 부자고 아버지 유업을 물려받아도 될 텐데 글쎄 취직자리 구하러 다니지 뭐예요?"

하고는 두 사람을 번갈아 쳐다 보았다. 낌새로 보아서는 둘이 참 잘 어울린다는 속내가 엿보였다. 선희가 영문을 몰라 어리둥절해 하자 그가 재빨리 진경숙을 짐짓 꾸짖었다.

"경숙 양! 자네는 여자가 아니고 남자인가?"

"네에?"

"여자면 여자답게 오빠라고 해야지. 어째서 형이라 하는가?"

"……!"

박희경은 무안해서 얼굴을 붉혔다.

요즘 세상에 상식적으로 통하는 말인데 그걸 굳이 지적하고 엄하 게 나무라는 그가 고리타분하다는 생각보다 무섭게 느껴졌다. 늘 초연해서 범접하기 어려운 듯해도 이웃집 아저씨처럼 수더분해서 친근감이 있었는데 언행을 함부로 했다가는 큰일나겠다 싶었다.

하지만 그가 곧 부드러운 미소로 귀여운 어린아이 보듯 넌지시 시선을 보내서 이내 마음을 놓았다.

"자유분방한 시대의 흐름이 젊은이들로 하여금 별 뜻 없이 언어 를 변화시키기는 하지만, 남녀의 호칭이 엄연한데도 이를 바꾸어 지칭하는 것은 옳지 않다. 남편을 오빠 또는 아빠라 하는데 남편이 오빠면 남편은 자식의 외삼촌이 되고 아내는 이모가 되지 않나. 더 욱이 남편이 아빠가 되면 자식은 누가 되나? 또 아내를 엄마라 부 르는 사람도 있더군! 이는 도덕을 문란케 하는 언어의 유희일세. 언 어의 유희는 정신적으로도 질서를 무너뜨리기 마련이니까."

"죄송해요, 선생님 앞으로는 주의할게요."

자못 상기된 표정으로 말한 진경숙이 허리까지 굽혀 다시는 그런 호칭을 쓰지 않겠다는 의지를 내보였다. 그러더니 금방 화사하게 안색을 바꿔 앞으로 오빠라 부르겠다 하고는 두 사람은 팔자에 없는 누이동생 하나 생겼으니까 한 턱을 내라며 좌중을 웃겼다.

그러자 박희경이 얼른 말을 되받았다. 그동안 여동생이 없어서 섭섭했는데 잘 됐다 하였다. 그러나 이내 표정을 굳혀서는 자신이 한 턱 쏘기는 하겠지만 노처녀에다 사내 같은 말괄량이라 걱정이 태산이라며 고개를 설레설레 내저어 폭소를 자아내게 하였다.

그런데 주성수는 웃지 않았다. 힐끔힐끔 선희한테 시선을 보내다가 웃음이 잦아들자 조심스럽게 말을 꺼내 분위기를 바꾸어 놓았다.

"저어기 선생님, 선도를 강의하시면서 빼놓지 않고 한민족 사상과 역사에 대해서 유독 많이 강조하시던데 저도 상당히 공감하는 부분이 많았습니다. 하지만 이해 못하는 부분도 솔직히 있었습니다."

"흐음… 그랬어? 그대들 모두 재야 사학자들과 고고학자들의 글을 많이 읽어보게, 그리고 나서 다시 이야기하세."

한성민은 주성수가 뜻밖에 역사 이야기를 하자 더 질문하지 못하게 말문을 막아버렸다.

역사의 진실을 말하자면 밤을 새도 시간이 모자랄 뿐만 아니라 그간 배워서 각인돼 있는 역사 인식을 거의 깨뜨려야 하므로 먼저 인식의 틀을 깰 수 있도록 스스로 공부해 보라 했던 것이다. 그리고 굳이 기존 사학자들이 쓴 책을 말하지 않은 것은 이미 알려진 대로 그 내용이 뻔해서 읽어볼 만한 게 없어서였다.

한성민이 그렇게 새로운 화제에 대해 언급하려 하지 않자 다시 분위기가 가라앉았다. 그는 마치 그때를 기다리기나 했다는 듯이 다시 말문을 열었다.

"자네들, 내가 보자고 한 것은 다름이 아니라 특별히 부탁할 말이 있어서였네. 그렇다고 자네들이 취직을 못했기 때문에 이런 말을 한다고는 오해하지 말게. 내가 자네들을 보는 바가 있어서 하는 말인데, 어떤가? 자네들 이곳에서 나와 함께 수련생들을 지도해 보지 않겠나? 말하자면 나한테 사범교육을 받고 나와 뜻을 함께 펴보자는 뜻이다."

"네? 저희가요?"

진경숙이 먼저 놀라서 반문했다.

주성수와 박희경은 뜻밖의 제안에 어안이 벙벙한 듯 휘둥그레진 눈을 잠깐 동안 깜빡일 줄 몰랐다.

"영원한 직업으로 선택하라는 뜻은 아닐세. 이것이 아니다 싶으면 언제든 떠나도 좋아. 하지만 스스로 판단해서 이것이 삶의 몫이란 확신이 가면 그때 가서 나와 평생 이 길을 함께 해보자는 뜻이야. 장차 내가 할 일은 한민족정신의 부활이며 그 중에서도 홍익을 실천하는 데에 있으니, 인연심이 일어나면 언제든 말해주기 바란다. 그럼 할 말을 다 했으니 이제들 가보게!"

한성민은 딱 부러지게 말했다.

그리고 쌀쌀맞게 세 젊은이의 대답을 들어 보지도 않고 자리에서 일어섰다.

세 젊은이들은 도깨비에 홀린 듯 멍하니 그를 쳐다보았다. 그리고 그가 아래로 축 처진 허름한 잠바를 걸쳐 입으며 외출하려 하자 꾸벅꾸벅 절하며 먼저 나가겠다며 자리를 떴다.

"집에 가시게요?"

"갑시다. 아까 아버님께 가겠다고 약속했었소."

"잠깐만요!"

강서영은 바쁘게 말하고 아직 입고 있던 수련복 대신 시골에서 입었던 대로 일바지에다 두터운 면 외투 하나만 걸쳐 입고는 남편을 따라 나섰다.

"언니, 다른 옷 입고 가세요. 오랜만에 친정에 가는데 화장도 좀 하고요."

"오빠가 먼저 나가시네요. 아무렴 어때요? 이 옷이 편한 걸요."

"하지만!"

"아니에요. 괜찮아요. 아가씨, 금방 다녀올게요."

강서영은 남편이 항상 허름한 옷차림이어서 멋스러운 옷은 장롱 속에 넣어 둔 지 오래였다. 그러다 보니 옷은 그저 몸을 보호하기 위해 입는 것쯤으로 생각이 굳어져 있었다. 그리고 지금 입은 옷이 생활하는 데도 편하고 자유로워서 좋았다.

음력 1월 추위가 만만치 않았는데 어제 비가 내리더니 오늘은 포근했다.

살짝 얼었다가 풀어진 좀 질펀한 길을 건넌 한성민 부부는 마침 버스가 와서 오르기는 했으나 만원이라 사람들 틈 사이를 비집어야 했다.

한성민은 가까스로 버스 중간쯤에 자리를 잡아 아내를 좌석 옆에 서게 하고는 자신은 그 뒤에 서서 천장의 손잡이를 잡았다. 그런데 말쑥한 양복차림의 50대 중반의 장년이 그와 어깨가 맞닿은 데다 가랑이를 쩍 벌리고 기둥처럼 꿈쩍 하지 않고 완고하게 버티고 서 있어서 좀 불편했다. 게다가 기사가 성질이 급한지 빠르게 발진해서 몸이 심하게 한쪽으로 쏠려 하마터면 장년의 신사 발등을 밟을 뻔했다.

그런데도 기사는 무엇이 그리 급한지 아랑곳하지 않았다. 꼬리에 꼬리를 물고 늘어서 가는 차들을 젖히고 곡예를 부리듯 이리저리 능숙하게 빠져나갔다. 자세를 바로잡을 수가 없어서 앞뒤 옆 할 것 없이 사람들과 심하게 몸이 부딪치는 데도 막무가내였다.

그렇게 내달리니 예상시간보다 10분이나 앞당겨서 목적지 가까운 곳에 도착했다. 하차할 곳이 두어 정거장만 남았다.

그동안 사람들도 많이 내렸다.

성가시게 이리저리 부딪치는 사람들이 없어서 여유가 있었다. 그런데 바로 옆의 장년은 꿈쩍도 않고 두 다리를 쩍 벌리고 제 자리에 떡 버티고 서 있어서 불편했다. 할 수 없이 사내를 피해 옆으로 한 발 옮겨 놓으려고 한 손으로 아내 어깨를 잡은 채 천장 손잡이를 놓고 발을 막 들었다.

그런데 그와 동시였다.

기사가 또 급발진해 미처 몸을 가눌 사이가 없었다. 들었던 발을 제 자리에 놓기도 전에 헛디뎌 그만 옆의 사내 발등을 밟고 말았다.

그리 심하게 밟은 것은 아니었다. 발바닥에 전해지는 감각을 느낌과 동시에 재빨리 발을 들었으므로 아프지는 않았을 것이라 순간적으로 직감은 했다.

그러나 잘 닦아놓은 번쩍이는 구두에 흙이 묻었다.

"죄송합니다."

한성민은 즉시 정중하게 사과하고는 엎드려서 구두에 묻은 흙을 닦아주려 하였다. 그런데 사내의 반응이 뜻밖이었다. 험악하게 눈을 부릅떴다.

"이 새끼 정신을 어디다 두고!" 하고 냅다 소리를 지르더니 다짜고짜 그의 뺨을 후려갈기는 것이 아닌가!

철썩! 하고 소리가 들릴 정도였다.

그뿐이 아니었다.

사내는 촌놈의 새끼라며 연이어 그의 정강이까지 걷어찼다. 순간에 일어난 일이어서 그녀가 미처 말릴 틈이 없었다.

엉겁결에 맞은 그는 정강이가 몹시 아플 텐데도 그런 기색을 전혀 보이지 않았다. 잠깐 눈을 감았다 뜨고는 대수롭지 않은 듯 다시 한번 정중하게 고개를 숙이려 하였다.

하지만 그녀는 참지 않았다.

다급히 남편의 앞을 가로막아 서서는 분함이 극에 달해 말을 제대로 하지 못했다. 대신 펄펄 끓는 분노의 눈초리로 사내를 뚫어져라 노려보며 곧 달려들 태세였다.

그러나 그는 아내를 가만히 다독여 뒤로 물러나게 하고 사내에게 더럽혀진 구두를 닦아주겠다며 손수건을 꺼내 허리를 굽히려 하였다. 사내는 좀 찔리는 구석이 있었던지 필요 없어! 하고 소리를 꽥

지르더니 가운데 문 쪽으로 슬그머니 자리를 옮겨갔다.

강서영은 분을 못 참아 눈물을 펑펑 쏟았다. 다음 정류소에서 사내가 내릴 때는 울컥 치미는 욕설을 다독이는 남편의 손길 때문에 겨우 참아냈다.

하지만 남편이 당한 치욕이 가슴이 미어지게 아파서 친정집에 가서도 옛날에 쓰던 제 방에 들어가 혼자 울었다. 어머니가 달래도 쏟아지는 눈물을 주체할 수가 없었다.

"이제 다 울었소?"

장인과 함께 있던 그는 아내의 눈물이 그칠 때를 짐작하고 있다가 방으로 들어가 조용히 말했다. 아내를 바라보는 그의 눈길이 은근해서 도무지 수모를 당한 사람 같지가 않았다.

"저의 수모는 참을 수 있어도 당신이 받은 수모는 참을 수 없어요. 너무 분해요!"

"나는 수모를 당한 적이 없소."

"예? 뺨도 맞고 다리도 걷어차이고… 어머, 참! 당신 아프지 않으세요?"

"아프지 않았소, 아팠다면 나도 화가 났겠지. 하지만 아프지 않았으니까 아무렇지도 않았소. 그리고 나는 수모를 당한 적도 없소."

"……?"

"생각해봐요. 내가 좋은 옷을 입고 있었으면 그 사람이 나를 때렸을까? 그 사람은 나의 옷을 보고 때린 것이니 옷이 맞았지 나는 맞은 적이 없소. 그리고 당신한테 누가 선물을 주는데 받지 않으면 그 물건은 누구의 것이겠소? 바로 그 사람의 것이오. 그 사람이 나에게 수모를 주고 욕했으나 그 수모와 욕을 나는 받은 적이 없으니 그 사람 것이오. 그러니 당신은 조금도 마음에 두지 말아요."

"당신의 그런 마음을 누가 알겠어요!"

"이런 말이 있지요."

"…?"

"나의 말은 쉽고 행하기도 쉬운데, 천하가 알지 못하고 행하지도 못하구나.

내가 한 말은 어진 이의 근본인데, 오직 무지하므로 알아듣지 못하네.

나의 말이 드물어서 귀한데, 성인은 젉 베옷을 입었어도 속엔 옥을 품고 있다."

하고 말이오.

"당신의 그 도의 깊이를 누가 알까? 오늘따라 당신 앞에서 저는 너무 초라하군요."

강서영은 그제야 분을 풀었다.

분노도 슬픔도 없었다. 그러나 바다와 강처럼 남편과 비교되는 자신의 얕은 사유의 깊이에 기가 죽어 처연한 생각도 들었다.

"아니오, 아니오! 그런 말 하지 말아요. 당신이 곧 나인데 어찌 그런 말을! 아주 쉬운 이치를 나는 생각했고 당신은 생각하지 않았던 차이 뿐이었소."

한성민은 아내가 그런 생각을 하리라고는 미처 예상하지 못했다. 그래서 소침해진 마음을 편하게 해줄 양으로 연이어 말했다.

"내가 당신을 사랑할 때 당신의 부와 미모를 사랑한 것이 아니라 당신이란 사람 자체를 사랑하였소. 내가 당신의 부와 미모를 사랑했다면, 나는 당신을 진정으로 사랑하는 것이 아니라 부와 미모를 사랑한 것이니 아까 나의 옷을 보고 때린 그 사람과 다를 바가 무엇이겠소? 당신 역시 나라는 사람을 사랑해서 나와 결혼했던 것이오. 이런 이치를 당신은 말하지 않아도 이미 알고 있으나 생각하지 않았을 뿐이잖소? 아니 생각할 필요도 없지요. 사랑 그 자체를 굳이 확인할 필요가 없을 테니 말이오. 이것이 진정한 무위의 앎이니 당신은 생각이 얕은 것이 아니었소. 격한 감정이 앞서 생각할 겨를이 없었을 뿐이었지.”

“당신은 차암 사람의 마음을 편하게 헤아려 주네요. 이제 됐어요. 저 아무렇지도 않으니까 마음 쓰지 마세요. 네!”

그제야 그녀는 밝게 웃었다.

깃털처럼 여리게 흔들리는 마음도 놓치지 않고 배려해 주는 남편의 따뜻한 속내가 그저 고마울 따름이어서 무어라 더 할 말도 없었다. 되레 자신의 마음을 헤아리고 있을 남편에게 미안했다. 그래서 좀 애교스럽게 웃음지어 그의 팔짱을 껴서 어머니가 기다리겠다며 어서 식탁으로 가자고 하였다.

그러는 아내가 보기 좋아서 그는 가벼운 걸음으로 주방으로 내려갔다. 그리고 식탁이 가득차게 올망졸망 놓인 반찬들을 보고 장모의 정성에 감읍했다.

한성민은 서재에서 단 둘이 마주 앉은 장인이 새삼스럽게 느껴졌다. 두터운 검은 테 안경에 백발이 성성한 머리, 그리고 넓은 이마와 희고 반듯한 얼굴은 사업으로 성공한 사람 같지 않은 영락없는 학자풍이었다. 그래서 사람은 생김새대로 운명의 길을 걷는다 했을까? 한창 번창해 가던 사업을 미련 없이 정리하고 삶의 방향을 바꾸어 독서와 여행으로 여생을 보내니 틀린 말은 아닐 성 싶었다.

"한 서방!"

저녁식사를 마치자마자 자신을 서재로 불러들였을 때는 무언가 심각하게 할 말이 있을 것이라 생각한 그는 굵직하고 침울한 장인의 음성에 좀 긴장했다.

"네, 아버님…"

"듣자하니 자네가 아이를 갖지 말자고 했다던데 그러면 쓰나. 벌써 3년 일세! 그동안 우리 두 늙은이가 얼마나 손자를 기다려 왔는지 아는가?"

"송구스럽습니다."

한성민은 그제야 장인의 침중한 표정을 이해했다.

"이야기를 들으니 애 나이 때문에 피임을 한다던데 그럴 것 없네! 옛날에는 나이 50줄에도 애를 잘도 낳았네. 더구나 지금은 의술도 뛰어난데 걱정할 것 뭐 있나? 하루속히 아이를 갖도록 해주게. 우리와 함께 살자 해도 굳이 마다하고 손자까지 안겨주지 않겠다니 무슨 낙으로 살겠나?"

장인이 낙담한 표정으로 잠깐 눈을 감았다가 떴다. 짙은 외로움이 노안에 면면히 서려 있어 마음이 아팠다. 그러나 아내가 임신하면 위험이 불원간에 닥칠 수 있다는 것을 알고 있는 그로서는 선뜻 대답하기가 난처했다. 그렇다고 어른을 실망시킬 수는 없어서 잠시

고심하던 끝에 신중하게 대답했다.

"말씀대로 하겠습니다. 너무 심려치 마십시오."

"정말인가 자네?"

장인의 얼굴이 금방 활짝 개였다.

잠자다가 놀라서 일어난 사람처럼 눈도 휘둥그렇고 벌어진 입가엔 웃음이 넘쳐흘러 오히려 나중 일이 걱정스러웠다.

후일 임신 소식을 듣지 못하면 얼마나 실망할지 저어했다. 그러나 그것은 나중의 일이고 우선은 좋게 대답했다.

"네, 실망시켜 드리지 않겠습니다."

"그러면 그렇지! 우리 사위가 천도를 어길 리가 없지! 자네가 강연할 때 자식을 낳는 것은 천지의 도를 따르는 것이라 하지 않았나! 하하하, 됐네. 되었어!"

장인의 기쁨은 이만저만이 아니었다.

손자를 보는 것이 저리도 반가울까? 하긴 사람은 죽어도 육신의 정기를 자식과 손자의 손자에 대물림돼 약 5대까지는 그 정기가 살아 있는 것이나 마찬가지여서 그럴 것이다.

그러니까 육신은 죽어도 그 정기가 살았다 함은 겨울에 죽은 나무가 그 씨앗에 생명의 정기를 남겨놓은 것과 같으므로 육신이 죽어도 죽은 것이 아니라 할 수 있다.

그래서 자식을 위해 제 목숨을 내놓거니와 이는 만물을 생산하는 도의 본질을 타고났기 때문이리라!

"여보, 우리 사위가 드디어 손주를 안겨 주겠다는구려!"

장인은 즉시 자기 아내와 딸을 서재로 불러들여서 싱글벙글 말하였다.

장모의 기쁨은 장인보다 열 배는 더한 것 같았다. 사위의 손을 덥석 잡아 고맙다며 눈물까지 글썽이었다. 그녀는 뜻밖의 소식에 어리둥절하면서도 금방 눈시울이 뜨거워졌다.

"그러면 한 가지 결말은 지었고… 에… 또, 한 서방!"

장인이 분위가 좀 잠잠해지자 이번에는 또 무슨 말을 하려는지 아까처럼 침중한 표정을 지어 뜸을 들여 말하다가 대뜸 정색을 하고는 그를 불렀다.

그런데 그가 네 하고 대답을 했는데도 다음 말을 얼른 꺼내지 못하고 우물우물 망설였다. 그러자 장모가 대신 말해 주었다.

"자네가 성품이 너무 곧아서… 내가 말해줌세. 나의 뜻도 같으니까. 다름이 아니라 이 집하고 부동산 좀 있는 거 자네한테 줬으면 하네. 자네 처의 몫은 3년 전에 떼주기는 했지만 사실 우리가 죽으면 이거 어디로 가겠나. 다 너희들 것이지. 그래서 기왕이면 자네 앞으로 돌려놓고 싶네."

"엄마 정말이에요?"

강서영은 뛸 듯이 기뻐했다.

딸이란 늘 그런 것이어서 그녀도 예외는 아니었다.

하지만 그는 당황했다. 제법 큰 빌딩이 하나 있고, 땅도 상당해서 돈으로 따지면 얼마인지 모를 정도라고 언젠가 아내가 귀띔한 적이 있었다. 그 많은 재산을 자신한테 다 넘겨주겠다는 장인의 뜻이 놀라울 따름이어서 무어라 대답해야 할지 몰랐다.

그러나 그는 이내 마음을 가다듬어 침착하고 정중하게 대답했다.

"그리 말씀하시니 몸 둘 바를 모르겠습니다."

"그럼 나의 뜻을 받아들이는 것으로 알겠네."

장인은 어련히 그럴 것이라 믿었는지 좋아라 하였다. 그런데 어딘지 씁쓸한 눈치가 엿보였다. 사양하지 않고 넙죽 받는 사위가 의외란 표정이었다.

"예, 아버님!"

한성민은 서슴없이 대답했다.

남편이 거절할까 봐 조마조마하던 그녀는 가슴을 쓸어내렸다. 그의 장모 역시 고개를 크게 끄덕여 한시름 놓고 말했다.

"고맙네. 한 서방! 우리는 또 자네가 혹시 마다하면 어쩌나 걱정했지!"

"아닙니다. 고맙게 받겠습니다. 하지만 아버님, 죄송한 말씀이지만 조건이 있습니다."

"조건?"

"네, 저에게는 평생 굶주리지 않고 먹을 만한 터전이 있습니다. 힘들기는 하지만 농사지을 땅만으로도 충분합니다. 그래서 주시는 재산으로 사회복지재단을 설립했으면 합니다. 물론 아버님께서 이사장직을 맡으셔서 대외적으로 아버님이 운영하시는 걸로 하셨으면 합니다. 어떻습니까? 허락하시면 기꺼이 받겠습니다."

"허어, 이 사람! 그러면 그렇지! 역시 내 사위일세! 안 그럼 자넨 거절했을 테지?"

장인은 그제야 씁쓸한 표정을 거두었다.

"네, 죄송합니다."

"아닐세! 나는 자네가 어떻게 나올지 짐작했지! 자네 성품으로 보아 일원 한 장 그냥 받을 리가 만무하고… 좋네, 좋아! 자네 뜻대로 하게. 이제부터 재산은 모두 자네 것이니까 재산 명의만은 무조건 자네 이름으로 할 테니 두 말 말게."

장인은 말하기가 바쁘게 벌떡 일어섰다. 혹시나 사위가 또 무슨 조건을 걸까 두려운 눈치였다.

"엄마, 아빠, 정말 훌륭한 생각을 하셨어요! 여보, 재산 명의야 누구의 이름으로 한들 어때요? 아빠가 하시자는 대로 하세요. 네?"

강서영도 남편이 선뜻 재산을 받겠다고 했을 때는 탐욕 때문이 아니란 것쯤은 알고 있었다. 어떤 방법으로든 사회에 환원할 것이라 생각은 했으나 복지재단이라고는 미처 예상치 못했었다. 그런데 막상 그 말을 듣고 보니 부모님의 여생을 위해서도 더없이 적절해서 기뻤다.

"알겠소. 그런데 두 분께 청이 하나 있습니다."

"청? 무슨 말인지 다 해보게!"

장인은 일어서서 서재를 나가려다가 엉거주춤 섰다가 마지못해 다시 제 자리로 돌아가 앉았다.

"다름이 아니라 두 분을 저희가 모셔야 하는데 그러지를 못해서 늘 죄송하게 생각하고 있었습니다. 그래서 언제부터 말씀드리려 했습니다만, 어떠신지요? 저희 고향 마을이 공기도 좋고 참 아름답습니다. 그곳에 전원주택을 지으시고 당분간 서울을 오가시다가 나중에 정이 드시면 저희와 함께 사셨으면 합니다."

"여보, 당신 어떻게 그런 생각을 다하셨어요? 엄마, 아빠, 어때요? 그렇게 하세요. 네?"

강서영은 뛸 듯이 기뻐했다. 워낙 이말 저말 하는 사람이 아니라 이해는 하고 있었으나 친정 부모에 대해 남편이 너무 무심한 것 같아서 섭섭한 마음이 없지는 않았다. 그런데 뜻밖에 자신보다 더 생각하고 함께 살 구체적인 복안까지 가지고 있을 줄이야!

두 노부부의 마음도 그랬다.

하나뿐인 딸이라 웬만하면 사위를 친자식처럼 생각하고 함께 살고 싶었다. 그렇다고 대놓고 그러자 하기에는 사위가 너무 범상한 인물이 아니어서 함부로 말하기도 어려웠다. 해서 딸이 없던 지난 3년간은 속만 타들어 가던 세월이었다. 집안이 텅 빈 것 같고 허전해서 지레 늙어지는 것 같아 한탄만 했었다. 그랬는데 함께 살자는 사위의 말을 듣고 귀가 번쩍 뜨였다. 왜 진작 그 생각을 못했을까 하는 생각도 들었다.

그리도 춥던 긴 겨울이 지나고 입춘도 지났다. 그러나 3월인데도 봄은 아직 오지 않았다.

이때쯤 가지에 잎은 내지 않아도 목련이 그 하얀 꽃망울을 틔울 만도 한데 겨우내 벗은 몸 그대로 모진 바람에 떨고 섰다.

찬바람을 타지 않는 양지바른 언덕에서야 파란 풀이 돋아나고 물 오른 개나리가 보일 듯 말듯 싹을 틔워 봄이 온 것만은 분명했다.

그러나 하늘은 무슨 심보인지 할퀴는 추위를 거두어 가지 않고 새 생명의 탄생을 훼방놓고 있었다. 게다가 웬 바람은 어찌나 그리 많이 불고 비를 자주 내리는지 하늘의 변덕을 가늠키 어려웠다.

하늘이 그 모양이라서 사람도 그런 걸까?

짜증도 잘 나고 이런저런 일로 다툼도 빈번해서 하루하루 세상사가 뒤숭숭했다. 하지만 인간의 만 가지 번뇌는 고요를 지키지 못하고 발광하는 마음 때문인 것.

중국의 선승禪僧 혜능이 큰 바람이 부는 어느 날 승려들과 앉았는데 한 승려가 바람이 분다 하니, 또 한 승려가 나무가 심하게 흔들린다 하고 말하는 소리를 듣고는 네 마음이 흔들린다 하였다던데, 다 그런 이유 때문일 것이다.

바람이 부는 것도 그렇고 나무가 흔들리는 것도 마음이 고요하면 느껴지지 않는 법, 천지의 변덕이 아무리 심해도 평상심을 잃지 않으면 짜증도 싸울 일도 없으니 범부의 마음이 그리 할 뿐이다.

그 이치를 알고 있는 한성민은 수련생들에게 오늘은 고요함을 따르라 강조했다. 고요를 지키면 설사 천둥이 지축을 뒤흔들고 시퍼런 칼날 같은 번개가 벼락을 내리쳐도 마음이 흔들리지 않고, 마음이 흔들리지 않으므로 평상심을 유지할 수 있다 하였다.

물론 날씨 때문에 혹은 집 안과 밖에서 사사로운 일로 감정의 변화를 일으키지 않으므로 슬픔도 괴로움도 없으며 성내고 싸울 일도 없으니 이것이 곧 십승지에 든 것이며, 십승지가 바로 도의 세계라 가르쳤다.

그리고 고요를 지키기 위해서는 몸의 안과 밖을 관찰하되 용맹하게 하라 강조했다. 용맹이란 마음 밖에서 침범하는 천지 기운과 기후와 잡다한 세상사, 그리고 내부에서 일어나는 업의 발광을 전쟁터에 나간 장수처럼 꿋꿋하게 막아내고 쳐부수어서 본래 고요한 자아를 지킨다는 뜻이라 하였다.

한성민은 강연을 다 한 뒤에 수련생들에게 몸을 관하는 법을 세세하게 설명하고 앉는 자세까지 시범을 보였다. 그런 뒤에 모두들 명상에 들게 한 다음 소진수를 손짓으로 불렀다.

"나는 잠시 방에 가서 쉴 테니 한 사람 한 사람 살펴서 몸의 미세한 움직임까지 놓치지 말고 소리 없이 지적해 주게."

그리고 조용히 수련장을 나왔다.

그런데 뜻밖에 주성수를 비롯한 세 젊은이들이 문 밖에서 기다리고 있었다. 그들은 자신을 따르면 어떻겠느냐 하고 의사를 타진한 그 다음날부터 근 한 달이나 모습을 보이지 않았다. 그는 무슨 일이 있는가 하고 궁금해 하던 차라 그들이 반가워서 한 사람, 한 사람 손부터 마주잡아 그 마음을 전했다. 그리고 마지막으로 잡은 진경숙의 손은 놓지 않고 모두들 방으로 가자고 하였다.

"선생님, 손이 따뜻해요."

진경숙이 좋은지 활짝 웃었다. 그리고 그의 보폭에 맞추어 성큼성큼 걸었다. 그 모습이 영락없는 남자 같아서 박희경이 좌우지간 선머슴이 따로 없다니까! 하고 히죽였다. 그 말을 듣고 가만히 있을 진경숙이 아니었다.

"뭐 어때? 부러워서 그러지?"

하고는 혀를 날름 내보였다.

"뭐가 괜찮아? 선생님 앞에서 까불기는!"

무표정하던 주성수가 한 마디 했다.

그러는 사이 그들은 그의 방문 앞에 이르렀다. 강서영이 문을 열고 어서 오라며 반갑게 맞이하자 그의 손을 얼른 놓은 진경숙이 얌전한 숙녀처럼 몸가짐을 바르게 하고 예의부터 차렸다. 방에 들어가서는 그가 앉을 때까지 주신수를 필두로 나란히 섰는데 진경숙의 표정이 가장 진지했다.

"어서들 편하게 앉게!"

하고 그가 좌정하자 대표격인 주성수가 두 사람을 곁눈질했다. 서로 눈길을 주고받은 그들은 약속을 하고 왔는지 동시에 넙죽 큰절부터 하고 일어서 무릎을 꿇고 앉았다.

"선생님! 저희들은 오늘부터 선생님 말씀을 따르기로 했습니다."

주성수가 공손하게 말했다.

엉겁결에 절을 받고 의아해하던 그는 내심 기쁘면서도 얼른 대답하지 않았다. 짐짓 정색을 하고 표정을 무겁게 해서 좀 뜸을 들였다가 대답 대신 질문부터 하였다.

"그대들은 지난 한 달간 무엇을 생각하고 무엇을 배웠지?"

"제가 먼저 말씀드리겠습니다."

주성수가 먼저 나섰다.

"편하게 앉아서 말해보게."

"그날 선생님께서 한민족정신의 부활을 말씀하시고 나서 생각한 바가 많았습니다. 그런데 언젠가 강연하실 때 전쟁으로 나라가 망하면 더 굳세게 일어설 수 있다. 그러나 정신을 빼앗기면 나라는 영원히 멸망한다는 말씀을 듣고 정신이 번쩍 들었습니다. 생각해 보니 저 자신부터 종교와 민족정신, 그리고 문화와 역사 모든 면에서 타민족의 것에 오염돼 있다는 사실을 깨닫고 충격이 컸습니다. 그리고 부끄러웠고요. 그래서 결심했습니다."

"선생님 저의 생각도 같습니다!"

박희경이 맹세라도 하듯 큰 소리로 공감을 표시했다.

"선생님, 저는요 지금까지 배워서 알고 있었던 우리 역사에 대한 인식을 깨기로 했어요. 그동안 재야 사학자들의 저서를 사다 읽고 친구 선후배들과 토론도 많이 했거든요. 그리고 오빠들과 밤을 새가며 토론했습니다. 아무도 이견이 없었습니다."

진경숙은 말에다가 높낮이를 둔 발음으로 제 생각을 뚜렷하게 내보였다.

"셋이서 토론했다면 경숙 양 자네가 두 사람을 설득했겠군!"

한성민이 넌지시 진경숙을 쳐다보았다.

진경숙은 깜짝 놀랐다.

어떻게 알았을까? 도통하면 사람의 마음을 꿰뚫어 본다더니 순간적으로 섬뜩했다. 사실 주성수와 박희경은 처음에는 상당히 망설였다. 웬만한 기업체 취직은 생각조차 하지 않을 만큼 자부심이 높았다. 그런데 수련원 사범이라니 자존심 때문에라도 주저했다.

그런 그들을 진경숙은 강하게 설득했다.

먹고 살기 위한 보통의 사범이 아니라 민족정신을 일깨우는 일인데 왜 주저하느냐. 그리고 그동안 수련하면서 우리들의 정신은 또 얼마나 피폐해졌는지 깨닫지 않았느냐. 그러니 민족정신의 부활과 인간다운 삶을 영위하기 위한 두 가지 목표를 향해 도전해 보는 것도 우리 젊은이들의 사명이라면 사명이라 할 수 있다. 꼭 사회에서 높은 직위에 오르고 돈을 많이 버는 것만을 추구한다면 인생이 추하지 않느냐 하고 열변했다.

듣고 있던 박희경은 쉽게 진경숙의 말에 공감했다. 아버지가 사채업자여서 심한 수치심 때문에 집을 나왔던 터라 대의명분이 뚜렷한 일에 매력을 느꼈다. 그러나 주성수는 전형적인 농촌 출신이라 생각을 오래 했다. 공부도 잘 하고 소위 일류대학을 졸업한 자부심이 있는데다가 고향의 부모나 일가친척들의 기대감 때문에 선뜻 내키지 않아 했다.

하지만 주성수의 속내를 잘 아는 진경숙이 그냥 두지 않았다. 아직도 그런 사고방식에서 벗어나지 못한 사상적 전근대성을 가슴에 못이 박히도록 비판했다. 그리고 타락한 물질문명과 권력의 비열함을 번연히 알면서도 그것을 지향하는 모순을 지적하는 등 미처 깨닫지 못한 위선을 후벼 파내는 데서 지금껏 목표로 삼았던 의지가 저절로 꺾이고 말았다.

아무튼 그렇게 해서 그들 세 젊은이가 그의 문하에 발을 들여놓았는데 후일 눈부신 활동을 하게 된다. 그는 처음부터 그들 셋을 장차 큰일을 할 제목으로 눈여겨보았다. 그리고 어떤 인연의 작용으로 함께 할 것이라 예견했는데 아닌 게 아니라 그들이 입문해 주어서 흐뭇했다.

더욱이 평생에 처음 받아들인 제자들이라 기쁘기도 하고 천군만

마를 거느린 듯 든든해서 저녁 연회까지 열어 사제 간에 돈독히 쌓아갈 첫정을 나누었다. 그들은 스승의 대접을 받을 수 없다며 연회비를 자기들이 내겠다고 우겼으나 완강하게 거절했다.

연회가 끝난 후 소진수를 비롯한 사범들을 불러 세 사람을 인사시키고 함께 의논해서 사범활동을 하라 일렀다. 그리고 주성수와 박희경은 하숙집에서 나와 사범 숙소에서 생활하게 하고, 진경숙은 집에서 다니기 불편하면 언제든 선희와 한 방을 쓸 수 있도록 배려했다.

현빈玄牝의 도道

아직 추위가 가시지 않았는데 남풍이 먼저 불어오는 곳에서는 벚꽃이 망울을 터뜨렸다. 북풍이 시샘하는 곳에서도 목련이 망울을 터뜨리고, 나뭇잎이 앙상한 가지 껍질을 뚫고 움을 틔웠다.

초목이 그 강인한 생명의 빛을 발하니 겨우내 움츠렸던 사람의 마음도 생동감이 살아나기 시작했다.

천지의 도가 그리 하는 것이리라.

한성민은 사시사철을 변화시키는 천지의 도와 생로병사에 대해 오늘은 특별히 생각하고 강연을 시작했다.

사람의 몸은 지地, 흙 수水, 피, 오줌, 눈물, 땀, 똥물 화火, 열, 체온 풍風, 숨 쉬는 기氣이니 들에 핀 한 포기의 풀과 다름이 없다. 그러므로 풀잎처럼 사시사철을 변화시키는 도에 의해 인간의 육신도 태어나고 늙고 병들어 죽는 것이다.

그러나 영원히 죽지 않는 영혼이 있으니 바로 신의 분화물인 진실한 자아 본성이며, 도를 얻는다 함은 이 자아를 찾는 것이라 하였다.

그가 강의에 몰두하고 있던 시간, 강서영은 슬그머니 수련원을 나와 뒷산을 혼자 오르고 있었다. 늘 남편과 함께 걷던 숲속길이라 곳곳에 다정함이 배어 있어 다정도 하지만 마음은 즐겁지가 않았다.

산 위에 올라서는 외롭게 홀로 선 아름드리 소나무에 등을 기대고 서서 숲을 보니 자신도 모르게 눈물이 맺혔다. 진달래가 꽃을 피우고 상수리, 아카시아 나무가 파란 움을 틔운 모양도 아름답지가 않았다.

사람이 아이를 갖는 것은 천지의 도에 순응하는 것이라 하면서도 불임을 고집하는 남편이 원망스러웠다. 바로 한 달 전에 부모님 앞에서 아이를 갖겠다고 철석같이 약속한 남편이었다.

하지만 남편은 그 약속을 번번이 어겼다.

늘 그랬던 것처럼 절정의 순간에 정액을 거두어 들여 아이의 씨앗을 현빈玄牝, 현묘한 암컷. 우주적으로는 태극의 골자기谷神, 道, 자궁 속에 심으려하지 않았다. 타고 오른 무아의 희열 속에서 자신과의 완전한 합일을 통해 해탈의 정점에 이르기만을 반복했다.

물론 남편의 지극한 사랑의 정성에 도취돼 정신을 놓을 만큼 행복했다. 그러나 쾌감의 여진이 점점 사라져 갈 즈음 사랑하는 사람의 생명의 씨앗을 또 받아들이지 못한 안타까움이 슬픔에 젖어들게 하였다.

그때마다 요담에는 꼭 아기를 갖고 말 것이라 다짐하고 남편에게도 그 뜻을 다잡아 전하기도 했었다. 하지만 그는 어딘지 쓸쓸한 미소만 미미하게 띄울 뿐 가타부타 대답도 하지 않아서 속만 태웠었다.

"어떻게 할까?"

강서영은 초점 잃은 시선을 먼 하늘에 두고는 여러 가지 생각에 잠겨 보았으나 마땅한 묘안이 떠오르지 않았다. 최상의 사랑과 행복을 안겨주는 한 남자의 씨앗을 기르고 싶은 마음이 절박한데 정작 그 남자는 들은 척도 하지 않으니…!

그런데 심해深海에서 바늘을 구하듯 생각의 깊이를 더해 가면 아무리 어려운 화두라도 답은 반드시 찾을 수 있다고 했던가?

강서영은 어둠 속의 빛처럼 번쩍이는 한 생각이 별안간 떠올랐다.

그것은 남편과의 수십 번의 섹스 경험에서 그 가능성을 발견해낸 묘안 중의 묘안이라서 회심의 미소가 떠올랐다.

그러나 결코 마음을 놓아서는 안 될 의지가 필요했다.

언제나 그랬듯 남편의 사랑에 무아의 희열에 들지 않도록 정신을 바짝 차리지 않으면 실패할 게 뻔했다. 그래서 그때 가서도 잊을 새라 반복해서 그 순간을 상상하며 기억에 꼭꼭 새겨 두었다. 그리고 나니 발걸음도 날아갈 듯하고 보이는 것마다 아름답지 않은 것이 없었다. 진달래가 아름답고 움을 틔우는 연두빛 숲과 파릇파릇 생기가 넘치는 풀잎들이 환희로워 뜀을 뛰듯 하산했다.

강서영은 빠른 걸음으로 수련원으로 갔다.

마침 남편의 첫 강의가 끝나고 질문을 주고받는 둘째 시간까지 휴식중이라 진경숙을 손짓으로 불러 은밀한 곳으로 데리고 갔다.

그리고 귓속말로 한참을 무어라 소곤대는데 진경숙은 무슨 말을 듣는지 연신 고개를 끄덕이며 웃음을 참지 못하였다.

"그럼 그이가 좀 난처해 해도 꼭 질문하세요? 주성수 씨와 박희경 씨한테도 다짐을 받고…!"

"예 염려마세요. 사모님, 재미있잖아요!"

"재미는!"

"하여간 저만 믿으세요. 사모님, 그럼 이따가 뵐 게요."

진경숙이 콧노래라도 부를 듯 명랑하게 말하며 빠른 걸음으로 되돌아갔다.

그리고 주성수와 박희경을 아무도 없는 곳으로 불러내 키득키득 웃어대며 한참을 의논하고 나서 수련장으로 들어갔다.

한성민이 특강하는 토요일은 늘 수련장이 만원이었다. 오전 오후 반 전원이 거의 다 모이는 데다가 소문을 들은 일반인들도 다수 참석해서 몸을 서로 밀착해 앉고 더러는 서서 듣기도 하였다. 그러니 아는 사람끼리 앞 뒤 옆으로 돌아보며 이야기하느라 수련장이 웅

성웅성 시끄러워서 저자바닥 같았다.

그러나 그가 수련장 안으로 들어오자 약속이나 한 듯 모두 입을 다물어 물을 끼얹은 듯 조용해졌다.

"저어기, 선생님, 질문이 있습니다. 도를 닦으면 오래 삽니까?"

한성민이 단상에 서서 자세를 바로잡기도 전이었다.

혹 남이 먼저 질문할 새라 맨 앞줄에 앉았던 한 사람이 벌떡 일어나 질문했다.

모두의 눈길이 쏠린 이는 70세 중반을 넘었을 성싶은 노인이었다. 아직 검은 머리카락 사이에 백발이 듬성듬성 나있고 혈색이 좋아 상당히 건강한 것 같았다. 그러나 죽음을 의식할 만한 나이어서 그리 질문했을 터, 그는 빙그레 미소지어 노인을 한 번 바라보고는 좌중을 향해 말했다.

"진심으로 도를 행하면 오래 산다, 오래 못 산다 하는 말조차 없습니다. 왜냐 하면 삶과 죽음의 경계가 없어져 생사 그 자체를 초월하기 때문이지요. 생사의 초월은 육신의 집착에서 벗어나는 것입니다. 그러면 진실한 자아요, 도이자 신인 영혼은 불멸하므로 실로 죽음이란 존재조차 없습니다. 그러나 그러한 진리를 깨우치는 것이 중요하지요. 깨우치지 못하면 죽음이 있고, 깨우치면 죽음이란 없습니다."

"그게 가능할까요?"

노인이 앉은 채 고개를 갸웃하며 되물었다.

"가장 훌륭한 사람은 도를 들으면 부지런히 실천하고, 중간쯤 되는 사람은 도의 존재를 믿으나 곧 잊어버리고, 수준이 가장 낮은 사람은 도를 들으면 크게 비웃고, 비웃지 않으면 만족하지 않으므로 도인 것이다 하는 말이 있지요. "어진 사람은 도를 말하면 의심없이 부지런히 실행함을 주저하지 않으며, 보통사람은 도를 말하면 도란 것이 과연 있는지 없는지 의심해서 실행할까 말까 망설이고, 보통 이하 사람들은 도라는 말만 들어도 비웃습니다. 그러므로 자신을 돌아보십시오. 어떤 부류에 속하는지를."

"선생님, 그럼 도를 어떻게 깨우치며 어떻게 행해야 생사를 초월할 수 있을까요?

이번에는 좌중에서 한 여인이 일어나서 질문했다.

훤칠한 키에 미모인 여인은 절에 다니는 보살인지 쑥색 베옷을 입고 가슴까지 길게 내려오는 염주를 목에 걸었다. 나이는 50대 초인 듯한데, 염색을 하였는지 머리카락이 유달리 검게 보였다.

"멀리는 석가모니 부처님의 일생을 생각해 보시고 가깝게는 원효 대사님을 보십시오. 그분들은 육신의 욕망에 집착하지 않았으므로 생사를 초월했습니다. 그 행은 일체 중생을 자신과 같이 생각하셨지요. 즉 성인은 항상 무위하여 백성의 마음을 자신의 마음같이 생각하여, 착한 사람을 착하게 자신처럼 대하고, 악한 사람 역시 자신을 대하듯 착하게 대하여 착함으로 덕을 베풀어주고, 믿음이 있는 사람은 자신처럼 믿게 대하고, 믿지 못할 사람도 자신처럼 미덥게 대하여 믿음으로 덕을 베풀어 준다. 그러므로 성인은 천하를 어려워하며 존재하는데, 천하의 마음을 그 마음에 담고 있어서 모든 백성이 성인의 말에 귀를 기울여 받아들이고, 성인은 두루 어린 아이처럼 한다. 하는 말을 실천한 분들이지요. 도를 깨우치면 자연히 그분들과 같이 되거니와 이것이 곧 생사를 초월한 무위의 행입니다."

"선생님! 다 옳으신 말씀입니다. 하지만 말이 쉽지 그거 잘 안 됩니다!"

한 청년이 불쑥 일어나 큰 소리로 말하고는 즉시 제자리에 털썩 주저앉았다. 청년의 언행이 용감한 듯 수줍은 빛이 역력해서 숙연히 듣고 있던 사람들이 웃음보를 터뜨렸다.

"그대는 매우 솔직하군! 쉽지 않다고 말한 그대는 지금 열심히 노력하고 있음을 반증해 주었다. 모두가 그대의 마음과 같으면 세상은 달라지겠지. 서둘지 말고 차근차근 지금 하고 있는 대로 포기하지 말고 열심히 하게. 그러면 반드시 때는 올 것이니."

한성민은 웃음이 잦아들기를 기다렸다가 여태보다 강한 어조로 대답했다.

그러자 또 다시 분위기가 숙연해졌다.

그 틈에 질문할 기회를 엿보고 있던 주성수가 이때다 싶어 조용히 일어섰다.

"선생님, 수련생들이 저희 사범들한테 가끔 질문을 하는데 대답하지 못한 것이 있어서 말씀을 드리고자 합니다."

사범이 질문하자 모두들 의아스런 시선을 보냈다.

사범이 공개석상에서 스승한테 질문하는 법은 없어서 뜻밖이란 눈길이었다.

그러나 그는 늘 말했었다.

사범들도 수련생들 중의 하나이므로 사적이든 공개석상이든 의문이 있으면 주저하지 말고 언제든 질문하라 했던 사실을 그들이 알 리가 없었다.

"말해보라."

하고 그가 짤막하게 대답하자 사람들의 눈길이 그를 주시했다.

"네, 선생님께서는 천지에 도가 아닌 것은 없다고 말씀하셨습니다. 도가 아닌 것이 없으므로 인간을 비롯한 자연계의 모든 동식물과 미물에 이르기까지 종족을 번식하지 않는 것이 없고, 종족 번식을 위해서는 목숨까지 버리기도 한다고 하셨습니다. 그 까닭은 만물은 도로부터 태어났으므로 도의 본성을 내림받았기 때문이라 하셨습니다. 그러므로 종족 번식 역시 도를 행하는 것이고, 종족 번식을 위한 필연적 행위는 섹스행위입니다. 그래서 질문 드립니다. 섹스행위도 도를 행하는 것인지요?"

섹스와 도, 어찌 보면 비교대상이 될 수 없는 상식 밖의 질문이라 여겨서일까?

그리고 그의 입에서 과연 무슨 말이 나올까?

사람들은 숨을 죽이고 그를 향해 미묘한 눈동자를 초롱초롱 빛내었다.

"그 질문 참으로 어리석구나. 도는 만물을 탄생시켰으니 탄생의 실천행이 섹스가 아니더냐. 즉 음양의 화합이 만물을 탄생시킨 도의 실천행이니 우주적 섹스라 해야 하겠지. 따라서 도의 자식인 뭇 생명의 섹스 역시 도를 실천하는 순순한 행위인 것이다."

"그렇다면 누구나 상대를 가리지 않고 많이 즐길수록 좋다고 할 수 있습니까? 도를 행하는 것이니까 그거 많이 하면 할수록 좋은 것 같은데요?"

체격이 좀 비만한 젊은이었다. 질문을 하고 나서 쑥스러웠던지 멋쩍게 말꼬리를 흐려서 또 웃음을 자아냈다.

"잘 물었다. 그에 대한 대답은 뒤로 미루고 우선 섹스를 수치스럽게 생각하는 사람은 사랑의 도를 모르는 사람이며 육체적 쾌락만을 즐기려는 사람이겠지. 사랑의 도를 아는 사람은 수치스럽다, 부끄럽다 하는 생각조차 없다. 성스러운 의식儀式이라 생각하므로 정성을 다 한다네. 그런데 비록 섹스가 도의 실천행이지만 누구나 상대를 가리지 않고 즐겨서는 안 된다."

"즐기는 것은 도가 아닌가요?"

비만한 젊은이가 또 물었다. 아무래도 섹스를 즐기려는 욕망이 강한 사람 같았는지 몇몇 시선이 그리 고운 것 같지가 않았다. 하지만 그는 미소지어 대답했다.

"음양 화합은 사랑이 전제되고 예와 순수성이 있어야 하므로 쾌락을 위한 즐김은 도가 아닐세. 누구든 상대를 가리지 않은 행위는 질서의 파괴요 순수성의 결여이며 사랑의 진실이 없는 것이라네."

"…!"

"그리고 비록 도를 행하는 것이라 해도 섹스를 많이 해서는 안 되네. 물론 우주적 섹스는 도가 품은 정精이 한량없기 때문에 줄어들지 않고 쉼없이 음양 화합으로 만물을 탄생시킬 수 있으나 육신을 가진 인간의 정은 한계가 있기 때문이네."

"잠깐만요! 선생님, 말씀중에 죄송합니다. 정精은 계속적으로 생긴다던데 그렇지 않은가요?"

아까 비만한 젊은이가 또 불쑥 물었다. 섹스로 쏟은 정액은 다시 채워진다는 호사가들의 말을 곧이곧대로 믿고 물은 것 같았다. 그래서 그는 그릇된 인식을 깨우쳐 주기 위해서라도 단호함이 필요하다는 생각이 들어 안색을 굳혔다.

"늙음이 왜 오는가? 정액이 줄어들기 때문이다!"

하고 선언을 하듯 하였다. 그리고 조용히 타이르듯 다음 말을 이었다.

"정이란 무엇인가? 바로 생명의 두텁고 얇음이 아닌가. 정이 두터우면 오래 살고, 얇으면 추하게 빨리 죽는 것이다. 섹스로 인한 정의 낭비는 도덕적이거나 철학적 사유를 떠나서 육체적으로도 생명을 재촉하는 것이므로 어찌 즐길수록 좋다고 할 수 있겠는가?"

"선생님, 그럼 한 남자가 몇 명의 여자를 아내로 두는 것은 도의 질서를 파괴하는 죄입니까? 죄라면 일부다처제의 나라 사람들은 모두 지옥에 갈 텐데 그 사람들은 괜찮은 건가요? 그리고 애인을 여럿 두고 있는 사람도 많은데 일부다처제의 나라 사람들과 다를 바가 없지 않습니까? 그런데 왜 유독 우리나라에서는 지탄의 대상이 되어야 합니까? 그리고 그런 경우도 도의 질서를 파괴하는 것인지요?"

두 번째 질문했던 청년이 이번에는 용기를 내 정색을 하고 물었다. 대답하기 참으로 난처한 질문이라 여긴 사람들의 표정이 긴장했다. 그러나 눈동자는 미묘하게 반짝였다. 특히 남성들은 그러고 싶은 욕망이 다 있어서일까? 숨을 죽이고 눈 하나 깜짝이지 않았다.

한성민은 질문한 청년을 비롯해 마치 비밀스러운 한곳을 주시하는 어둠 속의 무수한 눈동자처럼 자신을 향해 집중한 시선을 태연한 미소로 반응했다.

"그대의 질문은 인간의, 특히 남성의 솔직한 심중을 대변한 것이라 할 수 있군! 그런데 나는 여기 있는 남성들에게 먼저 반문해 보고 싶은 말이 있습니다. 여러분이 만약 세 아내 혹은 세 애인을 거느렸다고 가정합시다. 그러면 여러분은 세 아내 혹은 세 애인을 차별없이 똑같이 사랑을 해줄 수 있습니까? 세 아내는 미모가 다르고 개성이 다르고 마음 씀씀이도 다를 텐데 누구는 더 사랑하고 누구는 덜 사랑해서 아내들이 시기와 질투로 서로 미워하고 증오하지 않도록 세 아내 혹은 세 애인을 한결같이 편애하지 않고 사랑할 수 있습니까?"

"……!"

사람들은 아무 말이 없었다.

입을 꾹 다문 채 서로를 돌아보며 너는 어떻게 생각하느냐고 무언의 말을 주고받기도 하고 고개를 숙이고 생각에 잠겨 있기도 하였다.

그 모양을 잠시 살피며 누군가의 대답을 기다리던 그는 다시 입을 열었다.

"하늘의 도는 편애하지 않으며 항상 착함을 따른다 하였지요. 사랑은 무한해서 차별없이 평등하게 누구에게나 베풀어 주는 것입니다. 천지의 도가 그러하지요. 더럽다고 품지 않는 것이 없고 깨끗하다고 해서 편애하지 않습니다. 이것이 바로 도를 행하는 성인의 마음이지요."

"…!"

"따라서 열 여자를 거느린 남편이라 해도 성인의 도심道心으로 사랑하면 설사 열 여자를 아내 혹은 애인으로 거느렸다 하더라도 도의 질서를 파괴하는 것이 아니라 오히려 바로 세우는 것이지요."

"…!"

"그러나 우리나라에서 일부일처제를 고수하는 것은 성인의 도심에 이르지 못한 인간들의 무질서를 방지하기 위한 규범이리 할 수 있겠지요. 만약 인간이 성인의 마음으로 사랑할 수 있었다면 규범은 무의미하여 이의를 제기할 수 없는 관습으로 자연스럽게 전해졌을 것입니다. 따라서 일부다처제의 종족이 성인의 마음으로 여러 아내를 거느렸다면 그들 관습을 비웃을 수는 없습니다."

"…!"

"여성들은 어떻습니까? 한 남자의 아내 혹은 애인으로서 그 남자의 다른 아내 혹은 애인을 시기하지 아니하고 질투하지 아니하며 그 남자의 흠을 분노하고 증오하고 미워하지 아니하며 참고 인내하여 오직 한결같은 마음으로 사랑할 수 있습니까? 그러면 여러 아내 혹은 애인들 중의 하나라도 부끄러움이 없을 것입니다."

"……!"

"그러나 그러지 못하면 도를 위반하는 것이지요. 즉 한 사람을 사랑하는 것이 아니라 한 사람이 가진 자신을 만족시킬 만한 다른 것을 사랑하는 것이므로 도의 질서를 파괴하는 것입니다. 또 열 남자를 남편 혹은 애인으로 두고 성인의 마음으로 차별하지 아니하고 한결같이 모두를 사랑할 수 있나요? 만약 일처다부제의 종족이 그러하다면 그들의 관습을 이상한 눈으로 바라볼 수는 없습니다. 이것이 나의 답입니다."

한성민은 힘주어 결론을 내리고는 또 질문하라 하였다.

그러나 모두들 입을 다물고 고요를 지킬 뿐 아무도 질문할 기미를 보이지 않았다.

한편 자신이 의도했던 이야기의 방향이 엉뚱한 데로 흘러 초조해하던 진경숙이 이때다 싶어 얼른 손을 들고 일어나 질문이 있다 하였다.

이 질문이야말로 강서영이 부탁한 것이어서 단단히 마음먹고 용맹하게 물었다.

"선생님! 아까 주성수 사범님의 질의 중에 한 가지 빠진 것이 있어서 보충질문을 드리겠습니다. 종족 번식이 도가 행해지는 것이라면 아이를 낳지 못하는 여자는 도를 행하지 않는 것인지 궁금합니다."

진경숙의 질문을 들은 그는 문득 아내를 생각했다. 의도했건 하지 않았건 아이를 갖지 않으려는 자신의 심중을 알고자 일부러 곤란한 질문을 한 것 같은 느낌이 들었으나 태연히 대답했다.

"천지가 본래 음양 합덕으로 창조되었으니 사람과 만물 역시 자식을 번식시켜야 하겠지. 그러나 만물은 만물로서 이치에 이르지 못하였고, 사람은 사람으로서의 이치에 이르지 못하였으니 그 자식들도 이치에 이르지 못하였다."

"…?"

"말하자면 사람과 만물은 불완전한 상태로 변질되었단 것일세. 이에 도는 행해지고 있으나 거품 같고 수증기 같고 달그림자 같아서 허망하기만 하였네. 그러나 거품과 수증기의 본질은 물이고 달도 그 본질이 빛이므로 비록 이치에 이르지 못하였다 하더라도 도는 쉼 없이 흐르고 있다네."

"……?"

"나는 그대에게 이렇게 대답해 주고 싶구나. 도는 무위하여 종족을 번식시키던 시키지 않든 관여하지 않는나 하고."

"……?"

"세속적으로 보면 자기 육신의 연장이라 할 수 있으므로 목숨까지 버려서라도 자식을 낳으려 한다. 자식이 왜 육신의 연장이냐 하면 육신의 생명의 뿌리인 정액의 기운에 의해 자식이 탄생되기 때문이다. 죽어도 육신의 기운은 자식으로 남지 않느냐. 그러므로 자식을 갖는 것은 죽고 싶지 않은 인간의 본능이라고도 할 수 있다. 그러나 도를 얻으면 생사를 초월하므로 자식이 있어야 한다, 없어야 한다는 것 자체가 부질없다. 그냥 인연대로 내버려 두면 도는 꼭 '나'가 아니라 해도 종족 번식을 중단하지 않으니 세상은 언제나 존재하는 것이다."

한성민은 말을 맺었다.

그리고 좌중을 둘러보니 모두들 고개를 숙인 채 움직임조차 없었다. 특히 주성수 등은 할 말을 잃고 방바닥에 멀거니 눈을 내리깔고

난감해했다.

그런 그들을 지켜보고 있던 강서영은 씁쓸한 표정으로 수련장 밖으로 나갔다. 여자가 아이를 생산하지 못하면 천지의 도를 행하는 것이 아니란 말을 남편으로부터 듣고 싶었었다. 그래서 그런 대답을 이끌어 낼 수 있는 질문을 부탁했던 것인데 남편은 그들이 두 말 못하도록 입을 봉해버렸으므로 실망이 이만저만이 아니었다. 그렇다고 낙담하고 싶지가 않았다.

도를 내세운 질문으로 자식을 꼭 가져야 한다는 대답을 듣는 것만으로 남편이 꼼짝없이 임신에 동의해 줄 것이라고는 크게 믿지는 않았었다. 그저 결정적인 계획을 보다 쉽게 실현할 수 있는 한 방편일 뿐이었다. 그래서 그가 강연을 끝낸 뒤에 진경숙이 달려와 미안해하자 아무렇지도 않은 듯 웃을 수 있었다.

"사모님, 선생님이 질문조차 못하게 단번에 입을 막아버리실 줄은 몰랐어요. 저는 상상도 할 수 없는 말씀이었거든요!"

진경숙의 표정이 놀라움 반 감탄 반이었다.

"글쎄 말이에요. 질문한 사람 무안하게… 근데 우리 아가씨는 벌써 방에 들어가셨나?"

"네, 선희 언니는 선생님 강의하실 때나 잠깐 얼굴을 보이지 글 쓰는 데만 열중이세요."

"그럴 거예요. 우리 아가씨 가만히 보면 오빠를 많이 닮았어요. 좀 즐겁게 살았으면 좋으련만."

"하지만 같은 여자로서 언니를 존경해요. 언제 봐도 조용하고 그리고 자상하고요."

"그래도 경숙 씨만큼은 아니더라도 좀 활달했으면 좋을 텐데. 어떨까? 우리 아가씨 바깥바람도 좀 쐬게 할 겸 오늘 저녁은 외식할까? 사범들도 함께."

강서영은 문득 늘 방에서 글만 쓰고 있는 시누이의 기분을 전환시켜 주고 싶었다. 그리고 주성수가 은근히 시누이한테 눈길을 주고 있어서 이참에 둘 사이를 가깝게 해주는 것도 괜찮을 듯했다.

"외식, 정말이에요. 사모님? 그럼 선생님도 함께요?"

"아니, 우리끼리만!"

"네, 알았어요. 사모님! 제가 언니하고 사범들한테 알릴 게요. 근데 어디로 가시게요?"

"뷔페 갈까?"

"뷔페씩이나요? 네 네 알았습니다. 사모님! 그럼 제일 가까운 H호텔로 정하죠 뭐."

진경숙은 신이 났다.

강서영이 고개를 끄덕여 동의하자 뒤도 돌아보지 않고 돌아갔다. 그리고 사범들을 찾아다니면서 수다스럽게 회식 소식을 전했다.

그런데 사범들이 두말할 것 없이 뛸 듯이 다 좋아하는데, 주성수는 기쁨인지 놀람인지 알 수 없는 눈빛을 빛내더니 다급히 반문했다.

"야, 경숙아, 선희 씨도 정말 가니?"

"응, 언니도 가신댔어. 일과 끝나고 멋있게 준비나 잘 하고 있어요. 언니 마음에 들게."

진경숙은 속내를 감추지 못하고 금방 겉으로 드러내는 주성수가 우스워 짓궂게 말했다. 그러나 속으로는 나이 마흔이 가까운 사람이 아직도 좋아하는 사람한테 좋아한다는 말 한 마디 못한다며 숙맥이라고 흉을 보았다. 그리고 보기가 딱해서 아무래도 자신이 중매자 역할을 해야 할 것 같다고 생각했다.

그런데 사범들 중에 또 한 사람, 소진수는 회식에 참석하지 않겠다며 단번에 거절했다. 하긴 아직 한 번도 그런 모임에 참석한 적이 없었다. 언제나 회식자리에 나가지 않는 그의 시중을 들어야 한다며 늘 수련장에 혼자 남아있었다.

소진수가 그런 까닭은 순전히 감옥에 있는 강철호에 대한 의리와 예의 때문이었다. 신명을 바쳐 충성을 맹세한 보스가 감옥에 있는데 웃고 즐기는 것은 도리가 아니라 생각했던 것이다.

강철호는 총상을 입고 겨우 목숨을 건진 뒤 검찰에서 심문을 받을 때 소진수를 적극 변호해 주었었다. 자신의 운전기사로서 그저 시키는 대로 무슨 일인지도 모르고 운전만 했을 뿐이지 범행에 가담한 적은 없다고 강력하게 주장했었다. 그 덕분에 6개월만 실형을 선고를 받은 데다 집행유예로 금방 풀려나 자유로운 몸이 될 수 있었다. 그러기에 감동을 안겨다 준 강철호의 의리에 신명을 바쳐 보답할 각오로 수련장을 지키고 있었으므로 희희낙락대고 싶지는 않았던 것이다.

저녁에 H호텔 식당에 간 강서영 일행은 마냥 즐거웠다.

한성민의 엄격함에 주눅이 들어 늘 긴장의 끈을 늦출 수 없었던 박희경과 진경숙은 고삐 풀린 망아지처럼 해방감에 들떴다.

그 둘은 번갈아 가며 식사시간 내내 먹던 음식이 입 밖으로 튀어나올 정도로 배꼽 빠지게 웃겼다. 아무리 좋아도 살짝 미소만 띨 줄 알던 선희마저 웃음을 못 참았다.

하지만 유독 주성수만은 별로 웃지 않았다.

눈치도 없이 힐끔힐끔 선희에게만 시선을 보냈다. 선희가 웃으면 빙긋이 웃고, 웃지 않으면 저도 입을 꾹 다물었다. 선희는 주성수의 눈길을 의식하면서도 일부러 못 본체하고 시선을 딴 곳으로만 돌렸다.

그런 두 사람을 관심있게 지켜보고 있던 그녀는 속으로 은근히 기뻐했다. 선희가 주성수의 시선을 자꾸만 피하는 것은 싫어하지 않는다는 반증이라 짐작했다. 비록 주성수가 선희보다 두어 살 아래이기는 해도 이리저리 견주어 그리 밑지는 것이 없었다. 그리고 서로 잘 어울리기도 해서 언젠가 적극적으로 다리를 놓아볼 생각을 하였다.

한편, 한성민은 방안에서 혼자 책을 읽고 있었다.

소진수가 수련장을 정리하고 숙직하는 사람처럼 지키고 있었으므로 밖의 일에 마음 쓸 것도 없어서 오랜만에 독서에 푹 빠져들었다.

그러다가 시간이 좀 지나서 오늘 질문하고 대답했던 생각이 나서 읽던 책을 덮었다. 그리고 수련장으로 나가 이리저리 거닐며 생각에 잠겼다.

현빈의 문에서 나왔음이여!
곡신이 만물을 낳았구나.
그러나 이치가 다하지 못하였으니
만물이 도를 잃었구나.

도의 자취 더듬어 보아도
물속의 달빛에 취한 시인인가.
마음의 물결 요동하니
허깨비가 춤을 추네.

자식으로 육신을 이으려는
목숨의 집착이여,
구름 위의 하늘처럼 늘 푸른
도의 영원함을 깨쳐 버리소서.

삭풍에 봄 그리워하는
겨울나무처럼,
도를 그리워하소서.
도를 사랑하게 하소서!

한성민은 마음으로 시를 읊고 생각의 깊이를 더하였다.

"무언지 알 수 없는 혼암한 것이 먼저 있어서 천지를 탄생시켰는데, 텅 비어 적막하여 홀로 서서 불변하고, 두루 행하여 그치지 않

으니 가히 천하의 어머니다. 나는 그 이름을 알지 못해서 문자로 도
라 한다."

하였으니, 땅도 없고 동식물도 없고 인간도 없던 저때에 굳이 이
름지은 도가 숨을 내뿜어 어둠을 휘감는 한 빛이 생겨나 이곳 땅과
바다를 존재케 하였다.

그리고 마치 똥이 거기에 있으니 구더기와 똥파리가 똥에 의지해
서 자생하듯 무위의 도를 의지해 만물은 저절로 태어났다.

그런데도 똥파리가 똥이 아닌 것처럼 멋대로 날뛰면서 짝을 지어
알을 낳고 새끼를 번식시켜 죽어서도 분신을 남긴다.

인간 역시 근원적인 모태인 도의 정기로 태어나 도의 정기에 의
지해 존재하고 있으면서도 마치 어머니를 잊고 살듯 도를 잊고 자
식을 낳아 육신만을 영원히 유지하려 한다.

그러나 제아무리 육신의 정기를 남기려고 발버둥쳐도 언젠가 지
수화풍地水火風으로 흩어질 육신이 아니던가! 그러므로 도의 향기만
잃지 않으면 자식이 없는 들 어떠랴! 하고 생각하였다.

그러나 아내가 걱정이었다.

자식을 낳겠다는 일념을 돌이켜 세울 생각조차 하지 않으니!

사랑하기에 사랑의 씨앗을 심고 낳아 기르고 싶은 마음을 모르는
바가 아니지만, 유산의 위험이 있는데다 액운이 겹쳐 있어서 목숨
까지 위태로울 수 있었다.

그런 줄 번연히 알지만 아내한테 말해줄 수는 없고, 그렇다고 아
내의 소원을 들어줄 수도 없어서 안타까웠다.

봄이 무르 익어가는 5월 쾌청한 날이었다.

강서영은 달거리 날을 손꼽아 보고 임신 계획을 결행할 날이 오늘부터 사흘째 되는 날이라 확인했다. 그래서 아침저녁으로 목욕재계하여 몸과 마음을 정갈히 하는 데 정성을 기울였다.

음식도 가렸다. 육식을 피하고 험한 것을 보지 않았으며, 간절한 소원을 하늘에 청하면서 사흘을 기다렸다.

예나 다름없이 잠자리에 드는 밤 11시가 되었다.

남편이 눕기를 기다렸다가 속옷은 벗어버리고 얇은 분홍빛 잠옷 바람으로 남편과 살며시 살을 맞대 누웠다. 마침 창밖의 달빛이 어스름하게 비추어서 남편의 얼굴을 희미하게나마 볼 수 있었다. 그래서인지 특별한 용기를 낼 것도 없이 반듯하게 누운 남편의 팔을 들어 안기며 속삭였다.

"여보, 안아주세요!"

"…!"

그는 말없이 아내를 향해 돌아누워 품속으로 파고드는 작은 몸을 다칠 새라 포근하게 안았다.

그리고 금방 알았다.

가슴으로 전해지는 아내의 심장 박동소리가 무엇을 원하는지 느낌으로 알 수 있었다. 그러나 작심하고 정염을 태워 올리는 아내의 의도를 전혀 눈치채지 못하였다. 전에 없이 격정으로 안겨드는 아내의 몸부림이 의외다 싶었으나 별 의심없이 받아들였다.

그리고 언제나 그랬듯 그는 잠옷을 벗어버린 완전한 나裸의 희고 부드러운 아내의 몸 구석구석을 애무하기 시작하였다. 이마에서 코와 귀, 목덜미와 가슴, 그리고 배와 그 아래 깊숙한 곳까지 손길과 입술의 애무를 깊고도 오래도록. 불타서 재가 된 연기처럼 아내의 몸이 자신 속에 녹아들도록 감미로우면서도 격정의 열기를 쉼 없이 쏟아냈다.

강서영은 황홀했다.

열기의 몸은 의식의 공간에서 점차 사라져 가 하마터면 그 간절했던 소망마저 잊을 것 같아 남편의 입술과 손길을 가만히 밀어냈다. 그리고 남편이 자신에게 하였듯 남편의 몸을 애무하기 시작하였다. 위에서 아래로 눌러 씨앗을 심는 불덩이같이 뜨겁게 꼿꼿이 솟은 저 현묘한 것까지 입술로 애무해 창조의 정자가 쏟아져 나오는 순간까지…!

이윽고 남편의 몸이 위에 겹쳐지고 현빈의 문 저 안쪽으로 불방망이 같은 열기가 부드럽게 들어왔다.

정신을 놓을 듯 몰아치는 희열!

그리고 가쁘게 목덜미를 달구는 남편의 숨소리…!

그녀는 알고 있었다.

이때쯤 행위를 멈추고 쏟아지는 정액을 거두어 들여 회음에 저장하는 남편의 습관을!

그래서 안간힘을 다해 행위를 중단하려는 남편의 엉덩이를 사력을 다해 끌어안았다. 그리고 비명을 지르며 맹렬한 몸놀림으로 아래에서 위로 다급히 진퇴를 계속했다.

한성민은 어쩔 수 없었다.

아무리 항문을 굳게 다물고 참아내려고 해도 아내의 격렬한 행위에 굴복하고 말았다. 의지는 이러면 안 된다 하면서도 불쑥불쑥 쏟아져 나오는 정액을 아내의 저 현빈玄牝의 골짜기로 기어코 쏟아 넣고 말았다. 오직 환희의 삼매에 들기만을 고집했던 그의 입에서도 높은 신음이 터져 나오고, 그녀는 울음 같은 긴 비명을 지르며 절정에서 정신을 놓았다.

그리고 몽롱한 의식의 공간에 떠오르는 기쁨!

드디어 사랑하는 이의 생명의 씨앗을 받아들인 행복감은 천하를 다 얻은 듯 환희로웠다.

"여보, 미안해요."

강서영은 남편의 가슴에 얼굴을 묻어 애써 떨림을 가누어 겨우 소리 냈다.

입술을 굳게 다물고 가만히 누운 남편이 혹 화가 난 것은 아닌지 두려웠다. 그러나 그는 아내를 힘껏 안았다. 그리고 가만히 등을 쓸어 잘 했다는 뜻을 무언으로 전하였다.

"괜찮소. 당신의 뜻이 그리도 간절했으니. 알면서도 반대했던 내가 오히려 미안하지. 앞으로 수행에 더 열중하고 의원에도 자주 가보도록 해요. 무엇보다 당신의 건강이 걱정이니까!"

"네, 그럴 게요."

강서영은 왈칵 눈물이 솟아 울먹였다.

그리고 주체하지 못하고 볼을 타고 내리는 눈물은 세상의 그 모든 기쁨과 행복을 다 응축한 것이어서 무어라 더 말을 잇지 못하였다.

한성민은 아내의 그 마음을 가슴으로 느꼈다. 그리고 아이는 사랑에 의한 사랑의 결정체요, 현빈이 발현한 도이니 한량없이 기쁜 그 마음 무언의 심장으로 전하며 아내와 오래도록 교류했다.

그러나 시간이 지난 뒤였다.

장차 아내가 겪어야 할 액운의 그림자가 눈에 보이는 듯 선했다. 그렇다고 대책 없이 시름에 쌓여 있을 수는 없는 일, 무엇으로 아내가 짊어지고 태어난 업보를 멸할 수 있을까?

한성민은 그 절박한 화두를 가슴에 못을 박듯 세워 놓았다. 그리고 잊힘 없는 사유로 기어이 그 해딥을 얻으리라 하고 하늘 우러러 다짐하였다.

3 장

그러나 그들은

언제나

내일은 태양이 떠오를 것이란

믿음을 버리지 않는다

천하의 의로운 짐수레

드러낸 검은 그림자의 본색

기울었던 지구의 축이 바로서고 있는 현상일까?

초여름인데도 지구는 폭우와 태풍으로 몸살을 앓고 있었다. 곳곳에 때아니게 쏟아지는 비와 몰아치는 강풍에 아비규환의 재앙이 빈번하게 일어났다.

그러나 축복받은 빛의 땅이라서 일까? 한국은 쉬이 물러가지 않은 겨울 여기餘氣가 입하立夏 직전까지 물러가지 않아서 추위에 약한 농작물 피해만 있을 뿐 밤낮이 평온했다.

그러나 천지의 운행이 그럴 뿐, 이 땅에도 사람 사는 세상이라 보편적 삶을 외면하는 어둠의 자식들은 부지기수로 늘 있었다.

그들 중에는 지구의 한 공간을 시각과 행동을 제한하도록 쳐놓은 감옥이란 울타리 안에서 마땅히 누려야 할 삶을 정지한 채 목숨을 부지하는 자들도 적지 않았다.

그러나 그들은 언제나 내일은 태양이 떠오를 것이란 믿음을 버리지 않는다. 그것이 허망한 것인데도 꿈을 버리지 않는 사람들. 그들은 늙어 죽을 때까지 내일은 될 것이라 한다.

그런 면에서 강철호는 일반적 어둠의 자식들과는 비교할 수 없는 높은 차원의 야심가였다. 한성민은 그런 그의 성품을 돌이키려고 지난 3년간 무던히도 애를 썼다. 좋은 책을 읽게 하고 사방 벽 안에 갇혀 있어도 마음의 자유를 얻을 수 있는 수행법을 가르쳐 주기도 하였다.

그러나 강철호는 변화된 모습을 보이지 않았다.

오히려 날이 갈수록 야심이 더 커보였다. 얼마 전에 면회갔을 때는 사면 벽을 부숴버릴 것 같은 야망의 불길이 눈동자에 이글대고 있었다.

하지만 마음대로 부릴 수 없는 게 사람의 마음이라 한성민은 생각다 못해 수련원을 확장하고 더욱 탄탄하게 해놓을 계획을 세웠다. 강철호가 출옥했을 때 충분한 수입이 보장된 것을 보면 수련에 열중할 수도 있지 않을까 기대했다. 그리고 마음을 닦는 직업이라서 수련을 하는 척이라도 하고 불의한 일에는 손을 대지 않도록 해주고 싶었다.

그러나 아무리 마음을 쓰고 싶어도 뜻대로 되지 않았다. 인연이 없었던지 아내의 임신소식을 듣고는 경황이 없었다. 예상은 했으나 단 한 번의 관계로 혹 임신이 안 될 수도 있지 않을까 하고 근심 반, 기대 반이었는데 막상 현실로 다가오고 보니 이제부터는 아내가 신경 쓰이는 일은 자제해야 할 것 같아서 수련장 확장은 잠시 뒤로 미룰 수밖에 없었다.

그런데 사람의 일이라 그런지 아내가 당할 액운의 씨앗이 전혀 예상치 못한 곳에서 싹트고 있을 줄은 꿈에서조차 감지해 내지 못하고 있었다. 그러기는커녕 오히려 그 싹이 활짝 꽃피우도록 도와주고 있었다. 이것이 바로 천지의 도에 희생돼야 하는 인간의 한계일까? 나중에 알 일이지만 마魔의 싹은 남도 아닌 가장 믿고 가깝게 지낸 강철호 바로 그자였다. 그래서인지 하필 이 시기에 천하가 놀랄 만한 기회가 강철호에게 주어졌던 것이다.

그 일은 강철호 자신도 놀란, 꿈같은 운명의 전환점이었다. 그것은 후일 한성민 부부와 강철호의 개인적 비극일 수도 있으나, 넓고 크게 보면 참혹한 인류의 비극을 막아내기 위한 신의 뜻일 수도 있었다. 하여간 그럴 운명의 그림자가 지구 한 귀퉁이에 사방으로 성벽을 둘러쌓아 사회와 격리시킨 감옥이란 곳에서 내일을 기약할 수 없이 살아가는 강철호에게 소리소문없이 찾아왔다.

그날은 푹푹 찌는 더위에다가 날씨까지 우중충했다.

거기다가 좁은 방안을 콘크리트 두꺼운 벽이 빈틈없이 둘러싸고 있어서 짜증을 절로 부추겼다. 그나마 겨우 햇살이 들어오는 네모난 작은 창마저 굵직한 쇠창살로 촘촘히 막아놓아 숨이 막힐 듯 답답했다.

강철호는 3년이나 적응해서 웬만하면 견딜 만했으나 이런 날은 정말 참기 힘들었다.

"야, 느들 누가 부채질 좀 해봐! 이거 원 더워서 미치겠어!"

웃통을 벗어젖힌 강철호가 대여섯 명의 사내들에게 명령했다.

사내들도 덥고 짜증나기는 마찬가지여서 축 늘어져서 인상들이 그리 좋지가 않았다. 그러나 명령이 떨어지자 등과 배를 온통 문신으로 뒤덮은 우람한 체격의 사내가 먼저 벌떡 일어섰다.

"형님, 가만 계십시오. 제가 시원하게 해드리겠습니다."

사내는 벗어놓은 웃옷을 집어 들더니 어깨 소매를 양 손으로 잡고 키질하듯 바람을 일으켰다. 그러자 또 한 사내가 냉큼 일어나 같은 방법으로 부채질하기 시작했다.

"야, 꼴통! 너 제법 머리 쓸 줄 아는구나!"

"형님, 시원하세요? 저 이래 봬도 아이큐가 백은 넘습니다."

문신을 한 사내가 희죽희죽 웃으며 더 힘껏 부채질을 해댔다. 두 번째 사내도 질 새라 손놀림이 빨랐다. 드러누워 있던 네 명의 사내들은 감히 그냥 있을 수 없었던지 죄다 일어나 앉았다. 그리고 두 사내더러 힘들면 임무교대를 하자며 저마다 웃옷을 벗어들고 언제든 부채질할 자세였다.

"강철호!"

사내들이 번갈아 가며 바람을 일으켜 주어서 시원해진 강철호가 살포시 잠이 들었을 때였다. 때아니게 간수가 불러서 신경질적으로 몸을 일으켰다.

"왜요?"

"면회야! 어서 나와!"

"면회? 올 사람이 없는데?"

강철호는 의아했다.

엊그제 어머니가 다녀가고 그 며칠 전에는 한성민이 소진수와 함께 다녀갔으므로 당분간 찾아올 사람이 없었다.

"지수영이라던가? 하여간 나이깨나 든 사람인데 너를 잘 안다더라? 특별면회실에서 기다리고 있어."

"지수영?"

모르는 사람이었다.

아무리 기억을 더듬어 보아도 처음 들어보는 이름이어서 의심스러웠다. 더욱이 권력의 힘이 없이는 불가능한, 단 둘이서만 대화를 나눌 수 있는 특별면회실에서 기다린다니?

아무튼 누군가 찾아왔다는 것은 기분 좋은 일이고 그것도 특별면회실이라니 무언지는 모르지만 불길한 예감보다는 묘한 기대감이 들었다.

"오, 미스터 강!"

강철호가 면회실에 들어서자 50대로 보이는 장년의 사내가 굉장히 반가워하며 다가왔다. 사내는 훤칠한 키에 검은 양복을 말끔하게 차려입고 짙은 푸른색 안경까지 꼈다. 앞에 와서 안경을 벗었는데도 누군지 알 수 없는 난생 처음 보는 얼굴이었다. 그런데 사내가 덥석 포옹까지 해서 어리둥절했다. 게다가 귓가에 입술을 갖다 대더니 놀랍게도 영어로 속삭였다.

"너는 나를 몰라도 나는 너를 알고 있다. 지금부터 내 말만 듣고 예스, 또는 노라고만 말하면 된다. 질문은 하지 마라. 너에게 질문할 자격은 없다."

협박이 다분했다.

"무섭군! 나는 당신을 이 자리에서 한 주먹에 날릴 수도 있어! 지수영이라 했던가? 당신의 신분이 도대체 뭐요?"

기가 죽을 강철호가 아니었다. 오히려 공격적인 언행으로 맞받았다.

"역시 듣던 대로군! 좋아! 편하게 앉아!"

사내가 유쾌하게 웃더니 소파로 가서 먼저 앉았다.

"당신의 신분을 말하기 전에는 앉을 수 없소. 당신은 누구요?"

강철호는 건방을 떠는 사내 꼴이 배알이 뒤틀려서 위협적으로 말했다.

"단도직입적으로 말하겠다. 질문은 하지 마라. 어떠냐? 한 달 내로 너를 이곳에서 나가게 해주겠다. 4년을 더 이곳에 썩고 싶지는 않겠지?"

"뭐요? 나를 이곳에서 내보내 준다고? 하, 나 참… 이 사람 누굴 놀리나!"

어이가 없었다.

그리고 어느 놈이 조롱하려고 찾아왔나 싶어 주먹을 불끈 쥐었다. 하지만 바쁜 세상에 맹랑한 소리나 하려고 감옥까지 찾아왔을 리는 만무하고, 분명 무슨 꿍꿍이속이 있을 것 같아서 끝까지 말을 들어보기로 하였다.

"그렇다! 내일이라도 나오게 할 수 있다."

"당신 혹시 정보 계통에 있어요? 검찰? 안기부? 날 써먹기 위해서 권력을 매수하는 마피아 일당도 아닐 테고 무슨 재주로 날 내보내 준다는 거요?"

"이봐 미스터 강, 다른 말은 다 해도 좋은데 마피아 같은 소리는 하지마라. 그런 쓰레기는 다 쓸어버려야지!"

지수영이 그런 유치한의 부류로 매도되는 것이 몹시 기분이 상한 듯 노기가 서린 표정을 지었다.

"그럼, 도대체 뭐요?"

강철호는 어쩌면 진심일지도 모른다는 생각에 좀 누그러져서 사내 앞에 가서 앉았다.

"질문은 받지 않는다고 했다. 나의 조건을 수락만 하면 된다."

지수영은 여전히 냉랭한 어조로 명령했다.

자존심이 좀 상하고 기분이 나쁘기는 하지만 출옥만 할 수 있다면야 그까짓 명령쯤이야 천 번이고 만 번이고 들을 수 있다 싶어 고분고분 목소리를 낮춰 물었다.

"조건? 조건이라… 그 참! 하여간 말해보시우, 그게 뭔지."

"우리 단체에 가입하라는 것이다. 단 마피아나 강도 그런 쓰레기 따위는 아니란 것만은 분명하다. 만약 그런 일이라면 언제든 탈퇴해도 좋다. 세계의 평화를 위한 일이란 것쯤만 알아두라."

"세계 평화? 황당하군! 나 같은 강도한테 그런 제안을 하다니 당신 정신이 있어요?"

강철호는 또 한 번 어이가 없었다.

폭력과 강도로 복역하고 있는 일개 전과자한테 거창하게 세계 평화 운운하다니 옆집 개가 웃을 일이어서 실소를 금할 수 없었다.

"오, 노! 너는 폭력자도 아니고 강도도 아니야! 사회악을 응징한 정의의 사자이지! 나는 너의 그런 정의를 존중한다. 세계 평화를 위해서 불의한 존재들을 쓸어버려야 하니까 너와 같은 사람이 필요하다."

지수영은 손사래를 치며 강하게 부정했다.

그런데 자신이 정당하다고 믿고 범행한 동기를 지수영이 어찌 알았을까?

귀신이 곡할 노릇이었다.

하지만 자신의 마음을 알아주는 사람이 이 세상에 있다는 사실이 믿기지는 않지만 기분은 좋았다. 그리고 무언지는 모르지만 일단은 믿어도 좋을 것 같은 묘한 느낌이 들어서 의심을 거두어들이고 출옥의 희망을 걸어 보기로 했다. 하지만 비굴해지고 싶지는 않아서 조건을 달아 엄포를 놓았다.

"좋아요, 예스라 해두지! 단 나중에 당신이 불의한 사람이면 그때는 내가 당신을 그냥 두지 않을 테니까!"

"오 케이! 그럼 한 달 후에 다시 보자. 단 비밀리에 이곳을 나와야 한다. 그리고 조용히 미국으로 가라. 준비는 다 해줄 테니까. 또 출옥해도 너는 당분간 이곳에 있는 것으로 알려질 것이다. 적당한 시기에 특사로 풀려난 것처럼 가족들 앞에 나타나면 된다. 그럼!"

지수영이 일어섰다.

강철호는 마치 귀신에 홀린 것 같았다.

믿을 수도 믿지 않을 수도 없는 이 짧은 시간, 꿈을 꾸고 있는 것인지 그저 어리둥절하기만 했다. 이런 것을 두고 아닌 밤중에 홍두

깨라 했을까?

도대체 지수영이 누구이며 세계 평화를 위한다는 단체는 또 뭐며, 왜 자신이 그들의 관심의 대상이었을까? 그리고 지수영이 뭔데 감옥을 제집 안방처럼 드나들 듯 하며, 뒷배가 누구이기에 마음대로 출옥시켜 준다는 것일까?

그리고 그것이 과연 가능한 일일까?

어찌 되었건 지옥 같은 감옥에서 해방돼 밝은 세상만 볼 수 있다면 하늘이 내린 복이라 생각하고 황당한 꿈이 아니기만 바랐다.

"복은 재앙 속에 깃들어 있고, 복에는 화가 숨어 있다. 어느 누가 궁극적인 결과를 알겠는가? 옳고 그름이 없으면 바른 것이 바르지 않게 되고, 좋은 것이 다시 재앙이 된다.

천하를 싣고 가는 짚수레

불볕더위가 연일 계속됐다.

얼마나 무덥던지 그 싱그럽고 싱싱하던 나뭇잎이 저린 배추처럼 시들시들 맥없이 처졌다. 땅도 생기를 잃고 푸석푸석했다.

아스팔트를 벗어난 길은 흙먼지가 쌓이고 천수답 나락은 목마름을 호소하는 듯 비비 꼬인 잎을 꼿꼿이 세워 하늘을 우러렀다.

작년에도 가뭄 끝에 큰비가 내렸는데 금년에는 또 얼마나 쏟아지려고 이러는지! 한성민이 예고한 대로 이 더위가 정말 엄청난 비를 몰고 올 태풍의 징조일지 아무도 몰랐다.

한성민의 부름을 받은 주성수가 목덜미를 흠씬 적시는 땀을 연신 씻어내며 스승의 근심을 떠올리면서 부리나케 달려왔다.

스승은 다른 나라보다 비교적 하늘의 재앙을 덜 받은 천혜의 땅 대한민국에도 더위 끝에 큰 태풍이 몰아칠 것이라며 사전에 잘 대비하라 했었다. 반신반의하면서도 고향의 부모님께 비가 잦았던 금년 봄에 여름 가뭄을 대비하라 일러주었는데 틀림이 없어서 피해를 최소화할 수 있었다. 그래서 이제는 스승의 말이라면 콩을 팥이라고 해도 믿을 수 있을 만큼 존경했다.

주성수의 그에 대한 믿음과 존경심은 비단 한 해의 기후를 관찰하는 도력 때문만은 아니었다. 고고한 자세와 뛰어난 식견, 그리고 범인을 뛰어넘은 혜안에 감복했다. 더욱이 드러내지 않은 그의 능력이 어느 정도인지 가늠이 되지 않을 정도여서 저절로 고개가 숙여졌다. 그리고 자신도 도의 세계에 들고 싶은 의지가 강하게 불붙었다. 하지만 선희의 얼굴이 명상을 할 때마다 떠올라서 의지는 도를 향하는데, 마음은 그리움의 번뇌에 시달려서 괴로웠다.

한성민은 선희를 좋아하는 주성수의 마음을 진작부터 알고 있었다. 아내가 귀띔해 주어서이기도 하지만 눈짐작으로도 알아차렸다. 그래서 남다른 관심으로 지켜보니 요새 사람 같지 않게 사람이 신중하고 차분한 데다가 마음도 곧고 성실했다. 두뇌도 명석해서 좋은 의견을 많이 내놓아 수련원을 운영하는 데도 쓰임이 컸다. 거기다가 박희경과 진경숙이 조언을 서슴없이 해주어서 경영 능력이 없는 그로서는 여간 다행이 아니었다. 오늘 주성수를 부른 것도 새로운 계획을 내놓고 그들의 의견을 들을 생각에서였다.

"선생님 부르셨습니까?"

주성수가 노크하고 방문을 열자 그는 읽고 있던 책을 덮어놓고 빙그레 웃음지어 맞이했다. 그림자처럼 항상 남편 곁을 떠나지 않는 강서영이 뜨개질하던 손길을 멈추었다. 그리고 한 가족을 대하듯 실바구니를 한쪽으로 밀어놓고 스스럼없이 곁에 앉으라 하였다. 주성수도 체면 차리지 않고 그녀 곁에 조심스럽게 앉았다.

"자네, 요즘 수련을 열심히 하더군! 진전이 좀 있나?"

"글쎄요… 선생님, 공부라면 자신이 있는데 수행만은 정말 어렵고 힘듭니다."

"그럴 걸세. 말이 쉬워 마음을 비운다고들 하지만 한평생을 닦아도 삼매에 들기는 어려운 법이지. 포기하지 말고 열심히 하게. 인연을 찾아가려고 요동하는 마음의 문을 닫는 연습을 용맹하게 꾸준히 하다보면 큰 성과가 있을 테니까."

"잘 알겠습니다. 더욱 열심히 노력하겠습니다."

주성수는 말은 그렇게 해도 속으로는 선희 때문에 용맹정진이 잘 안 됩니다 하고 말하고 있었다. 하지만 그는 야속하게도 주성수의 마음을 아는지 모르는지 고개만 끄덕이다가 잠시 무슨 생각을 하더니 할 말만 했다.

"그건 그렇고, 자네를 보자고 한 것은 다름이 아니라 자네와 희경이와 경숙이가 데리고 온 수련생 친구들과 그밖에 나와 자주 대화를 나누는 젊은이들을 마침 내일이 일요일이니까 아침에 수련장으로 불러 모았으면 한다."

하고는 명단을 적은 쪽지를 건네 주었다.

얼핏 살펴 보니 스승을 진심으로 따르는 사람들이었다.

그들은 대부분 주성수와 박희경, 진경숙 셋이 설득해서 수련생으로 입회시킨 책상머리 친구들 다섯과 두드러지게 두각을 나타내는 직장인 셋을 포함해서 모두 여덟 명이었다. 나이도 모두 40대 전후반의 고만고만한 젊은이들이어서 호형호제하거니 너, 나 하고 사이 좋게 지낼 만한 사람들이었다.

한성민이 그들을 모이게 한 것은 장차 큰일을 하기 위한 전 단계로 가칭 '홍익진리회弘益眞理會' 라는 단체를 발족시키기 위해서였다.

그리고 젊은 그들을 중심으로 나중에 별도 법인을 설립해서 한민족의 정신문화와 역사를 일깨우는 한편, 수행을 지도하면서 머잖아 불어 닥칠 천재지변과 검은 그림자들의 음모를 세상에 널리 알릴 뜻이 숨겨져 있었다.

"성인은 천하의 짐수레를 떠나지 않고 끝까지 끌고 간다."

하였다.

그러므로 비록 성인은 아닐지라도 언제 재앙이 닥칠지 모를 천하의 일을 번연히 알면서도 나 몰라라 해서는 안 된다고 생각했다. 외롭고 힘들더라도 중생을 한 수레에 담아 끌어서 안락한 곳에 내려 놓을 머슴이기를 자임했다. 기실 서울에 다시 올라온 것도 다 그 때문인데 이제 그 활동을 시작해야 할 시기가 임박했다고 판단했던 것이다.

주성수가 물러간 뒤 그는 아내한테 비로소 속내를 털어놓고 동의를 구했다.

강서영은 인도를 여행하면서 남편이 무슨 일을 할 것인지를 어렴풋이 짐작하고 있었다. 그리고 친정아버지가 재산을 물려주려 할 때 복지재단 설립을 조건으로 내걸어서 언젠가 이런 일을 할 것이라 예상했다. 그래서 가타부타 할 것도 없이 쌍수를 들고 환영했다. 그리고 말이 나온 김에 자신에게도 할 수 있는 몫을 달라 하였다.

그러나 그는 아내의 말을 듣는 둥 마는 둥 했다. 그녀는 아무 대답이 없는 남편이 섭섭해서 "왜요? 여자라서 능력이 없을까 봐서 아무 말씀 안 하세요?" 하고 토라졌다.

"당신이 능력이 없다니 당치도 않소! 일이라면 나보다 당신이 훨씬 뛰어나다고 생각하는데. 하지만 당신은 지금 임신한 몸이잖소. 아이를 낳고 나서도 그렇고. 그러니 당분간 일할 생각은 하지 않는 것이 좋겠소."

"임신하면 가만히 있는 것보다 활동하는 것이 좋다고 하던데요?"

강서영은 남편의 말을 듣고 나서 그러면 그렇지 하고 토라진 마음을 풀었다.

남편이 아무리 현실과 거리가 먼 생각을 가진 사람이라 해도 남녀를 차별하는 고리타분한 사람은 아니란 것쯤은 익히 알고 있었는데 지레 속단해서 부끄럽기도 했다.

"그야 가벼운 운동은 좋지요. 하지만 태아 교육이 중요해요. 험한 음식도 가리고 타인과 다투거나 성내고 욕하지도 말며 오직 정갈한 마음으로 좋은 음악을 듣고 좋은 책을 읽으면서 좋은 생각만 해야지. 그리고 당신은 요가로 단련된 몸이라 건강을 자신하지만 내가 보기에는 그렇지가 않아요. 조심하고 조심하면서 세상일에는 관여하지 말고 마음을 닦는 데만 열중했으면 좋겠소."

아내가 임신했다는 사실을 알고 나서 거듭해서 주의를 주었던 말이었다. 그런데도 까맣게 잊고 세상사에 마음 쓸 생각부터 하는 아내가 딱해서 다시는 엄두도 못 내게 정색을 하고 난단히 일렀다. 앞으로 받아야 할 아내의 과보가 얼마나 위험한지를 잘 아는 그로서는 아내의 일거수일투족에 신경을 곤두세우지 않을 수 없었다. 그러는 한편으로는 수행을 하면서 삼매의 깊이를 더하고 더해서 아내를 덮치고 들 것이라 예상되는 마기魔氣의 행적을 찾고 있는 중이었다. 그리고 발견 즉시 마기와 싸워서 이길 수 있는 도력을 더 높이는 데에 열중하고 있었다.

일요일 오후였다.

한성민이 부른 여덟 명의 젊은이들이 오후 2시쯤에 수련장에 다 모였다. 낯선 사람 하나 없이 서로들 잘 아는 사이이라 친목모임이라도 하는 것 같았다. 어제 보았는데도 오랜만에 만난 친구들처럼 악수로 반기고 웃기는 이들도 있어서 왁자지껄했다. 모임을 주도하는 주성수가 나서서 좀 조용히들 하라 했으나 수군대기는 매한가지였다.

그러나 그가 수련장에 모습을 보이자 개구리 울어대는 논에다가 돌멩이 하나 던진 듯 조용해졌다. 누가 뭐랄 것도 없이 그가 앉을 방석 쪽으로 자리를 옮겨 앉아 허리를 곧추세우고 이야기를 들을 자세까지 취해서 수련으로 성숙해진 모습을 보였다.

한성민은 만면에 미소를 머금고 그들 앞에 하나 놓인 방석에 가서 결가부좌했다. 그리고 그들의 얼굴을 하나하나 눈여겨보고 잠시 뜸을 들였다가 진중한 표정으로 말문을 열었다.

"오늘 자네들을 보자고 한 것은 나라 걱정을 함께 해보고 싶어서네."

하고 모임의 이유부터 설명했다.

젊은이들의 얼굴빛이 화사하게 펴졌다. 그의 부름에 궁금증이 굉장했는데 별것 아니어서 긴장이 풀렸다. 그러나 나라 걱정이란 말을 곱씹어 보고 심상치가 않아서인지 다시금 긴장의 빛을 띠었다.

"사람들은 지나간 일을 잘도 잊는데 알다시피 작년에 추위가 혹독했고 비도 많이 와서 피해가 컸지 않았나. 그런데 지금의 이 더위는 무엇을 의미하는 것일까? 저어기 자네 기자라고 했지? 김민수 군!"

한성민이 말하다 말고 진경숙과 나란히 앉은 젊은이를 가리켰다.

갑자기 지목을 받은 김민수는 일순 당황했으나 이내 마음을 가다듬고 대답했다.

"가뭄과 홍수는 역학의 논리로 10년 혹은 60년 주기로 오는 것으로 알고 있습니다. 그런데 지구 온난화 때문에 요즘은 역학의 논리가 맞지 않은 것은 아닌지 모르겠습니다."

"지구 온난화라… 여러분은 지구 온난화가 과연 있다고 생각하나? 돈벌이를 위한 검은 그림자들의 음모가 아닌가 싶다. 자네들 기억하는 사람이 혹시 있을지 모르겠다만 내가 한참 전에 지구 온난화는 없으며 혹독한 추위가 올 것이라고 말한 적이 있었다. 그리고 폐질환이 유행할 것이라고 했었지. 과연 그랬다. 그해가 엄청나게 추웠었다. 그리고 무슨 신종플루라던가? 세상을 발칵 뒤집어놓은 병 말이야. 모두 공포에 질려있을 때 나는 그런 병은 없으며 단순한 독감 종류에 지나지 않는다고 단언했는데 지금도 그 생각은 변함이 없어!"

한성민은 좀 노기를 띠었다.

천지의 도를 자의적으로 꾸며내 제 잇속을 챙기는 자들을 향한 분노의 표출임을 금방 알 수 있었다. 그래서 모두들 입을 닫고 침묵하는데 김민수가 다시 물었다.

"선생님의 말씀에 저도 전적으로 공감합니다. 지내놓고 보니 선생님의 말씀이 옳았습니다. 그런데 한 가지 질문이 있습니다. 기후변화와 시대적 혼란을 천지의 도란 시각에서 어떻게 해석할 수 있는지요?"

"자네는 나를 취재할 셈인가? 역시 기자답군! 나를 꼼짝 못하게 역공하는 건 아닌지 의심해 봐야겠는 걸."

한성민이 농담을 담아 큰일이라도 난 것처럼 난감한 표정을 지었다.

당황한 김민수가 손사래를 치며 취재는 천부당만부당하다며 얼굴을 붉히며 쩔쩔맸다. 그 모양이 어찌나 순진해 보였던지 모두가 안으로 삼키던 웃음을 한꺼번에 터뜨렸다.

한성민도 따라 웃었다. 그들과 함께 소리내어 껄껄 웃는 그의 천진한 모습을 그들은 처음 보았다. 어린아이 같아서 귀엽다는 생각도 하였다. 그러나 그는 오래 웃지 않았다. 이내 정색을 하고 김민수의 질문에 답했다.

"자네의 질문에 대답하지 않을 수 없겠지?"

"……!"

"천지의 도는 역학의 원리와 상당히 일치한다. 역학은 천지의 도를 문자로 표시해주는 것이니까 그 문자들을 잘 관찰해 보면 시대상을 어느 정도 예측할 수는 있다. 그러나 자고로 나라가 망할 징조가 보이면 역적들이 득세하고, 흥하려면 충신들이 득세하기 마련이다. 천지의 도는 인간들의 하기 나름으로 응하기 때문이지. 간사한 무리가 역사의 전면에서 분탕질을 일삼으면 천지의 도 역시 그에 상응한 재앙을 내리고, 의로운 자가 시대를 이끌면 천지의 도는 의롭게 상응해 온다. 따라서 나는 여러분들이 천하의 짐수레가 돼서 힘들더라도 나와 함께 끌고 가주기를 부탁하고 싶다."

"그럼 간사한 무리들, 다시 말씀드려서 법망을 교묘하게 피하거나 법으로 응징할 수 없는 위치에 있는 무리들을 어찌 해야 합니까? 그들 때문에 천지의 도가 시대를 암울하게 한다면 마땅히 응징해야 하는데 응징할 방법은 없고 천지의 도마저 무위하다 하시니 세상이 어떻게 되겠습니까?"

한 젊은이가 손을 번쩍 들고 일어나 분연히 질문했다.

키는 그리 크지 않아도 다부진 체격에 얼굴선이 뚜렷해 불굴의 의기가 넘쳐 보였다.

"배영기 군, 자네는 변호사라 했지? 마땅히 할 만한 말을 했군. 그러나 극단적 정의는 곧 극단적인 악이 되네! 그리고 나는 이렇게 말하고 싶다. 좋은 사람은 나쁜 사람의 스승이 되고, 나쁜 사람은 좋은 사람의 본보기가 된다. 그러한 스승을 귀하게 여기지 않으면 올바른 것을 본받을 줄 모르는 것이다. 비록 좋은 것과 나쁜 것을 안다 해도 시비의 판단이 크게 흐려져 그것을 앎이 묘하다 하였다. 따라서 사악한 무리들의 악행을 귀하게 생각해서 본보기로 삼고, 귀한 것은 감추어 두고 함부로 쓰지 않으니 악행을 저지르지 않을 것이며, 선행은 천한 물건 쓰듯 하면 악행은 저절로 없어지겠지."

"…!"

"어쩌겠나? 사악한 무리들은 독버섯처럼 늘 있기 마련이지만 천지의 도에 맡겨둘 수밖에! 사람이 응징하는 것보다 더 참혹해질 것이다. 지금 그때가 오고 있다. 그대들은 그들을 귀하게 여기고 본보기로 삼아 선행을 천하게 쓰고 악행을 천하게 쓰지 않기 바란다."

"선생님, 지금 때가 오고 있다고 하셨는데, 전 세계의 기상 이변은 그때의 시작을 의미하는 것인지요? 또 그때가 되면 크게 보아서는 우리나라, 작게 보아서는 개개인의 재앙에 대해서 말씀해 주셨으면 합니다."

배영기가 다시 일어나 여전히 과격한 어조로 질문했다.

"지금 천하는 때아니게 한쪽에서는 폭우가 쏟아지는데, 한쪽에서는 폭설이 내리고 화산이 폭발하고 지진이 일어나는 등 천재지

변이 끊임이 없다. 나는 이것이 그때의 징조라 생각하고 있다. 다만 그때는 여러분이 살아 존재하는 시기 안에 반드시 일어날 것으로 짐작한다. 그리고 그때에 이르러 우리나라는 어찌 될까?"

"어떻게 될까요?"

배영기가 긴장해서 재빨리 반문했다.

"생각해 보면 우리 민족은 천손으로서 군자국이었으나 지은 죄 또한 만만치가 않다. 배달국시대 범족Arian의 성질이 흉포해서 환웅천황께서 사해四海, 한민족을 중심으로 온 세계 밖으로 쫓아냈지. 그때 그들은 정예 소수부대로 전 세계를 지배하며 수없이 살육을 하지 않았나. 비록 그들에 의해 모든 문명의 기반이 되었으므로 세계문명의 원류가 되었지만 죄 또한 적지가 않다."

"선생님, 그런 역사적 사실이 있었어요?"

여태 얌전히 듣고만 있던 진경숙이 크게 놀랐는지 눈이 휘둥그레져 의문을 표시했다.

"물론! 그리고 단군시대에 이르러서는 곰족마저 신을 외면하고 타락하기 시작했다. 그러므로 그 죄의 피를 이어받아서 무려 3천 년이나 수난의 역사가 계속되었던 것이라 생각한다."

"그럼 그래서 우리 민족이 수난을 많이 겪었군요?"

"나는 그렇다고 생각한다. 하지만 신은 결코 천손을 외면하지 않았으므로 열강들의 틈새에서 꿋꿋하게 나라를 지켜 주었던 것이다. 그리고 간과할 수 없는 역사적 사실을 여러분은 기억해야 한다. 천하에 종교적 신념으로 순교한 민족이 어느 민족이 가장 많은 것 같나?"

"그야 유태인 아닌가요?"

이번에는 박희경이 고개를 갸웃했다.

"그렇지 않아. 바로 우리 민족이야. 천도교의 동학도가 수십만 명이며, 외래종교인 천주교 역시 그러하다. 또 왜정에 항거한 민족 종교인들의 죽음 또한 얼마인가? 게다가 외침으로 인해 죽어간 사람은 또 얼마인가? 아마도 고대로부터 일천만 명도 넘을 것이다. 이처럼 우리의 조상은 피의 대가를 충분히 받았다. 따라서 이제 수난의 역사를 끝내고 천손으로서 옛 영광을 되찾을 때가 된 것이다."

"하지만 선생님, 같은 천손이라 해도 벌을 받아야 할 무리들이 많지 않습니까? 우리의 조상을 배반하는 자들, 그리고 간신들과 위정자들이며, 사회악을 저지르는 자들 말입니다."

"그들은 어떤 이끌림으로 저절로 죽을 땅으로 찾아가서 죽임을 당하겠지! 그 처참함을 말로 표현할 수 없다고 우리의 예언서가 그리 말하고 있다."

"…!"

그들은 그저 놀라울 따름이어서 무어라 할 말을 잃었다. 그에 더해 그는 유독 강한 어조로 다음 말을 이었다.

"그리고 또 있다!"

하고 강조한 뒤 장중한 음성으로 수련장을 무겁게 울렸다.

"지금 천하를 한 주먹에 쥔 검은 그림자들이 때를 기다리고 있다! 식량을 무기로 혹은 휴대폰, 컴퓨터 따위의 첨단기계로, 혹은 한 나라의 상공에서 오존층을 걷어낼 수 있는 위성으로, 혹은 이 땅에서 제3차 전쟁을 일으켜서 인류를 다 죽이고 극소수만 남겨두고 마음대로 부릴 음모가 진행중이라는 것을 알아야 한다!"

"…!"

"그래서 나는 우리 함께 천하의 의로운 짐수레가 되고자 그대들을 이곳에 모이게 하였다. 그 짐수레의 명칭을 '홍익진리회'라 하고, 하늘의 재앙과 인간의 추악한 음모에 대비하려 한다!"

심중의 비장함이 수련장의 공기를 격동으로 몰아넣어 듣는 이들의 가슴을 숙연한 감동으로 떨게 하는 사자후였다.

"선생님 새 시대가 언제 열리겠습니까?"

주성수가 조용히 일어나 오래 품었던 의문이었던지 목소리에 흥분이 실렸다.

그런데 그는 대답하려 하지 않았다.

"새 시대가 열린다는 것은 새로운 인물의 등장을 의미한다. 그것은 천기를 앞질러 발설하는 것인 만큼 숨기는 것이 옳다."

하고 의미심장한 언질만 주었다

그리고 그에 그치지 않고 듣기에 따라서 매우 심각한 말을 계속했다.

"그러나 나라에 전쟁과 같은 환란이 온 다음에 새 시대의 역사가 열릴 것이란 사실만은 분명하게 말할 수 있다. 그러므로 이 나라 백성의 한 사람으로서 누군가가, 아니 많으면 많을수록 좋겠지. 도를 구하고 가르쳐서 민족 정기를 바로 세우고 백성을 널리 구제하기 위해서 되도록 많은 사람들이 천하의 짐수레가 되어야 하지 않겠나. 그래서 나도 그 소임을 자처하려 하거니와 뜻을 함께할 사람이 필요하다네."

하고 뜻을 분명히 하였다.

그리고 배영기 변호사를 불러 세웠다.

"자네는 어떻게 생각하는가? 내가 법인을 세울 생각인데 참여할 의사가 없는가?"

"선생님, 저를 먼저 지목해 주셔서 영광입니다. 불러만 주시면 성심을 다하겠습니다."

"고맙네, 그럼 자네가 임시회장을 맡아서 일해 주게. 법률전문가니까 정관을 만들고 법인 설립을 주도해 주었으면 하네. 그리고 주성수 군은 참여할 사람들의 명단을 작성해 주었으면 좋겠다."

"저어기 선생님, 마지막으로 한 가지만 더 여쭙겠습니다. 요즘 문득 생각이 나서 그럽니다. 정치는 어떻게 해야 잘 하는 것입니까?

한성민이 자리에서 일어서려 하자 김민수가 다급히 질문했다. 신문기자라 아무래도 정치에 관심이 많은 모양이었다.

"어려운 일이 아니지 않은가? 정치는 어떻게 할 것인가가 중요한 것이 아니라 국가와 민족을 위해 무엇을 할 것인가를 생각하는 것이 중요하겠지. 그러면 자연히 정쟁이 사라질 테고 나라는 안정되겠지. 그리 되기 위해서는 정치하는 사람들이 사사로움이 없어야 한다. 그리고 금하는 법령을 많이 만들고 간섭하면 민심이 각박해진다. 비단 정치인뿐만 아니라 모두가 그래야 한다. 세상만사 한 가지로 못박아서 되는 일이 없으니까 옳음이 그릇됨이 되고, 그릇됨이 옳음이 되기도 하는 것, 사사로움에 빠지지 않도록 늘 깨어 있어야 한다.”

“훌륭한 그 말씀 마음에 새겨 두고 언제나 깨어 있겠습니다.”

김민수가 숙연히 대답했다.

“이런 말이 있다. 도가 만물을 생하고 비축한 덕으로 쉼 없이 태어나게 하고 힘들게 자라는 것을 돌봐주며, 영양을 골고루 주어서 태어나게 해도 내 것이라 생각하고 욕심내어 취하지 않으며, 영원히 주재하지도 않고 만족하지 않으니 이것을 현묘한 덕이라 한다 하였다.”

“…?”

“이것이 무슨 뜻이냐?”

“…?”

“사사로움이 없다는 뜻이다. 모든 걸 이루고도 내 것이다, 혹은 내가 했다 하고 자랑하지 않고 베풀기만 하는 도의 본색을 정치인들은 물론이고 여러분들도 알아야 한다.”

“…!”

“모름지기 사사로움이 있는 자는 위선으로 국민을 위하는 체하고 교만하다. 그리고 제 잇속만 챙기기 마련이다. 그러므로 이런 말에 해당된다. 버린 음식 쓰레기 같은 행위로서 나라에 해악이 된다 하는 것이다. 그리고 천하에 금하는 것이 많으면 백성은 탐하는 것이 많아진다 하였다.”

“…!”

“권력자들이 사회악을 금한답시고 이 법 저 법 많이 만들지만 그러면 그럴수록 백성은 교묘한 지혜로 더 탐욕해지기 마련이다. 모

름지기 위에 있는 사람이 사사로움이 없으면 백성 또한 사사로움
이 없어져서 탐욕을 부리지 않을 테고, 백성이 탐욕을 부리지 않으
므로 나라는 평안해지는 것이다. 탐욕은 사사로움에서 나오니 가정
과 사회와 나라의 가장 큰 해악이라 않을 수 없다!"

"…!"

한성민이 말을 맺었다.

모두들 그의 거침없는 설법에 매료되었는지 입을 굳게 다물고 열
려 하지 않았다.

한동안 침묵이 계속되자 주성수가 앞으로 나섰다.

"그럼 질문이 없으면 홍익진리회에 가입할 사람만 남고 사범을
포함해서 나머지는 돌아가도 좋습니다."

그러자 서로 눈치를 볼 것도 없이 한 사람도 자리를 뜨지 않았다.

뒤늦게 하나둘 모여든 사범들마저 꼼짝없이 앉아 있었다. 할 수
없이 주성수가 선생님의 당부라며 사범들은 설득했다.

이곳 수련원은 강철호 전 원장의 소유이고 현 원장인 한성민은
임시로 전 원장을 대신해 지도하고 있을 뿐이다. 그리고 주성수 자
신과 박희경, 진경숙은 사범이라기보다 스승을 모시는 제자의 신
분이므로 스승을 따라가는 데 아무런 문제가 없지만, 나머지는 이
곳 사범으로서 끝까지 남아서 전 원장을 돕는 것이 도리에 맞다 하
였다.

그러나 그들은 그를 스승으로 생각하기는 매 한 가지라며 나중에
라도 가입을 받아 주어야 한다며 주성수를 다그쳤다. 그리 말하는
데는 주성수도 할 말이 없었다. 마지못해 나중에 노력해 보자는 말

로 그들을 달래서 내보내고 나머지 젊은이들을 가입서에 서명하게
하고 모임을 파했다.

　사실 한성민이 직접 수련을 지도한 이래 집중력이 뛰어난 사람들
은 스스로 생각하기에도 기적이라 할 만큼 경이적인 경험을 하고
있었다. 자신과 타인의 뱃속을 의식의 눈으로 희미하게나마 볼 수
있는 수준에 이른 이들도 몇몇이 있었고, 벽의 경계를 초월해 이쪽
방에서 저쪽 방의 물건을 화면처럼 들여다 보는 이도 있었다.
　그들 중에 주성수의 능력이 가장 탁월했다. 워낙 열심히 정진해
온 터라 다른 이들이 희미하게 보는 사물을 컬러로 선명하게 볼 수
있을 정도로 상당한 경지에 올랐다.
　그리고 그런 소문이 알려지는 것은 삽시간이었다.
　광고를 하지 않은 데도 발 없는 말이 천리 간다는 말대로 입에서
입으로 조용히 소문이 퍼져 나갔다. 얼마 지나지 않아서는 곳곳에
서 배우겠다며 몰려드는 여러 계층의 사람들이 매일 줄을 섰다. 작
지 않은 수련장인데도 그들을 수용할 공간이 터무니없이 작아서
다 받아들이기가 어려울 정도였다.
　한성민은 아내를 위해 되도록 적당한 인원만을 수용해서 힘들고
번거로움을 피하려 했으나 이제는 부득이했다. 배우겠다고 찾아오
는 사람들을 내칠 수는 없어서 고심 끝에 강남에 수련장 하나를 더
내기로 아내와 의견을 모았다. 그리고 많은 인원을 수용하기 위해
서 기왕이면 수련장을 넓게 낼 생각으로 큰돈을 투자하기로 하였
다. 그 돈은 강철호가 출감하면 인계해 줄 생각으로 그동안 알뜰히

모아둔 것이어서 강철호의 허락을 받으려 하였다.

　그런데 이상했다.

　한성민이 교도소로 찾아가서 면회를 신청했더니 어찌된 셈인지 강철호가 다른 감옥으로 이송됐다는 말만 들었다. 그리고 더 이상한 것은 이송된 감옥을 알고 싶어 하는 데도 하나같이 모른다고 해서 걱정과 의심만 잔뜩 품고 헛걸음으로 돌아와야만 했다. 돌아와서는 백방으로 수소문해 보았으나 종적이 묘연해서 의구심만 커졌다.

　그러다가 할 수 없이 처삼촌인 강철호의 아버지 이름으로 한 건물 아래위층 전부를 계약하고는 충성스러운 소진수 사범이 내부공사를 감독하게 하였다.

　그런데 강철호의 아버지와 어머니는 자식이 어디에 있는지 모른다면서도 별로 걱정하지 않은 태도여서 미심쩍었다. 분명 어디엔가 있는 것을 알고 있는 것 같은데 영 모른 체해서 답답했다. 하지만 별로 걱정하는 기색이 없는 처삼촌 내외의 표정으로 보아 강철호가 무슨 일을 당하지는 않은 것만은 분명한 것 같아서 마음은 놓였다.

　수련원 강남지부 내부공사는 8월 말 금요일 저녁에 끝났다.

　새 수련장을 둘러본 한성민은 만족했다. 아무래도 오래 된 본원보다는 어디로 보아도 훌륭했다. 그래서 그동안 수고한 소진수의 노고를 칭찬하고는 그 자리에서 새 수련원의 책임자로 임명했다.

그리고 시간 끌 것 없이 토요일 하루 동안 음식을 장만해서 일요일 날 오후 3시에 개업식을 할 수 있도록 준비하라 일렀다.

그런데 생각지도 못한 어이없는 문제가 엉뚱한 데서 불거졌다. 내일 개업식 의논도 할 겸 아내를 데리고 처가댁에 갔는데 마침 처삼촌 내외가 와있었다. 그는 잘 되었다 싶어 개업식을 처삼촌 내외와 함께 의논하려 하였다. 그러나 기가 막힐 말을 듣고 말았다.

"한 서방, 소진수 사범을 본부 수련원에서 강남지부로 내쫓았다는데 정말이야?"

듣기에도 매우 불쾌하고 노기가 서린 언사였다.

"소 사범을 내쫓은 것이 아닙니다. 가장 오래 된 사범이고 또 능력도 있어서 믿고 맡길 만한 사람은 소 사범뿐이어서 강남으로 보냈습니다."

한성민은 어이가 없었으나 공손하게 대답했다.

"본부에서 나갔으면 내쫓은 거나 마찬가지 아닌가?"

잠자코 있던 처숙모까지 대들듯 하였다. 그리고 비꼬는 표정으로 고개를 한쪽으로 돌렸다. 듣고 있던 강서영이 참고 참으면서 얼굴만 붉히고 있다가 기어코 발끈했다.

"작은어머니 무슨 말씀을 하시는 거예요? 소 사범을 내쫓다니요? 망한 수련원을 누가 이만큼 키웠는데요? 그리고 이이가 한 푼이라도 아껴서 철호가 나오면 물려주려고 모아놓은 돈으로 새 수련장도 마련했잖아요? 계약도 우리 이름으로 한 것도 아니고 작은아버지 이름으로 했고요. 욕심이 있었다면 우리 이름으로 했겠지요. 그런데도 어떻게 그런 말씀을 하실 수 있어요? 그럼 우리가 소 사범을 쫓아내고 이익이라도 챙길 줄 알았어요?"

"뭐 그런 뜻이 아니라 우리 철호가 가장 믿는 사람이 소 사범이라서 딴 데로 보낸다니까 그냥 물어본 것뿐이다. 그리고 얼마 전에 철호한테서 연락이 왔는데 소 사범이 지부에 나간다니까 하도 펄펄 뛰어서 무슨 일인가 해서!"

강철호의 아버지가 우물우물 변명했다. 그런데 강철호로부터 연락을 받았다는 말을 엉겁결에 해놓고 아차! 싶었던지 뒷말을 얼버무렸다.

"네에! 철호와 연락하고 있었군요? 나 차암! 철호가 어니에 있는지 묻지는 않겠어요. 안 그래도 이이가 의논하려고 면회갔다가 그냥 돌아왔는데 정말 웃기네요. 알았어요. 소 사범은 믿는데 한 서방은 못 믿는다는 말이군요. 그럼 내일 당장 손을 뗄 테니까 작은아버지가 철호하고 의논해서 잘 운영해 보세요."

속사포처럼 말을 쏟아낸 그녀가 분을 못 이기고 눈물을 펑펑 쏟았다. 그런데 숙모가 고개를 휙 돌리더니 비꼬인 표정 그대로 발끈 성을 냈다.

"얘는, 누가 한 서방을 못 믿는다 했니? 그저 소 사범을 왜 본부에서 지부로 보냈는지 알고 싶어서 물어본 것뿐인데."

"그 말이 그 말이잖아요. 지금 수련원 운영을 누가 하고 있어요. 한 서방이잖아요. 그럼 어떻게 하든 한 서방한테 맡겨두어야지요. 철호가 못 믿으니까 감 놔라 콩 놔라 하는 게 아니에요. 그러니까 직접 작은아버지가 운영하시라는 거예요. 우리는 손을 뗄 테니까요. 여보, 그래요, 우리!"

강서영은 너무 분해서 눈물도 말랐다.

남의 말을 이해하기는커녕 심성이 뒤틀린 숙모의 얄미운 언행이 가증스러워서 아예 막말까지 퍼붓고는 자리를 박차고 일어나 다른 방으로 가버렸다. 친동생 내외라서 어처구니가 없어도 점잖게 듣고만 있던 그의 장인도 노기가 서렸다.

"제수 씨, 그만 하시오. 다 알아들었으니까! 한 서방! 내일 당장 인계하고 그만두게. 나 원 참! 물에 빠진 사람 건져주었더니 보따리 내놓으라니!"

하고는 어이가 없었던지 허공을 멍하니 쳐다보았다. 다급해진 처삼촌이 얼굴을 화하게 해서 좀 간사스럽게 말했다.

"형님, 오해하시지 마십시오. 철호가 아마도 개천절 특사로 풀려나오는 모양입니다. 몇 년 감옥에 있다가 보니까 별의별 생각을 다 했겠지요. 이해하세요. 우리야 한 서방을 하늘같이 믿지요. 그리고 얼마나 고마운지 그 은혜를 꼭 갚을 겁니다. 한 서방! 자네도 이해하게. 우리 철호를 누구보다 아껴 주었으니 앞으로도 잘 부탁하네. 얘가 마음 좀 잡도록."

"무슨 말씀이신지 잘 알았습니다. 처남이 특사로 풀려난다니 다행입니다. 안 그래도 처남이 출감하면 즉시 인계할 생각이었습니다. 앞으로 한 달밖에 안 남았으니까 그때까지 제가 마무리를 잘 지어놓을 테니까 심려하지 마십시오."

한성민은 처삼촌 내외의 이말 저말을 마음에 담아두고 싶지도 않았다. 그러나 강철호가 특사로 풀려난다는 말에는 놀랐다. 감옥 내에서 흉악범들의 대부로 알 만한 사람은 다 아는데 어떻게 특별사면이 가능했을까?

아무튼 처삼촌 내외가 말도 안 되는 소리를 하는 것으로 보아 강철호가 출감을 앞두고 무언가 계획을 세워놓고 초조한 나머지 그랬을 것이란 생각이 들었다. 그렇다면 오히려 잘 되었다 싶었다. 안 그래도 홍익진리회 설립을 목전에 두고 있는데 성가시게 수련원에 매이지 않아도 될 테니 오히려 홀가분했다.

장인은 내일 당장 그만 두라며 펄펄 뛰며 노기를 거두지 않았다. 기세로 보아서는 동생과 의절이라도 할 것처럼 격노해 있었다. 그런데도 처삼촌은 낯 두껍게 표정 하나 변하지 않았다. 그래서 더 화가 난 장인이 버럭 소리를 지르려 하였다. 그러자 잠자코 있던 장모가 장인의 노기를 눈치채고 다급히 중재를 하고 나섰다.

"한 서방, 일을 시작한 사람이 끝맺음도 정확하게 하는 것이 옳다. 인수인계할 준비를 잘 해두게."

하고 타일렀다. 그리고 남편과 시동생을 향해서는 남이 알면 형제끼리 무슨 창피냐? 그동안 의좋게 지냈는데 이런 일로 다투면 집안 꼴이 무엇이 되겠느냐며 조용히 달랬다. 처삼촌 내외도 미안하다며 누가 먼저랄 것도 없이 슬그머니 일어나 그만 집으로 가겠다 하였다.

장인은 그들이 나가도 쳐다보지도 않았다. 장모는 일어나 그들을 배웅하고, 그는 어찌 되었건 예의는 차려야 하므로 대문 밖까지 따라 나가 심려하지 말라 하고 다시 한번 안심시키고 돌아왔다. 그리고 2층으로 올라가 보니 아내가 여태 분기를 못 참아 얼굴을 시퍼렇게 붉히고 있었다.

"당신 벌써 잊었소? 복중 아이를 생각해야지! 너무 상심하지 말고 어서 화를 풀어요. 응!"

"저도 알아요. 그래서 마음을 진정시키려는데 잘 안 돼요. 문을 닫은 수련원을 당신이 밤낮없이 노력해서 예전보다 더 키워 놓았는데 어쩌면 그럴 수 있어요. 수련원을 당신이 좌지우지할까 봐 그런 거잖아요. 나 참 기가 막혀서!"

"세상 인심이 다 그런 걸 어쩌겠소. 어차피 잘 되었잖소. 홍익진리회 문제도 있고 하니 오히려 잘 되었소. 하루라도 일찍 손을 뗄 수 있어서 다행이오. 그나저나 절대로 성내지 않기로 나와 약속했잖소. 우리에게 아이만큼 중요한 것이 무엇이 있겠소. 제발 감정을 자제하고 이담에는 하늘이 무너져도 평상심을 잃지 않았으면 좋겠소."

"미안해요. 저도 모르게 그만. 앞으로는 꼭 명심할게요."

강서영은 곧 후회했다.

어떻게 가진 아이인데, 그리고 남편이 얼마나 염려하고 당부했는데 위험스레 그토록 감정을 다스리지 못했을까! 어줍지도 않은 일인데 생각할수록 한심했다.

"아무래도 처남을 정이 깊었던 예전의 동생으로 생각해서는 안 될 것 같소. 오랜 감옥생활에서 자신을 정화시키기보다는 더 큰 야망을 불태웠음이 분명한 것 같소. 진작부터 알고는 있었지만 예상했던 것 이상이란 생각이 드오. 야망은 극도의 의심을 낳기 마련이고, 부모형제도 돌아보지 않는 무서움이 있으니까."

"아무리 그렇지만 철호가 그렇게 변했을까요?"

"자고로 나라가 정의로우면 죄인도 저절로 감화돼 의로워지지만 나라가 불의하면 순박한 사람도 불의해지고 죄인은 불의에 더 광분하는 법, 현 시대가 이러니 한스러울 뿐이오. 하지만 불의가 가득하면 정의가 불의를 의지해 자생하는 법이라 나중에는 천도가 용납하지 않을 것이오."

한성민은 동문서답 비슷하게 대답했다.

그러나 전에 보다 더 큰 욕망의 화신으로 변한 강철호가 심히 우려스러웠다. 감옥이란 곳이 잘못을 뉘우치고 의로운 사람으로 감화돼야 하는 공간이라 믿었었다, 그래서 그리 되도록 그토록 많은 이야기를 편지로 써서 보내고 책을 들여보냈는데도 마치 우리에 갇힌 범한테 착해라 하고 훈계한 것과 같아서 허망했다.

타고난 운명은 어쩔 수 없는 것일까?

강한 수컷을 알고 부드러운 암컷 성정을 지키면 천하를 위하고, 천하를 위하는 골짜기는 항상 덕을 아래로 흘려보낸다 하였는데, 강함을 암컷의 부드러움으로 지키면 만물을 길러주는 골짜기 물처럼 덕인德人이 될 텐데, 강철호는 그 강함을 강함으로 일관하니 그 화가 적지 않을 게 불을 보듯 뻔했다.

한편 그의 장인은 자신의 동생 내외가 가고 나서도 분기가 탱천해 있었다.

아내와 강철호의 장래 이야기를 하고 있는데 불러서 가보니 아까보다 더 노발대발했다. 다시는 동생을 동생이라 생각하지 않을 것이라고 노성을 터뜨리며 천하에 그런 배은망덕한 인간이 어떻게 같은 뱃속에서 나왔는지 모르겠다며 탄식을 거듭했다.

"자네 보기가 부끄럽네. 집안 망신도 분수가 있지. 아니 그래 물에 빠진 놈 건져주었더니 보따리 내놔라 하는 꼴이 아니고 뭔가. 세상에 의심할 사람이 없어서 자네를 의심해 그래. 철호 그놈이 나쁜 놈이지. 자네가 제놈한테 어떻게 했는데 그 따위 소릴 해 응!"

"아버님 고정하십시오. 저는 아무렇지도 않습니다. 어차피 처남이 나오면 물려줄 것인데 생각보다 빨리 그럴 수 있어서 다행입니다."

"당연히 그래야지. 그러나 사람의 탈을 쓰고 어찌 그런 말을 할 수 있나!"

"욕심에 눈이 멀면 다 그렇지 않겠습니까. 그냥 그렇거니 하고 이해하십시오."

"자넨 속도 좋네 그려. 하긴 그런 자네가 늘 자랑스러웠으니… 그건 그렇고 재단 설립 문제는 잘 돼가고 있나?"

장인은 그제야 노기를 풀었다.

체면상 노발대발하기는 했으나 더 계속했다가는 점잖은 사위 앞에서 제 얼굴에 침뱉기로 집안 망신만 더할 것 같다는 생각이 들어서였다. 그렇다고 금방 화사한 안색을 하기에는 체면도 있고 해서 짐짓 성난 표정을 바꾸지 않은 채 말만 부드럽게 했다.

"예, 다음 달이면 정관이 완성될 것 같습니다."

"그럼 이사진을 구성해야겠군! 이참에 건물 하나 있는 거 재단에다 넣게. 하긴 이제 소유주가 자네니까 자네가 어련히 알아서 그럴 테지만 내 눈치는 보지 말게나."

"예, 말씀대로 하겠습니다."

"그런데 이사진 구성은 다 생각해 놨겠지?"

"예, 이사장직은 아버님께서 맡으셔야 하고 어머님도 이사진에 포함시켰습니다. 감사는 배영기 변호사하고 주성수 사범 두 사람을 염두에 두고 있습니다."

"허 이 사람, 우리 두 늙은이는 생각하지 말래는 데도…!"

"아닙니다. 아버님의 식견이 꼭 필요합니다. 그리고 계속해서 일하시는 건 건강에도 좋습니다. 그리고 힘들게 매일 임무를 보시기보다는 가끔 둘러 보시기만 하면 됩니다."

"좌우지간 자네 고집은 못 꺾는다니깐! 그럼 자네가 시키는 대로 하지. 그건 그렇고, 이사 한 명이 더 있어야 하는데 어떤가? 사돈아가씨가?"

"그래요. 우리 아가씨 이사진에 포함시키면 딱 좋겠네."

선희 말이 나오자 그녀가 기다렸다는 듯이 찬성했다. 그의 장모는 시집간 딸년은 어쩔 수 없구나 하고 생각하면서도 그만큼 시누올케 사이가 돈독하다는 뜻이라서 기분은 좋았다. 딸의 말에 맞장구를 쳐주기로 하고 문득 생각나는 것이 있어서 물었다,

"사돈 아가씨야 당연히 이사진에 들어가야지! 한 식군데… 그건 그렇고 한 서방 고향에 짓고 있는 우리 살 집 공사는 잘 돼가지?"

"네, 매일 전화로 확인하고 있습니다. 다음 달 초에 완공이 된다더군요."

예전에 그가 장인한테 약속한 별장이었다.

언젠가 고향에서 함께 살기로 하고 경치 좋은 산자락을 일구어 놓은 밭 1000여 평을 사서 서너 달 전에 공사를 시작했다. 집터 외의 땅은 유실수와 야생초를 심어 정원을 꾸미게 했는데, 건축업자가 초등학교 동창생이라 그냥 맡겨 두어도 하자가 없을 것이라 믿고 있었다.

한성민은 일요일 오후에 아내와 함께 강남지부 개업식에 참석하기 위해 박희경과 진경숙만 데리고 수련원을 나섰다.

한성민을 그림자처럼 수행하는 주성수는 강서영이 우겨서 본원에 남아 있으라 하였다. 요즘 들어 틈만 나면 선희를 불러내 외식도 하고 찻집에 드나드는 등 둘 관계가 심상치가 않아서 그에게 귀띔해 일부러 못 오게 했던 것이다.

그런데 주성수가 동행하지 않자 진경숙은 좀 심통이 났다.

주성수가 선희를 배려하는 곰살궂은 모양이 보기가 좋으면서도 닭살 돋을 것처럼 눈꼴이 사납던 차였다. 그렇다고 그들을 시기하고 질투하는 것은 아니었다. 데이트 한 번 제대로 해보지 못한 자신의 처지가 한심해서 저도 모르게 일으키는 히스테리 같은 것이라 할 수 있었다. 진경숙은 그런 자신을 모르지 않으면서 괜스레 신경을 곤두세웠다.

하지만 달리 생각해 보면 선머슴처럼 덜렁대고 눈꼴사나우면 못 참고 할 말 다하는 계집애를 어느 남자가 좋아할까 싶어 여성답게 처신해 볼 생각으로 마음을 다잡아 보기도 했었다. 그러나 성질에 맞지가 않는 내숭 자체가 닭살로 느껴져 뜻대로 되지도 않았다.

그래서 타고난 기질을 스트레스 받게 왜 감추고 살아? 하고 자문하는 등 요즘 심사가 그리 편하지가 않았다. 그런 중에 오늘 또 한번 심사가 뒤틀리는 일이 있어서 한 바탕 소동을 벌이는 바람에 나중에 한성민으로부터 호되게 꾸중을 들었다.

수련원 개업식에 가면서도 승용차를 잘 타지 않는 한성민의 고집 때문에 강남행 2호선 지하철을 탔을 때였다. 출입문 쪽에 마침 두 사람이 앉을 만한 자리가 비어 있어서 강서영이 끝자리에 가서 앉고 한성민은 아내 왼쪽 옆에 바싹 다가앉았다.

박희경과 진경숙은 그들 부부 앞에 나란히 섰다. 그런데 진경숙은 한성민과 어깨를 맞닿아 앉은 사람을 무심코 쳐다보았다. 양복을 말쑥하게 차려입은 젊은 신사였다. 손가방을 얌전하게 무릎 위에 올려놓은 모습이 퍽이나 점잖았다. 게다가 그 신사 바로 옆에 성경책을 가슴에 안은 한 중년 여인이 무어라 수군거리는 소리를 들으면서 인자한 미소를 잔뜩 머금고 연신 머리를 끄덕이고 있어서 꽤나 신분이 높고 덕성도 있어 보였다.

그런데 그 젊은 신사가 여인의 말을 한 귀로 들으면서 눈은 곁에 앉은 초라한 옷 차람의 한성민을 힐끔 곁눈질하더니 얼른 그와 맞닿은 어깨를 떼어놓았다. 그리고 엉덩이를 여인 가까이로 바싹 당겨 앉아서는 계속해서 미소를 머금었다.

그 모양을 본 진경숙은 벌써 심사가 뒤틀리기 시작했다. 해서 무심하던 귀를 쫑긋이 세워 중년 여인이 무슨 말을 하는지 기울여 들었다.

"목사님, 앉은뱅이도 주님께 기도해서 낫게 해주셨다죠?"

여인이 무슨 말 끝에 문득 생각났다는 듯 다급히 물었다. 그러자 젊은 신사가 미소만 머금었던 닫힌 입술을 활짝 열어 하얀 이빨을 드러냈다. 그리고 주님의 이름으로 기도하면 안 나을 병이 없다며 자신만만하게 대답했다. 게다가 하나님께서 자신의 기도를 들어 주셨다며 아멘! 하고 가만히 입술을 움직여 기도하고는 예의 잔잔한 미소를 또 머금었다.

진경숙이 낯빛을 벌레 씹은 모양으로 한 번 일그러뜨리더니 박희경을 한 번 휙 돌아보았다. 그리고 의미심장한 웃음을 흘리며 깜박 잊은 것이 있었다는 듯 목소리를 높여서 호들갑스럽게 빠르게 말했다.

"선생님, 저요 작년에 심장병으로 고생 되게 했거든요. 심근경색으로 죽을 뻔 했어요. 근데 환인 하느님하고 환웅 할아버지 하고 단군 할아버지한테 살려달라고 죽어라고 기도했더니 글쎄 수술하지 않고도 감쪽같이 나았지 뭐에요? 다 선생님 강의를 듣고 깨달은 덕분이에요!"

진경숙을 아는 사람이라면 누가 들어도 실소를 금할 수 없는 뻔뻔한 거짓말이었다. 다분히 젊은 목사를 겨냥한 비아냥댐이 틀림없었다.

그 말뜻을 알아챈 박희경이 터져 나오는 웃음을 안으로 삼키려다가 기어이 못 참아 키득키득 토해냈다. 그는 얼른 그들을 향해 나무라는 눈짓을 보내며 고개를 저어 쓸데없는 소리 하지 말라는 경고를 보냈다.

그런데 그 다음이 문제였다.

젊은 목사가 두말없이 자리를 박차고 일어섰다.

"목사님, 아직 내릴 때가 멀었어요. 어서 앉으세요."

의아한 중년 여인이 다급히 말했다. 그런데 젊은 목사의 다음 말이 가관이었다.

"나는 마귀 옆에 앉아 있을 수 없습니다."

듣기에는 점잖은 어투인데 단호해서 일순간 긴장의 기운을 감돌게 했다. 두말할 것 없이 진경숙의 얼굴이 벌겋게 달아올랐다. 하지만 진경숙은 무슨 생각에서인지 금방 안색을 환하게 바꾸고 웃음까지 지어 목사에게 애교스럽게 말했다.

"목사님, 저는요, 대학교 때 어느 도사한테 관상 보는 법을 배웠거든요. 아까 목사님 앉아계실 때 보니까 얼굴이 신선 같았어요. 하늘에서 내려온 신선 아시죠?"

참으로 능청스러운 거짓말이었다.

카멜레온도 아니고 어떻게 한순간에 돌변시켜서 저리 능청스럽게 할 수 있을까? 그녀와 박희경이 감탄했다. 그러나 무슨 말을 하려고 저러는지 긴장했다. 혹 실언을 하면 어쩌니 싶어 고개를 가로저어 실없는 소리 못하게 주의를 주는데 그는 크게 나무라는 눈짓을 보냈다.

그런데 젊은 목사의 표정이 뜻밖이었다.

마귀라 냉소하여 비웃을 때의 얼굴이 아니었다. 표정을 화사하게 펴서 처음보다 제법 근엄한 미소까지 머금었다. 그리고 귀여운 아이를 바라보듯 기분 좋은 자상한 눈빛으로 진경숙을 넌지시 쳐다

보았다. 자신의 얼굴을 자랑스러워하는 빛이 다분했다.

하지만 진경숙의 다음 말이 가관이었다. 그것도 생글생글 웃으면서 하는 말인데다 곱씹어 봐야 이해할 수 있는 비유여서 중도에 입막음을 하기도 어려웠다.

"목사님은 진짜 신선 같으세요. 근데요, 그거 아세요? 신선 눈에 신선 보이고 마귀 눈에 마귀 보이는 거요. 저는 신선 수행을 해서 그런지 마귀도 신선으로 보이거든요!"

"⋯⋯!"

말뜻을 금방 이해하지 못한 목사가 잠깐 생각에 잠기는 것 같더니 표정이 단번에 일그러졌다. 그러다가 시퍼렇게 얼굴을 굳혀서 진경숙을 이글이글 타오르는 분노의 눈빛으로 한 번 무섭게 째려 보았다. 그리고 몸을 휙 돌이켜 가까운 다음 칸으로 자리를 옮겨갔다. 진경숙의 대거리에 가만히 앉아 듣고만 있던 여인도 재빨리 일어나 목사를 뒤따랐다.

한성민은 그때까지는 진경숙을 나무라지 않았다. 그러나 강남지부 개원식을 간소하게 치른 뒤에 따로 불러 눈물이 찔끔 나오도록 크게 꾸짖었다. 꾸짖은 요지는 이랬다. 타인이 듣기 싫은 소리를 했다고 해서 원한을 가지고 앙갚음을 하는 것은 옳지 않다. 천도는 아름답고 선하다고 해서 편애하지 않으며 추하고 악하다고 해서 비판하거나 내치지 않으니 그것이 도를 공부하는 사람이 할 바이다. 그러므로 이질적인 종교라 할지라도 그리고 그들이 이치에 맞지 않는 말을 할지라도 비난하면 천도에 반하는 것이라 훈계했다.

"진경숙 사범이 보통 아니에요."

강서영은 남편으로부터 호되게 꾸지람을 들은 진경숙이 시무룩해서 나가자 은근히 그녀를 치켜세워 주었다. 자신은 젊은 목사의 같잖은 언행을 되받아 친 진경숙의 재치와 의기를 오히려 칭찬해 주고 싶었는데 남편의 나무람이 너무 심했다는 생각도 들었다.

"당신은 그런 진경숙을 두둔해서는 안 되오. 그냥 속으로 삼킬 일이지 대놓고 반박하고 무안을 주면 상대방과 다를 바가 무엇이겠소. 자칫 큰 싸움으로 비화될 수도 있어요. 그러니 의로운 혈기가 넘치지 않게 잘 다스리도록 항상 일러줄 필요가 있소."

"아직 어리니까 나이가 들면 차차 깨우치지 않겠어요?"

"어릴수록 엄하게 가르쳐야지요. 나중에 생각이 굳어지면 쉽지가 않을 테니…!"

사실 그는 진경숙이 나중에 나라와 사회를 위해서 크게 쓰일 여성이라 생각하고 있었다. 명석한 두뇌와 올곧은 생각, 그리고 자기 의사를 분명하게 표현할 줄 아는 용기와 대담성은 여느 남자 못지 않았다. 다만 감정을 제어하지 못해서 경솔하고 단순한 성격이 문제가 돼서 큰 그릇으로 성장하지 못할까 저어했다. 그래서 속내를 감추고 짐짓 호되게 꾸짖었던 것이다.

그나저나 한성민은 강철호가 더 걱정이었다.

강남지부 개원식을 예정대로 잘 치르기는 하였으나 강철호가 이렇게 빨리 출옥할 줄은 상상도 하지 못했었다. 미리 알았다면 본원이 아무리 복잡해도 기간을 늦추어서라도 강철호가 직접 개원하게 했을 것이고, 그랬으면 쓸데없는 오해도 사지 않았을 텐데 아쉬웠다.

그러나 수련원에 미련이 없으니 그 때문에 크게 근심하지는 않았다. 강철호의 극도에 오른 의심증을 우려했을 뿐이었다. 야망에 불타는 인간일수록 의심이 깊어 여우처럼 살피기 마련이고, 그리고 풀잎을 흔드는 미풍 같은 의심일지라도 자신에게 해가 된다고 생각하면 즉시 수단과 방법을 가리지 않고 해를 가하는 무자비성을 걱정했다.

사실 강철호는 한성민이 우려하는 정도 이상의 야망을 감옥에서 불태웠다.

건강을 회복하고 감옥에 갔을 때는 지난 날의 잘못을 뼈저리게 후회도 했었다. 그래서 처음 얼마동안은 비록 감옥이기는 하지만 산속에 은거해 도를 닦는 마음으로 형기를 채울 각오였다.

그런데 흉악범으로 분류된 사람들과의 생활은 전혀 엉뚱한 방향으로 마음을 굳어지게 하였다. 사회에 대한 비판과 분노에 가득 찬 그들의 일그러진 의식에 정당성을 부여할 정도로 물들어져 더 큰 야망이 싹트기 시작했던 것이다.

흉악범들은 강철호가 감방에 들어오던 날 소위 신참 신고식이란 것을 하도록 강요했다. 우선 폭행으로 공포에 떨게 한 다음 노예처럼 부리고 영치금도 뜯어내려는 수작이었다. 하지만 강철호가 그들의 협박에 고분고분 복종할 위인이 아니었다. 겁을 주는 그들에게 냉소를 머금고 좋게 말할 때 조용히 있으라고 타일렀다.

그러나 강철호가 누구인지 모르는 그들이 가만히 있을 리가 없었다. 두목 쯤 되는 녀석이 웃옷을 벗어서 온몸의 문신을 보이며 겁부터 주었다. 그런데도 눈 하나 깜짝하지 않고 같잖다는 듯 표정 하나 변하지 않자 두말없이 덤벼들었다.

그러나 녀석은 단 한 번의 발길질에 나자빠지고 말았다. 하지만 녀석의 맷집도 보통이 아니어서 곧바로 일어섰다. 그리고 너 죽었다 하고 덤비는데 이번에는 다른 다섯 명까지 한꺼번에 합세해서 집단폭행을 가하려 하였다. 그러나 어림도 없었다. 그들은 하나같이 마치 썩은 장작개비처럼 그것도 눈 깜짝할 사이에 혼쭐이 나고 말았다. 두목은 구석에 처박혀서 기절했는지 움직이지도 못하고 나머지는 하나같이 나자빠져 끙끙댔다.

그들은 그제야 무릎으로 기어와서 잘못을 빌었다. 그리고 신출귀몰한 무술로 세상을 발칵 뒤집어 놓은 장본인인 것을 알고는 사시나무 떨듯 했다. 그런 일이 있고 나서 그들은 감히 똑바로 눈을 뜨고 강철호를 쳐다보지도 못했다. 슬슬 기며 제왕처럼 떠받들기에 급급했다.

강철호는 굽실대는 그들의 복종에 익숙해져 갔다. 그리고 그들이 감옥에 올 수밖에 없었던 나름의 당위성에 공감하기 시작했다. 물론 그들의 당위성이란 게 뻔해서 사고를 친 원인을 이웃과 사회에 돌리는 비뚤어진 울분이 대부분이었다. 강철호는 그런 그들이 머리를 조아리고 구세주처럼 떠받들자 비슷한 생각을 했던 자신의 과거 행적과도 얼추 닮기도 해서 불쌍하다며 받아들였다. 그리고 나서 세월이 갈수록 세상 누구도 믿어서는 안 된다는 원칙을 마치 먼지가 쌓이고 쌓여서 흙이 되고, 흙이 벽돌이 되듯 자신도 모르는 사이에 뼛속 깊이 새겨져 굳어지고 말았던 것이다.

거기다가 야심마저 맹렬해져 갔다.

무려 일곱 번의 계절을 사회와 단절된 채 살아야 하겠기에 그만큼의 보상을 받아야 한다고 생각했다. 명예, 금전, 사랑 등등 인간이 누려야 할 당연한 삶을 빼앗긴 만큼 누리지 않으면 억울해서 스스로 폭발해 죽을 것 같았다.

그래서 하루하루 쌓아올린 야망의 계단은 피라미드처럼 솟아 정점을 수도 없이 오르내리기를 반복하면서 숨 막히는 감옥 생활을 참아냈다. 그러던 중에 어느 날 참으로 뜻밖에 그것도 상상도 할 수 없었던 천우신조의 기회가 찾아왔던 것이다.

지수영이라는 듣지도 보지도 못한 의문의 사나이가 홀연히 감옥으로 찾아와 한 달 이내에 출옥시켜 주겠다며 유혹의 손을 내밀었던 것이다. 어떤 인물인지 모르지만 형기 전의 출옥을 자신 있게 제의했을 때는 그만한 배경이 있을 테고, 조건 또한 만만치 않을 것이라 짐작은 했었다.

그런데 그 조건이란 것이 황당하게도 인류 평화와 정의를 위한다는 한 단체에 가입하라는 것이어서 웃기는 말이었다. 도무지 자신과 어울리지 않는 그 말은 거절할지도 모를 자존심을 세워주기 위한 듣기 좋은 명분이란 것쯤은 쉽게 알아차릴 수 있었다. 그리고 어쩌면 목숨을 내걸 만한 임무가 주어질 위험스러운 일을 하게 될지도 모른다는 느낌도 강하게 받았었다.

하지만 좀 망설여지기는 했으나 출옥이란 미끼를 냉정하게 뿌리칠 용기가 없었다. 오히려 시간을 끌면 지수영이 혹시 또 다른 사람을 선택하지나 않을까 불안했다. 해서 뒷일이야 어찌 되었건 그건 그때 일이고 설사 지옥에 가는 한이 있더라도 출옥부터 하고보자고 결심했던 것이다. 그리고 지수영이 누구의 하수인이든 4년을 더 감옥에서 보내는 것보다야 그쪽이 백 번 천 번 낫다고 생각했다. 그래서 꿈같은 희망을 가지고 혹시 잘못 되지는 않을까 하고 한 달을 초조하게 기다렸는데 아닌 게 아니라 지수영은 약속을 지켰다.

　정확하게 한 달 만에 간수로부터 출옥하라는 통보를 받았던 것이다.

　그 기쁨을 어디에다 비할까!

　감옥문을 나서는 순간 어둠에서 빛을 보듯 밀어닥친 행복한 환희는 과거에도 없었고 미래에도 없을 것 같았다. 밝은 세상 그 모든 것을 한 아름 안은 것 같았고 사랑스럽지 않은 것이 없었다. 그리도 미심쩍고 꼴사나운 사내라 여겼던 지수영이 구세주처럼 반가워서 이말 저말 따지고 물어볼 것도 없이 명령하는 대로 순순히 복종하는 게 신명나게 즐거웠다.

　지수영은 강철호의 이름을 한국계 미국인 제임스 강이라 적힌 여권과 미국행 비행기 티켓을 준비해 두고 있었다. 빈틈없이 약속을 지키는 지수영을 이제는 더 의심할 여지가 없었다. 지수영이 하라는 대로 곧장 공항으로 가서 쥐도 새도 모르게 미국행 비행기에 몸을 실었다.

그리고 미국에 가서야 비로소 지수영이 중국 조선족 출신 미국인임을 알았다. 신분은 미국 정보계통에 근무하는 것 같은데 국가와는 상관없는 어느 단체의 요원으로 활동하는 인물인 것만은 확실했다. 그런데 실로 놀라운 것은 지수영이 가입하라고 조건으로 내세웠던 단체였다.

지수영이 처음 말했던 것처럼 사실 그대로 인류 평화와 정의 실현이라는 명분이 뚜렷한 단체였다. 여느 회사와 다를 바 없는 매우 거대한 한 사무실 밀실에서 어느 종족인지 알 수 없는 미국인으로부터 교육을 받으면서 그 사실을 알고는 가슴 설레는 뿌듯한 자부심마저 느꼈다.

교육 내용을 요약하면 이러했다.

세계는 유사 이래로 지금까지 약육강식의 논리대로 역사가 전개되어 왔다. 나라마다 경제적 이익을 위해 자연을 파괴하는 것은 둘째치고라도 인간들끼리 속이고 속는 추악한 음모와 술수가 난무하고 있다.

그리고 강대국은 제 이익을 위해 언제든 약소국을 식민지로 만들 수 있는 첨단무기 개발에 혈안이 되어 있다. 게다가 갖가지 종교인들은 제 이익을 위해 신의 이름으로 인간을 세뇌시켜서 돈을 긁어모으는가 하면, 가정과 사회 국가 간의 갈등을 조장하고 심지어는 살생까지 서슴없이 저지르고 있는 것이 현실이다.

그 외에도 이루 말할 수 없이 인간임을 포기한 범죄가 난무하고 있다. 그로 인해 가난으로 굶어 죽어가는 인류 또한 얼마나 많은

가? 그러므로 그들을 구원하고 인류 평화와 정의를 구현하기 위해서는 세계를 하나의 정부로 통합해야 한다고 했다. 그러면 민족 간의 갈등도 없어지고 엄한 법령으로 사악한 무리들을 지구 밖으로 몰아내야 한다는 것이 그 단체가 추구하는 목적의 요지였다.

그리고 그 일을 위해서 강철호와 같은 정의감이 투철한 사람이 필요하다 하였다.

그렇게 교육을 받은 강철호는 흥분했다. 실로 자신의 포부와 절묘하게 잘 들어맞는 말이었다. 크고 넓게 보면 사채업자와 정치계의 거물 권력자의 집을 털었던 범행이 그들의 목적과 다르지 않았다. 그리고 무엇보다도 자신에게 주어진 임무 수행을 위해서는 자금을 무한정으로 쓸 수 있다는 데에 혹했다.

거기다가 사회활동에 거의 제약을 받지 않을 정도의 권한까지 부여받을 수 있다는 그들의 막강한 힘을 인지하고는 앞뒤 생각할 것도 없었다. 자신을 출옥시켜 준 것만으로도 이미 그들의 힘을 알고 있었던 터라 조금도 의심하지 않았다. 그래서 그들 단체에 정식으로 가입해 2개월간 교육을 받은 다음 활동지침은 후일 지수영을 통해 받기로 하고 귀국을 허락받았다. 하지만 강철호는 얼른 귀국하지 않았다. 행동의 자유를 위해서라도 얼굴을 적당히 뜯어고칠 필요가 있었다. 그래서 양볼과 턱을 살짝 성형하고 수염을 길러 곱게 다듬어 놓았다. 본래 서구적 얼굴인데다가 성형하고 수염을 기르자 얼른 알아보기 힘들 정도로 용모가 변했다. 거울을 보니 가족과 가까운 친척이나 한성민 부부, 그리고 소진수 정도를 제외하고는 그 누구도 자신을 알아보기 힘들 것 같아서 만족했다.

귀국은 개천절특사라는 명분에 의해 언론에 보도되었을 때를 맞추어서 할 계획이었다. 그 사실을 부모에게만 비밀리에 알렸다. 그리고 아무도 감옥으로 마중나오지 못하게 하고 때를 기다리고 있었다. 그 기간 동안 강철호는 여러 차례 한성민의 주장을 되새기며 자신의 임무에 초점을 맞추어 나름대로 이론을 정립해 합리화해 두었다.

한성민은 평소에 도인은 천하의 짐수레가 되어야 한다고 가르쳤다.

오직 사람을 위해서 천하의 그 모든 고통과 욕됨까지 한 마음에 실어서 피안의 저쪽으로 안내하고자 하는 자야말로 천도를 실천하는 것이라 했다. 실로 자신의 임무와 일치하는 말이었다. 인류 평화라는 지상 낙원의 목적을 달성하기 위한 것이니만큼 천도를 실천하는 것이라 확신했다.

그래서 자문하고 자답했다.

어차피 하늘은 인류의 분탕질을 내버려 두므로 인위적으로라도 말만 그럴 듯한 천도의 이상을 힘으로 실천하는 것이 얼마나 위대한가? 그러기에 자신이 해야 할 일이 비록 어느 한 가지 일에 국한된 것일지라도 천하의 짐수레를 끄는 일꾼 중의 한 사람인만큼 자부심을 가져야 한다. 그리고 큰일에는 늘 희생이 그림자처럼 따르기 마련이다. 그것이 비록 악역이라 해도 정당한 것만큼 당당하게 맡은 바 소임을 다할 것이라 맹세했다.

그러나 한성민이 늘 강조했듯 극단적인 정의는 극단적인 불의로 나타나 제 몸을 망가뜨리고 만다는 의미를 깨달았어야 했다.

의롭다 생각하고 얻기 위해 인위적으로 집착하면 모든 것을 잃는다 하였다. 그리고 장차 천하를 취하려고 욕심을 낸다 해도 얻을 수 없음을 알아야 한다. 천하는 신령한 그릇이기 때문이다. 작위로 무너뜨려서 천하를 얻고자 집착하는 자 다 잃을 것이다. 천하는 만물을 혹 앞서 나가게 하기도 하고 혹 뒤따르게 하기도 하며, 강하게도 하고 약하게도 하며, 기르기도 하고, 떨어지게도 하기 때문이라 하였다.

그러므로 뉘라서 천하를 작위로 얻을 수 있을까? 도로써 사람의 할 일을 하는 자는 천하를 억지로 하지 않아야 하는데도 말이다. 그건 그렇고 인류 평화 운운하는 그들 검은 그림자들은 누구이며, 그들의 유혹에 빠진 강철호의 운명은 과연 어찌 될까?

천도만이 알 수 있을 것이다.

출현한 악마의 본색

연이틀 비가 내렸다.

많이 뿌리지 않으면서 쉴 사이 없이 추적추적 내리는 것이 괜스레 마음만 어수선하게 했다. 가뜩이나 서울을 불바다로 만들어 버리겠다는 둥 말끝마다 포악한 말을 쏟아내는 휴전선 너머 사람들의 악담이 연일 계속되는 통에 민심이 더 뒤숭숭했다.

그래도 천지의 도는 시들어 가는 축 처진 풀잎에 비를 뿌려 곧추 세워 놓았으니 그런다고 사람의 일을 제 마음대로 할 수는 없을 터, 못 무는 개가 앙살맞게 짖어대는 것과 같을 테지! 게다가 저들의 광분을 자취를 숨긴 어둠 속에서 회심의 미소로 지켜보며 교묘한 수단으로 부추기는 검은 그림자들의 음모는 더욱 구체적으로 꿈틀대고 있겠지!

그러나 천지의 도는 저들을 지리멸렬시킬 터이고, 이 땅에 새 시대는 열리리라! 그때는 봄소식을 전해줄 진인이 붕새처럼 날개를 펴서 하늘을 가리고 천하를 진동시켜 뭇 중생을 살릴 테니 이에 인류의 평화는 우담바라 꽃이 만발하듯 지상에 가득할 것이다.

깊은 밤 수련장에서 홀로 명상에 젖었던 한성민은 그리 확신하고 조용히 일어섰다.

그리고 오래도록 생각했던 한 가지 일을 차일피일 시간을 끌 수 없다 판단하고 어둠 속을 뚜벅뚜벅 걸어 주성수와 박희경이 함께 자는 방으로 향했다.

예전에 강철호가 쓰던 방이어서 문득 감회가 새로웠으나 얼른 생각을 지우고 노크하고 방으로 들어갔다. 그리고 박희경을 시켜서 선희와 함께 자는 진경숙도 오라 하였다.

스승이 자정이 가까운 시간에 불쑥 찾아와 한자리에 모이게 하자 그들은 혹여 무슨 잘못이 있어서 꾸중을 들을까 봐 긴장했다.

그러나 그의 말은 의외였다.

"자네들 수련원 생활이 어떤가? 언제든 떠나고 싶은 생각은 없는

가?"

하고 말한 그는 부드러운 미소까지 띠었다.

우선 마음을 놓은 그들은 왜 갑자기 그런 질문을 하는지 이해가 가지 않아 서로의 얼굴을 멀거니 쳐다 보다가 진경숙이 주성수보고 먼저 말하라는 눈짓을 보냈다.

고개를 끄덕인 주성수가 헛기침을 한 번 하고는 천천히 대답했다.

"저희들은 학교 때 꿈꾸었던 사회적 희망을 모두 버리고 선생님을 따르기로 했습니다. 쉽지 않은 선택이었습니다만 지금은 옳은 길을 가고 있다고 생각하기 때문에 끝까지 포기하지 않기로 약속했습니다."

"선생님, 저는요, 도에 푹 빠졌어요. 이제는 헤어날 수 없으니까 선생님이 가라 하셔도 안 갈 거예요!"

진경숙이 주성수 말에 연이어 평소답지 않게 정색을 하고 의사 표시를 분명히 했다.

"선생님! 경숙이는 시집갈 생각도 안 한답니다. 도하고 결혼했다나 어쨌다나 그러던데요. 그리고 저는 도하고 결혼은 안 하지만 평생의 반려자 같이 생각하고 있고요."

이번에는 박희경이 싱글싱글 웃으며 농담조로 진경숙의 의지를 대신 말해주고 그에 더해 자신의 의사도 밝혔다.

"그럼 됐다. 수련원이 아니라 도에 뜻을 두고 있어서 안심이다. 어디서건 앉은 자리가 도를 닦는 수련장이니 굳이 장소를 가릴 필요가 없지."

한성민은 고개를 끄덕여 크게 만족해 하였다.

그리고 그들을 의아스럽게 한 질문의 요지를 설명했다.

"실은 개천절 날 이곳 수련원의 주인이 온다는군! 강철호 전 원장이 특사로 풀려난다 했어. 그럼 즉시 인계하고 나는 여기에 더 연연하지 않을 생각이다. 마침 홍익진리회 법인도 인가가 났고 해서 이제는 그 일을 할 때라고 생각하고 있다. 그래서 말인데 자네들은 어떤가? 전에 말했던 대로 법인으로 옮겨가야 할 때가 되었다."

"드디어 때가 되었군요. 선생님! 얼마나 기다렸다고요. 당연히 그 일을 해야죠. 그리고 선생님 안 계시는 이곳은 저희들에게 의미가 없습니다. 안 그래? 오빠들."

한성민의 말이 끝나기가 무섭게 진경숙이 신명이 났다. 그리고 두 사람을 빤히 쳐다보고 당연히 자신과 같은 마음이 아니냐는 투로 따지듯 물었다.

"야, 너만 그러니? 좌우지간 혼자 잘 났어! 홍익진리회 말만 들어도 가슴이 설레는데!"

박희경이 진경숙을 핀잔을 주고는 가슴에 손을 얹어 그윽한 표정까지 지었다. 주성수는 말없이 그들이 하는 양을 빙긋이 웃음지어 대답을 대신했다.

"법인에서 할 일이 많을 게다. 우선 회원을 모집하는 것도 그렇고, 한 천 명쯤 모이면 잡지도 발행하고, 정기적으로 강연도 해야 하니까 공부를 많이 해야 해. 전국에 회원을 한 십만 명쯤 참여시켰으면 하니까 자네들의 머리와 노력이 필요하다네."

"우와! 십만 명이면 힘도 막강해지겠는데요?"

진경숙이 벌써 그리 된 것처럼 놀라는 시늉을 했다.

"그리 쉽지가 않을 게다. 시간을 두고 차츰차츰 해야 한다. 더욱이 시대가 어수선한데다 아무래도 나라에 큰 변고가 생길 것 같아서 걱정이다."

"예? 변고요?"

진경숙이 연이어 눈을 동그랗게 뜨고는 반문했다.

"아직은 모르고 지내는 것이 좋다. 추측일 뿐이니까 하지만 변고가 있은 뒤에 국운이 크게 일어날 테니까 심려하지 않아도 된다. 그러니 그때까지는 정신들 바짝 차리고 우리의 일에 매진하는 것이 좋겠다."

한성민은 마지막으로 의미심장한 말을 남기고는 자리를 떴다.

새벽 2시가 가까운 터라 진경숙도 재빨리 뒤따라 일어나 선희의 방으로 가고 주성수와 박희경은 얼른 잠이 오질 않아서 스승이 남긴 말을 한참이나 더 곱씹어 보다가 잠자리에 들었다.

"늦으셨네요."

한성민이 자기 방으로 들어가니 아내가 아직 잠들지 않고 있었다. 입덧하느라 식사도 제대로 못하는데 늦도록 안 자고 기다리고 있는 아내가 안쓰러웠다.

"먼저 자지 않고. 당신 얼굴이 까칠한데 어디가 안 좋소?"

"아니에요. 그냥 입맛만 없고 몸은 괜찮아요. 어제 병원에 가보았는데 별 다른 이상이 없댔어요."

"그래도 절대로 과로해서는 안 되지. 당신이 아파서 눕기라도 하면 나는 아무 일도 할 수 없을 테니 오늘처럼 내가 늦는다고 기다리지 말고 일찍 자도록 해요."

"그럴 게요."

"사범들한테도 휴가를 주고 나도 얼마 동안 쉴 생각이오. 곧 처남이 나온다니. 우리는 시골에 가서 좀 쉬었다 옵시다. 어른들 별장도 완공되었고 하니."

"참 그러네요! 우리 엄마 아빠 얼마나 좋아하실까?"

"건축하는 친구가 정원을 특별히 마음 써서 꾸몄다 했소. 작은 연못도 만들고 고기도 사다 넣고 정자도 지었다니까. 자 그만 잡시다."

한성민은 아내를 안아 먼저 뉘고는 젖먹이 아이를 품듯 작은 몸을 꼭 껴안았다. 그녀는 어미품을 파고들 듯 그의 가슴으로 밀착해 들어갔다. 포근한 그의 품은 잠 못 이루게 모락모락 피어나 번거롭게 하던 생각의 잔해들을 사그라들게 하고 이내 노곤한 몸의 감각마저 사라졌다.

아내가 좀 더 깊이 잠들 때까지 기다린 그는 이윽고 숨 쉬는 소리가 적막 속으로 용해돼 고요함에 들자 가만히 기척 없이 일어났다.

그리고 곧장 샤워장으로 가서 온몸에 찬물을 여러 바가지 끼얹었고는 수련장으로 향했다.

인시寅時.새벽 3-5시 수련을 계획했던 터라 부족한 수면 때문에 혹 졸지는 않을까 저어했는데 오늘따라 정신은 더 해맑고 몸도 가벼웠다.

그런데 어제 초저녁에 그쳤던 비가 또 내리고 있었다. 그것도 윙윙대는 바람을 타고 거칠게 쏟아져서 아무래도 삼매에 들어가는 길목을 방해할 것 같아 좀 귀찮기는 했다.

그렇기는 하지만 오랜 수련으로 마음 밖의 소리쯤 여읠만한 근기가 있는 그로서는 크게 염두에 둘 만한 방해꾼은 아니었다.

그러나 막상 결가부좌해 집중하려 하자 우려했던 대로 마음을 산란하게 뒤흔드는 것들이 빗줄기처럼 쏟아져 들어왔다.

제일 먼저 떠오른 것은 강철호였다.

강철호가 출옥해 자신이 배워준 수련법으로 교묘하게 뭇 여성을 농락하고 돈을 긁어모으는 모습이 손에 잡힐 듯 선명하게 그려졌다. 거기다가 전국에 지부를 수백 개나 개설하고 미국으로 건너가 같은 방법을 저지르는 모습…!

그런데 웬일일까?

상상할 수 없었던 전혀 무관한 검은 그림자들이 빙 둘러싸고 무언가를 쑥덕이는 모습이 그려지는 것은.

한성민은 소스라치게 놀랐다. 그리고 자신도 모르게 불덩이 같은 분노가 들끓어 도무지 삼매에 들 수가 없었다.

참지 못해 반개한 눈을 번쩍 떴다.

쏴쏴 불어 닥치는 풍우가 귓전을 때리고 마음은 벌레가 우글대는 것처럼 엉켜서 좀체 안정이 되질 않았다. 할 수 없이 일어나 어둠 속의 수련장 이쪽저쪽을 거닐며 마음 밖의 생각들이 하나씩 식어가기를 기다렸다.

그리고 얼마가 지나서 안정이 돼 본래의 고요한 마음으로 다시 결가부좌하였다. 밖으로 뛰쳐나가고자 발광하는 마음을 두 눈을 부릅뜬 채 내면으로 회귀시키기 위해 용맹에 용맹을 거듭했다. 그에 더해 집중에서 집중으로 사력을 다해 무아 속으로 전진해 들어가기 시작했다. 한참을 그리 하자 풍우소리가 노래처럼 아름답게 들리다가 점점 멀어져 가고 이윽고는 끓는 물처럼 지피던 마음의 불길도 뚝 끊어졌다.

다음 순간이었다.

고막을 찢어 놓는 뇌성 같은 소리가 고막을 꽉 막아버리고 머리에 번개가 치듯 찡하게 열기가 솟구쳤다.

감각도 의식도 사라지는 순간이었다.

보이고 들리는 경계도 없는 텅 빔 가운데 무한히 밝으면서도 눈이 부시지 않는 황홀한 빛이 몸을 감싸고 몸은 그 가운데에 있었다.

그리고 좀 지나서는 머릿골 가운데서 자신의 모습이 수없이 피어올라 허공에 엉키더니 하나로 모아져 누군가를 기다리는 모습이 나타났다.

머릿골에서 나온 빛의 환영은 진아眞我인 영의 반영체였다.

무아에 들면 어김없이 나타나거니와 순백의 양의 영이므로 음의 영과 화합하기 마련이다. 이때 양의 영은 시공을 초월해 의식하는 상대방이 알지 못하는 사이에 음의 영을 일깨운다. 따라서 순수한 영이 기다리는 음의 영은 가장 사랑하는 아내 서영이었다.

그러기에 아내의 영은 기쁜 표정으로 달려와 꺼지지 않는 불꽃처럼 은은한 자신의 영과 화합하려 하였다.

그런데 어찌 된 셈일까?

아내가 주위를 빙빙 돌 뿐 자신의 영과 하나로 화합하려 하지 않았다.

그리고 잠시 후였다.

아내의 환영이 눈앞에 멈추고 뱃속의 아이가 황금빛으로 보이더니 아직 덜 자란 아이의 눈빛이 슬픔에 젖어 있었다. 아내의 환영의 눈빛도 슬픔에 젖었다.

한성민은 무의식의 의식계에서 헤매이는 아픔을 느끼고는 사력을 다해 아내를 자신의 품속으로 끌어들이려 하였다.

그러나 아내는 한사코 자신을 밀어냈다.

그런 중에 뒤이어!

흉악한 느낌을 주는 사람의 검은 형상이 홀연히 나타났다.

그리고 아, 아내의 배를 사정없이 걷어차는 것이 아닌가!

그러자 아내의 환영은 찰나 간에 사라졌다.

한성민은 무거운 신음을 토했다.

그와 동시에 결가부좌한 자세 그대로 힘없이 옆으로 스르르 쓰러져 몽롱한 의식상태로 한동안 그러고 있었다.

그리고 얼마나 시간이 지났을까?

의식했을 때는 매우 오랜 시간이 지난 것 같았다.

하지만 매우 짧은 순간이었다.

눈을 부시게 하는 섬광이 번쩍! 하고 지나가고 다시 깜깜한 어둠이 밀려들며 천둥소리가 가슴을 찢어놓을 듯 천지를 뒤흔들었다.

그 소리에 그의 의식이 돌아와 다시 자세를 바로잡고 앉았다.

그러나 그는 이내 마치 돌덩이에 머리를 부딪친 듯 몽롱한 정신으로 결가부좌한 자세 그대로 또 다시 옆으로 스르르 쓰러졌다. 새우처럼 웅크린 그의 등엔 식은땀이 축축이 젖어 흐르고 두 눈엔 그렁그렁 눈물이 맺히었다.

말할 수 없는 충격과 슬픔이 엄습해 그대로 쓰러진 채 꼼짝도 하지 않았다. 우르릉 쾅쾅 우르르 쾅쾅 천둥번개가 어둠을 가르고 지축을 흔들어도 일어날 생각을 하지 않았다.

"선생님!"

주성수였다.

늘 그랬듯 식전에 명상할 생각으로 수련장에 들어와 불을 켰다가 스승을 발견하고는 기겁을 하고 놀랐다. 그는 주성수의 외침에 그제야 부스스 눈을 뜨고는 결가부좌한 두 다리를 풀어 앉았다.

"흐음… 내가 명상 중에 깜박 잠이 들었다가 슬픈 꿈을 꾸었어."

"꿈이요?"

주성수는 의아했다.

아무리 슬픈 꿈이기로서니 눈물까지 흘린 스승의 참담한 모습이 가슴을 아프게 했다. 모르긴 해도 명상 중에 어떤 괴이한 현상을 발견하고 서러워했을 것이라 짐작했지만 물어볼 수가 없어서 가만히 서있었다.

"응, 좀 그런 꿈을 꾸었나 보다. 아 참! 자네 아침 수련 하러 왔지? 나는 가서 좀 쉬어야겠다."

평소의 카랑카랑한 스승의 목소리와는 사뭇 다른 어딘지 서글픈 느낌을 주는 말이었다. 주성수의 마음도 괜스레 울적했다. 더욱이 문을 나서는 축 처진 스승의 어깨가 진한 외로움을 짊어진 것 같아 마음이 무거웠다.

한성민은 수련 중에 끔찍한 장면을 목격하고 나서 초조했다.

아무래도 일정을 앞당겨서 시골에 내려갈 생각으로 수련원 인수 인계 준비를 해야 할 것 같았다. 그래서 주성수를 비롯해 배영기, 김민수, 박희경, 진경숙 사범 등 핵심 측근들을 불러 휴가 중 뒷일을 부탁해 놓고 마지막으로 상철호에게 편지를 썼다.

편지의 요지는 아내가 건강이 좋지가 않아서 당분간 고향으로 내려가 있을 것이라 하였다. 그리고 이후로 다시 수련원에 올 일은 없을 것이며, 그동안 수입과 지출내역을 자세히 기록해 놓은 장부가 있으니 그것으로 인수인계를 대신하라 하였다,

그 외에 수련원 운영에 관한 일들은 소진수 사범으로부터 설명을 듣고 미심쩍은 것이 있으면 언제든 연락하라 한 뒤 필을 놓았다.

그런데 그는 그 편지가 설마하니 받을 이 없는 곳에 오래오래 내버려졌다가 쓰레기장에 버려질 줄은 꿈에도 몰랐다.

어쨌거나 그는 편지를 써서 감옥으로 보냄으로써 할 일을 다 했다 생각하고 마음을 놓았다. 그리고 편안한 마음으로 아내와 선희를 데리고 고향으로 내려갔다. 이번에는 장인과 장모도 별장을 보기 위해 동행했다.

고향은 언제 가도 어머니 품처럼 포근했다.

오랜만에 와보아서일까 반쯤 편 학의 날개처럼 나지막한 산으로 둘러싸인 그 안쪽 양지 바른 기슭에 자리잡은 삼간집은 반기는 어머니를 보듯 정다웠다.

짐을 내려놓고 새로 지은 별장으로 가보니 별천지가 따로 없었다. 너른 벌판이 바라보이는 펑퍼짐한 산자락에 오롯한 집은 몇 그루 큰 소나무에 둘러 싸였고 정원은 갖가지 나무로 꾸며졌다. 연못엔 수련과 갈대, 그리고 물이끼가 벌써 제자리를 잡아 늪을 연상케 하여 보기가 좋았다.

한성민의 장인과 장모는 벌어진 입을 다물 줄 몰랐다.

둘러보는 곳마다 탄성을 자아내며 서울엔 다시 가고 싶지 않다며 이곳에 그냥 눌러앉아 남은 생을 보내고 싶다 하였다. 그러나 딸 내외가 법인 일 때문에 서울에 있어야 하니 함께 지낼 수 없는 것이 못내 아쉽다며 탄식하였다.

장인 장모가 별장을 더없이 흡족해 해서 조금이나마 마음의 짐을 덜은 그는 언젠가 고향으로 돌아와 두 어른을 모시고 함께 살 생각이었다. 건물이며 법인에 필요한 지금이며 서슴없이 내놓은 분들이라 그리 하는 길밖에 달리 은혜를 갚을 도리가 없었다. 그에 더해 손자까지 안겨 준다면 금상첨화일 텐데 그것이 마음에 걸려서 울적했다.

수련원에서 최선을 다해, 아내의 업을 시행하는 마의 존재를 찾아내어 아이와 아내를 지켜주려 하였으나 그럴 만한 근기가 아직 부족함을 절감했다.

그래서 부랴부랴 고향으로 내려오기는 했으나 앞으로 얼마나 근기를 끌어올릴 수 있을지도 걱정이었다. 정성이 지극하면 하늘도 움직이고 돌부처도 돌아 앉는다고 했으니 그동안 쌓아온 도력의 깊이를 근기가 허락하는 데까지 더해볼 결심이었다.

한성민은 밤늦게까지 그동안 비워두어서 낡고 허물어진 집을 여기저기 손질하고 청소까지 깨끗이 한 뒤에 잠깐 눈을 붙였다가 인시에 일어나 뒷산 석굴로 올라갔다.

집을 나서자 새벽잠도 잊은 누렁이 진돗개가 그가 어디로 갈지 벌써 알고 먼저 뛰쳐나가 길을 잡았다. 산을 오를 때는 수없이 오르내리던 옛길이라 덜 걷힌 어둠에도 발길은 저절로 좁은 외길을 벗어나지 않았다.

석굴 입구에 이르니 무당들이 다녀갔는지 타다 남은 초며 썩은 과일들이 너저분하게 흩어져 있었다. 동굴 안도 마찬가지였다. 정성들여 기도했으면 깨끗이 치우고 갈 일이지 난장판을 만들어 놓은 것이 영 마음에 들지 않았다.

축축이 젖은 벽엔 이끼가 끼고 거미줄도 엉켜있는 데다가 개구리며 지렁이, 심지어는 지내까지 제멋대로 기어다니면서 제집인 양 행세를 하고 있었다. 준비해 간 마른 나뭇가지에 불을 지펴 음습한 냉기를 몰아내는 한편 그것들을 빗자루로 쓸어서 밖으로 다 내보냈다.

그리고 예전의 그 자리에 촛불을 밝히고 구석구석 향을 잔뜩 살라서 꽂아놓았다.

그러고 나서 동굴 밖 싸리나무 곁에 서서 향이 다 타고 없어질 때까지 기다렸다.

이윽고 향냄새도 연기도 사라질 즈음 어둠이 걷히고 동굴 안은 예전처럼 청정해져 다시 안으로 들어가 북쪽을 향해 정화수 한 그릇을 놓았다.

그리고 그 앞에 다시 향 세 개에다 불을 붙여놓고는 정갈한 마음으로 저 북쪽 끝 위없이 높은 곳을 염하며 합장했다.

이 동굴에서 아직 한 번도 그래본 적이 없는 그였다. 오직 하늘과 땅, 자신의 내면을 관찰하며 삼매에 드는 수련만을 계속했다.

그럼에도 오늘은 기원의 자세를 취하고 섰다. 그리고 오래지 않아 이번에는 무릎 꿇어 절을 하기 시작했다.

한 번 두 번… 백 번을 헤아리고 천 번을 넘겼다.

그래도 절을 그치지 않은 그는 땀으로 후줄거니 옷이 젖고 양 무릎이 뭉개져 피가 흘러도 쉬지 않았다.

그러고도 이천 번을 더 하고서야 지친 몸을 겨우 지탱해 합장하여 털썩 무릎 꿇어 앉아서 사력을 다해 저 북쪽 하늘 끝까지 기원의 염을 올려 보냈다.

한성민의 기원은 아내와 아이를 위한 것이었다.

얼마 전 수련장에서 아내의 업을 시행할 마의 존재를 찾아 도력을 다 하던 때에 아내와 환영과 황금빛 아이를 목격할 수 있었다. 아내는 자신의 영과 화합하지 않으려 했으며 아이의 눈동자엔 슬픈 빛이 서려있었다. 그런데 형체를 알 수 없는 검은 그림자의 발길질에 아내는 배를 걷어차이고 아이의 모습은 순식간에 사라졌다.

그리고 그는 비명을 지르고 쓰러지고 말았다.

그것은 미래에 닥칠 아내의 액운을 예시한 환영이었다.

화합하지 않고 밀어낸 아내의 영은 자신과 일생을 함께 할 수 없으며, 아이는 태어날 수 없음을 나타내 보인 것임에 틀림이 없었다.

그리고 검은 그림자는 그 존재를 찾아 헤매던 아내의 업의 시행자라 직감했다. 그러기에 몸서리쳐지는 그 마의 존재가 누구인지 확인도 못하고 퇴치하지도 못한 자신의 미흡한 능력이 두고두고 안타깝고 괴로웠다.

아내가 격렬한 몸놀림으로 임신을 시도하던 그날, 기어이 정액을 억제하지 못하고 생명의 씨앗을 쏟아내고 말았던 자신의 의지가 원망스럽기도 하였다. 하지만 기왕 엎질러진 물인 것을, 그리고 생명을 임의로 뺏을 수도 없기에 자신의 영혼을 불태워서라도 아내와 아이를 구원하리라 결심했다.

그 방법은 인간을 부리는 하늘의 기운을 움직여서 그 인간이 아내와 인연을 맺을 수 없도록 도력을 다하는 길뿐이었다. 도가 깊어덕이 후하면 어린아이와 비교된다. 독충이 쏘지 못하고 맹수가 할퀴지 않으며, 사나운 새가 채가지 않는다 하였다. 이토록 정성을 다하여 도로써 덕을 간직하면 천하에 어디로 가든 해가 없으니 오로지 그 길만이 아내와 자식을 위한 유일한 길이라 생각했다.

가을이기는 하지만 늦더위가 여간 아니었다.

짜증이 날만큼 후덥지근한 것이 아무래도 한바탕 쏟아질 것 같았다.

한 이틀 전부터 늙은이들이 허리가 아프다 무릎이 아프다 해서 더위라도 식혀줄 비가 올 것을 기대하고 있던 참이었다.

그랬는데 아닌 게 아니라 이날 밤이 늦어서 비가 내렸다.

그런데 더위 때문인지 강서영은 며칠 전부터 입덧이 심해서 음식 맛을 잃었다. 비가 오자 더 먹기가 싫은 데다 기운까지 없어서 아예 몸져 드러눕고 말았다.

"당신 못 먹어서 탈진한 것 같소. 억지로라도 뭘 좀 먹어야 할 텐데."

아내가 안쓰러워서 식음을 제대로 못하고 있던 그는 걱정이 태산이었다. 아무리 정성을 들여 기원을 해도 정작 기운을 차리고 정성을 기울여야 할 본인이 맥없이 누웠으니 수심만 깊었다.

"안 먹어도 배가 고프지 않는 걸요. 근데 애가 이상한가 봐요? 아무 것도 생각나는 것이 없는데 글쎄 자꾸 돼지족발만 생각나요."

"돼지족발?"

"네.

"그럼 진작 이야기하지 여태 그걸 참았소? 허 참!"

"이 산골에서 돼지족발을 어디서 구해요. 그리고 그런 거 먹어보질 않아서 마음에 켕기기도 하고요."

"알았소. 그럼 조금만 참고 기다려요. 내 잠시 다녀올 테니까."

한성민은 아내의 말을 듣자마자 무슨 생각을 했는지 벌떡 일어나 주섬주섬 옷을 챙겨 입었다. 비 오는 이 밤중에 어딜 가려고 그러느냐고 아내가 물어도 대답하지 않고 횡하니 밖으로 나가서 사랑채에 혼자 있는 선희를 불러냈다.

"오빠 무슨 일이세요?"

"응, 너의 올케가 돼지족발을 먹고 싶대서 M시에 잠시 다녀오마."

"나도 따라가요? 언니 굶어서 기진맥진했는데 그거라도 먹으면 정신을 차릴 거예요."

"아니다. 혼자 다녀오마. 택시회사 전화번호 알지? 지금 전화해서 이리로 오라고 해라. 나는 마을 입구에 나가서 기다릴 테니 한 5분이면 오겠지?"

한성민이 말하고 대답도 듣지 않은 채 곧장 집을 나섰다.

거리에 나서자 비가 제법 세차게 내려서 우산을 썼는데도 옷이 금방 젖었다.

마을 어귀에 나가서는 바람막이가 없어서 우산이 뒤집어져 날릴 것 같았다. 생각보다 택시가 빨리 오지 않았으면 옷을 흠뻑 젖을 뻔했다.

그리고 예전 같았으면 마을에서 M시까지 버스로 한 시간은 족히 걸렸을 텐데, 금년에 산업도로가 나서 불과 20분밖에 걸리지 않았다.

하지만 비도 오고 시간이 늦어서 시장은 문을 닫았을 게 뻔해서 막상 M시에 오기는 했으나 어디로 가야 할지 막막했다.

그런데 다행히 택시기사가 족발을 구할 수 있다며 시내 이곳저곳을 돌아다니다가 한 포장마차 앞에 차를 세우고 얼른 가보라 해서 갔더니 과연 족발이 제법 수북이 남아 있었다. 그는 값을 물어보지도 않고 있는 대로 다 달라 하였다.

술꾼들이 우리는 뭘 먹느냐며 항의하듯 좀 남겨두라 해서 그들이 원하는 만큼만 남겨두고 모조리 포장해 들고는 부랴부랴 돌아왔다. 그때까지 아내는 잠들지 않고 기다리고 있었다.

"여보, 이 밤중에 늦도록 어딜 다녀오셨어요? 얼마나 기다렸는데."

"응, 돼지족발 사러!"

"예? 그럼 M시까지 가셨어요?"

강서영은 놀라고 감격했다.

그 먼 곳까지 다녀올 줄도 모르고 족발 얘기를 꺼낸 게 미안해서 울컥 눈물이 날 것 같았다. 족발을 보고 갑자기 허기가 느껴졌으나 얼른 손이 가질 않았다.

그 모양을 물끄러미 바라보던 그가 족발 하나를 집어 새우젓에 묻혀서 입에 넣어주자 겨우 한 입 넣고는 입맛을 다셨다.

맛있었다.

별로 우물우물 씹지 않고도 저절로 목구멍으로 꿀떡꿀떡 잘 넘어가 눈치도 보지 않고 허겁지겁 몇 잎을 연이어 입에 집어넣었다. 그러다가 좀 배가 불러오고 나서야 미소지어 바라보고 있는 남편에게 쑥스러운 웃음을 지어 부끄러워하였다.

속으로 가만히 말했다.

사랑은 그저 베풀어 주는 것
나의 아픔도 기쁨도

당신의 것으로 품어주는

그 마음,

거기서 나는 순애를 배우고

거기서 나는 참 행복을 배웁니다.

아, 당신은

사랑의 진실을 깨우쳐 주시려고

늘 나와 함께 계시나 봅니다.

강서영은 기운을 많이 차렸다.

족발을 먹고 난 뒤 신기하게도 입맛이 당겨서 밥도 잘 먹었다. 그
것도 장골밥을 먹을 정도로 양도 많아서 비만해질까 걱정할 정도
였다.

아내가 예전 기력을 회복하자 그는 한시름 놓았다. 그래서 이날
은 처갓집 별장에서 한가롭게 하루를 보내기로 하고, 오전에는 집
안에서 장인 장모와 이런저런 대화를 나누다가 오후에는 연못 가
운데에 지어 놓은 정자에서 아내와 함께 했다.

때늦은 더위가 기승을 부려서 사방이 트인 정자가 안성맞춤이었
다. 연못에서 수풀 사이를 유유히 노니는 물고기들이 보기가 좋았
다. 태극의 음양이 물고기 모양이라 천지의 도가 유유자적하는 것
같아서 볼수록 마음이 편안해져 시름을 잊을 수 있었다.

그러던 때였다.

무리 지은 금빛 잉어가 막 정자 가까이 지나칠 때 아내가 기쁨의

소리를 화급히 내질렀다.

"어머, 저기 당신 참모들이 다 오고 있네요!"

진경숙이 제일 반가운 듯 빠른 걸음으로 달려오고, 그 뒤로 주성수와 박희경, 그리고 배영기 변호사와 김민수 기자가 짝지어 오고 있었다.

"사모님!"

연못가에 이른 진경숙이 손을 흔들어 소리치며 정자로 건너갈 큰 돌 징검다리를 홀짝홀짝 발을 디뎌 바삐 건너왔다.

그리고 그에게 넙죽 허리 굽혀 절하고 그녀 옆에 애교스럽게 앉았다. 연이어 나머지 사람들도 성큼성큼 징검돌을 밟고 건너와 반가운 인사를 나누고는 빙 둘러앉았다. 그리고 정원이며 연못이며 별장 뒤로 뻗어 내린 산세의 아름다움을 한 목소리로 찬탄했다.

"선생님, 저희들 여기 오고 싶어서 열나게 일하고 왔어요. 그러니까 한 턱 내셔야 해요!"

역시 진경숙이었다.

모두들 주변 경치 이야기를 다 하고 분위기가 식어갈 즈음 재빨리 여기 온 목적을 우스갯소리로 자랑스럽게 말했다. 말귀를 알아들은 그는 시골이기는 해도 조금만 나가면 바다가 있고 도시가 있으니 무어든 원하는 대로 사주마 하고 맞장구를 쳤다. 그러자 진경숙이 기다렸다는 듯이 회를 사달라며 응석을 부렸다.

"야, 너만 입이니? 선생님, 저는요. 회보다 여기서 삼겹살 지글지글 구워먹는 게 최고라 생각하는데요? 모두들 어때? 응? 삼겹살 좋지?"

진경숙을 핀잔한 박희경이 아무래도 술 생각이 나는 모양이어서 눈을 똑 바로 뜨고 다잡아 물었다. 모두들 그 눈길을 거절 못해 엉겁결에 삼겹살이 좋다 하였다. 그리고 네가 참아라 하는 눈짓을 진경숙에게 보냈다.

그 모양을 재미있게 바라보던 강서영이 회도 사고 삼겹살도 사고 다 사 줄 테니 마음껏 먹어보자 하고 말해 머쓱해진 진경숙의 마음을 다독여 주었다.

그 말에 그냥 있을 리 없는 진경숙이 그녀의 팔짱을 슬쩍 끼더니 역시 사모님이 최고라며 보란 듯 혀를 날름해 모두를 한바탕 배를 잡고 웃었다.

"저어기 선생님, 강철호 원장님이 나오셨던데요?"

웃음이 잦아질 즈음 문득 주성수가 표정을 굳혀 말했다.

"벌써? 아직 개천절이 멀었는데?"

강서영이 의아했다.

"남보다 일찍 나가라 해서 나왔다더군요. 상식적으로 납득이 가지 않습니다."

배영기가 이상한 낯빛으로 주성수를 대신해 대답했다. 덩달아 김민수는 법치국가에서 이해할 수 없는 조치라며 흥분했다. 그리고 아무리 특사라 하지만 형기를 4년이나 앞당겨진 것도 그렇고, 출감도 예정일보다 빨리 나온 것으로 보아 어마어마한 돈을 썼거나 대단한 권력의 힘이 있는 것 같다며 뒤를 캐보고 싶다고도 하였다.

납득이 가지 않는 것은 한성민도 마찬가지였다. 직감으로 뭔가 거대한 음모가 있을 것 같았다. 처삼촌 댁이 그만한 뇌물을 준비할 만한 큰 부자도 아니고 그렇다고 집이나 수련원 건물을 팔지도 않았다.

그런데 병보석도 형집행정지도, 그리고 어느 거물 정치인의 정치적 특혜가 아닌데도 특사로 4년을 앞당겨서 그것도 예정일보다 빠르게 출옥했다는 사실이 굉장히 미심쩍었다. 그러나 내색하지 않았다. 어차피 수련원과는 인연을 끊었고 앞으로는 오래도록 구상했던 법인 일에 몰두해야 하므로 마음을 쓰지 않기로 했다.

"그런데 선생님, 강철호란 분 처음 봤는데요. 듣던 대로 정말 잘생겼더군요. 그런 사람이 왜 깡패 같은 사람들을 데리고 왔는지 모르겠어요. 보기만 해도 무시무시한 젊은 남자들이 형님, 형님 하면서 굽실대던 데요? 그리고 사범들 숙소에서 먹고 자고 그럴 모양이에요."

진경숙이 무슨 대단한 구경거리를 보고 질리기라도 한 것 같았다. 덩달아서 박희경이 어깨가 떡 벌어지고 하는 행동도 그렇지만 팔에 문신이 새겨져있는 것으로 보아 깡패가 틀림이 없다 하였다.

"그만들 하게. 함께 일할 사람들도 아니고. 우리는 우리가 할 일이 있으니."

"맞습니다. 이제 그 사람들하고는 상관이 없으니까 우리 일만 열심히 하면 됩니다. 그리고 선생님, 법인등기가 나왔습니다. 그리고 사무실 정리도 다 되었고요. 그래서 오늘 그것도 말씀드리려고 겸사겸사 왔습니다."

배영기가 말하고 두툼한 봉투를 내놓았다.

등기를 대충 들추어 본 그는 한 사람 한 사람 이름을 불러 그동안 생각해두었던 인사안을 말해주었다.

주성수는 사무총장직을 맡고, 박희경과 진경숙은 대외적인 일을 하면서 사무일을 보게 했다. 김민수는 잡지발행을 책임지되 등기에 기재된 대로 배영기와 감사직을 맡으라 하였다. 그리고 그들의 뜻에 따라 건물에 강의실을 별도로 두고 수련장도 내기로 의견을 모았다.

그리고 정원을 구경하고 이야기도 나누는 동안 그녀가 저녁식사가 준비되었다고 알려주었다. 좀 전에 승합차가 다녀간 것으로 보아 음식을 멀리 도시에서 배달한 것 같았다. 아닌 게 아니라 특별히 주문한 음식이 상다리가 휘어지게 융숭해서 모두들 놀랐다. 그리고 그녀의 친정아버지가 이사장 자격으로 한 턱 낸 것이라는 말을 듣고는 황송해 하였다.

M시의 한 한정식 집으로부터 특별히 주문한 음식이라 그런지 맛도 일품이었다. 그들은 한적한 별장이라 배를 두들겨 가며 먹고 마실 만해서 밤이 늦도록 취하고 노래도 불렀다. 그러다 보니 새벽에야 잠이 들었는데 점심때가 가까울 때까지 모두들 일어나지 못했다.

그러나 한 사람 주성수만은 작정한 것이 있어서 일찍 일어나 그의 집으로 찾아갔다. 그런데 스승은 보이지 않고 강서영과 선희가 아침식사 준비에 여념이 없었다.

"선생님, 안 계세요?"

"오빠는 뒷산에 가셨어요."

선희가 행주치마에 젖은 손을 닦으며 반갑게 대답했다.

"네, 선생님 수련하신다는 그 석굴 말씀하시는군요."

"내려오실 때가 됐어요. 어서 올라 오세요. 다른 분들은요?"

강서영이 밥상을 차리다 말고 물었다.

"아직 곯아 떨어져 있는걸요. 술을 어지간히 마셨어야지요. 그런데 선희 씨, 아침식사하고 선생님 수련하시는 석굴 구경 좀 시켜주시죠."

"그렇게 하세요. 아가씨, 주 사범님 하고 바람도 쐴 겸 다녀오세요."

일찍 온 주성수의 마음을 눈치 챈 그녀가 재빨리 시누이를 부추겼다. 선희도 싫지 않아서 웃음으로 대답을 대신했다.

이윽고 새벽 기원을 마치고 돌아온 그도 주성수의 마음을 알고 있는 터여서 아침식사가 끝나자마자 눈치를 살피는 둘한테 얼른 동굴에 다녀오라 하였다. 선희는 좀 주춤거리다가 신이 난 주성수를 못 이긴 체하고 따라나섰다.

주성수는 일 년 가깝게 선희를 연모해 왔다.

서울에서 자주 차도 마시고 식사도 함께 했으나 결혼하고 싶은 마음만 간절했지 내성적인 성격 때문에 한 마디도 제 의사 표시를 하지 못했었다. 혹 거절이라도 당하면 창피해서 다시는 선희를 못볼 것 같은 두려움 때문이었다.

그러나 생각해 보니 웬만큼 친해진 터라 그럴 염려는 하지 않아도 될 것 같아서 이번 기회에 속마음을 털어놓고 청혼할 결심이었다. 그래서 외진 산길을 걸어 동굴 앞에 이를 때까지 무슨 말로 청혼해야 할지 그 생각만 하느라 침묵만 지켰다.

그러다가 석굴 안에 들어가서야 대화가 시작됐다.

"선생님께 다시 한번 고개가 숙여집니다."

석굴 안을 둘러본 주성수는 새삼 스승이 존경스러웠다.

말이 수행하는 곳이지 축축하고 눅눅한데다가 흙바닥에 가마니 한 장만 초라하게 깔린 것을 보니 어떻게 이런 곳에서 수년을 견뎌왔는지 믿어지지가 않았다.

"저도 그래요. 그래서 오빠의 일생을 소설로 엮고 있는 걸요. 오빠의 회고록이라고도 할 수 있을 거예요."

"누구도 흉내내기 어려운 삶을 사시는 선생님의 일대기니까 나중에 독자들이 읽어보고 크게 감동하겠군요."

"글쎄요? 저의 글이 세상에 빛을 보게 될지 장담하기는 어려워요. 그저 오빠의 일생을 일기처럼 쓰고 있으니까 언제 탈고할 지도 모를 일이고."

"안 됩니다. 꼭 출판해야 합니다. 세속과 타협하지 않으시고 진정한 삶의 가치를 가감 없이 보여 주시는 선생님이야말로 현대인들의 정신적 지표가 될 겁니다. 문명에 명멸해가는 참 인간상을 일깨워 주는 일이기도 하고요. 저의 인생의 목표를 바꾼 것도 선생님의 영향 때문입니다."

주성수는 말하는 동안 점점 눈빛이 강렬해지고 있었다. 석굴에서 받은 감동이 비장한 각오를 다시 한번 다지게 했다. 그리고 그런 각오에 편승해 상대방이 거절할까 두려워 말 못하던 속내를 털어놓을 용기가 솟았다.

"고마워요 성수 씨, 성수 씨 같은 분이 오빠 곁에 계시니까 저도 마음이 든든해요."

하고 선희가 믿음을 나타내자 자신감도 있었다. 하여 빛나는 눈으로 그리고 힘차게 그녀를 부르고는 오래 가두어 두어서 부글부글 끓어오르던 마음을 분출시켰다.

"선희 씨! 저와 결혼해 주십시오. 연모해 왔습니다!"

"네?"

깜짝 놀란 선희의 얼굴이 붉혀졌다.

언젠가 들을 것 같은 느낌을 줄곧 받아왔으나 막상 듣고 보니 당황스러웠다. 그리고 무어라 대답할 수 없는 혼란에 멍 했다.

주성수는 선희가 입을 열지 않자 잠깐 실망했다. 그러나 한 번 내뱉은 마음을 이제는 거센 물살을 가르듯 그녀의 가슴으로 파고들어가 기어이 사랑을 이끌어 내리라 다짐하고 손을 덥석 잡았다.

"결혼해 주십시오. 사랑합니다!"

그런데 선희 입에서 뜻밖의 말이 되돌아왔다.

좀 전과는 달리 차분해진 그녀는 주성수의 손을 가만히 밀쳐내며 마치 시를 읊듯 조용히 자신의 마음을 토로했다.

"성수 씨의 그 마음 고맙게 받겠습니다. 저를 사랑한다는 말 진실인 줄 압니다. 하지만 지금은 아무 대답도 할 수 없군요. 미안합니다."

"기다리겠습니다. 지금 대답 안 하셔도 실망하지 않고 기다리겠습니다."

주성수는 자신의 마음을 고맙게 받겠다는, 그리고 사랑의 진실을 믿어주는 그녀의 말에서 자신감을 얻었다. 결혼을 허락한다는 뜻과 다르지 않다고 확신했다.

그러나 선희의 마음은 여전히 혼란에 빠져 있었다. 아직도 첫사랑을 그리워하는 것은 아니지만 한번 잃어버린 순결을 감추고 주성수의 마음을 받아들일 자신이 없었다.

"지금은 마무 말 하지 말고 그만 내려가요. 다들 기다리실 텐데."

선희는 곤란한 대답을 그리 말해 피했다. 그리고 먼저 산 아래로 발길을 옮겼다.

주성수도 더 할 말이 없어서 선희 뒤를 따랐다.

구불구불 긴 띠처럼 수풀 사이 외진 길을 그들은 산을 오를 때처럼 말없이 내려갔다.

집에 가서는 어느 새 그의 집으로 몰려온 진경숙이 주성수더러 노골적으로 국수 언제 주느냐며 놀리고 박희경은 엄지손가락을 치켜세워 희죽희죽 웃어댔다.

한성민이 아내와 별장 정원을 산책하고 정자 가까이에 와보니 주성수를 비롯한 참모들이 둘러앉아 시국을 토론하느라 떠들썩했다.

그들 중에 진경숙의 목소리가 제일 커서 남자들이 압도당하는 분위기였다. 그것도 시국을 강도 높게 비판하는 것이어서 다들 같은 마음이라 할 말을 잃은 듯 했다.

"선생님. 경숙이는 한국을 떠나야 할 것 같습니다."

한성민이 정자에 오르자 모두들 일어나 꾸벅꾸벅 인사하고 그가 좌정하자마자 박희경이 키득키득 웃으며 말했다.

"하도 목소리가 커서 이리로 오면서 다 들었네. 비판이 심하더군!"

"그렇지 않습니까 선생님? 진짜 나라를 위해서 일하는 정치인이 몇 명이나 있겠어요? 순 사기꾼, 병역미필자, 무식쟁이 이런 사람들이 설쳐대니까 나라꼴이 말이 아니에요! 이해관계에 따라서 좋은 정책도 무조건 나쁘다 하고, 나쁜 것도 좋다 하고, 그리고 하늘이 아는 데도 육이오를 북침이라 우겨대는 사람이 없나! 그뿐이에요? 애국가도 자신들 사상에 맞지 않다고 부르기를 거부하는 인간들이 없나! 나 차암 외계인들도 아니고!"

진경숙이 마치 일제시대 때 어느 의사처럼 얼굴을 붉혀 열변을 토했다. 그 말을 맞받아 무어라 했다가는 가차 없이 되받아 칠 것 같아서 모두들 입을 꾹 다물고 다음 말에 귀를 기울였다.

"뭐랄까? 사대모미事大慕美라 해야 되나? 하여간 미국한테 엎어져서 아부나 하는 꼴이라든지, 진보다 보수다 난리를 치는 인간들. 그리고 무슨 개발이니 무슨 개발이니 하면서 자연이나 파괴시키고 땅값을 올리고, 툭 하면 좀 인기가 있다 싶은 인간이 있으면 별의별 말을 다 지어내 모함하고! 그러다가 사실이 아니면 변명이나 해대고. 열불이 나서 말도 다 못하겠어요!"

"…!"

"또 있어요! 다른 나라도 부러워하는 호적을 앞장서서 없앤 인간이 없나. 낳은 자식 성을 어미와 아비 성을 다 섞어서 김 박 누구누구 하는 식으로 새 성을 만들어 내는 웃기는 인간들이 없나. 그리고 세상에 역사 교과서를 정규과목에서 없애는 몰상식한 정치꾼이 없나! 좌우지간 나라가 아니라 쓰레기장 같아요. 쓰레기장!"

진경숙은 응어리가 많았던지 두서없이, 그것도 과격하게 마구 쏟아냈다. 마치 여자 투사 같았다. 그래서 반박했다가는 큰 싸움이라도 날 듯해서 모두들 입을 꾹 다물고 끝까지 듣기만 했다. 하지만 틀린 말은 아니라고 나름으로 헤아리고들 계집애 참 똑똑하다, 국회에나 보냈으면 좋겠다 하고 혀를 내둘렀다.

"현 시국을 선생님은 어떻게 생각하십니까? 한 말씀해 주시죠."

잠시 어색한 침묵이 흐를 때 그가 목소리를 가다듬어 신중하게 말했다.

"내가 뭘 알겠나? 자네들이 더 잘 알겠지."

"그래도 선생님의 고견을 듣고 싶습니다."

"자네는 기자라서 질문하기 좋아하고 꼭 대답을 들으려 하는군!"

"선생님, 절대로 그렇지 않습니다. 경숙 씨의 말을 듣고 보니 괜히 걱정이 됩니다. 이러다가 나라 망하는 게 아닌지…"

"기우일세. 나는 그저 이런 말을 자네들에게 들려주고 싶다. 바른 사람은 바르지 않은 사람의 스승이 되고, 바르지 않은 사람은 바른 사람을 재산으로 삼아 귀하게 생각해야 한다. 즉 그릇된 것은 도에 어긋나는 것이므로 그 그릇됨을 마음에 새겨두어야 한다는 뜻이지. 숲에 하이에나, 벌레, 똥 같은 온갖 흉악하고 더러운 것이 있다고 해서 숲은 없어지지 않으며 또 그것들 때문에 임의로 숲을 불태울 수는 없지 않은가? 자네들은 그저 본분만 잘 지키게. 때가 곧 올 터이니."

한성민은 즉답을 피해 현 시국을 가타부타 하기보다는 진경숙이 열거한 추악한 인간상을 오히려 교훈삼아 바른 사람이 되라는 뜻으로 충고했다. 그런데 맺은 말은 의미가 심장해서 모두들 생각에 잠겼다.

"선생님께서는 새 시대가 올 것을 말씀하신 것인지요? 그러면 그때가 언제쯤이라 생각하시는지 궁금합니다."

배영기가 그의 말끝을 되새기다가 문득 그 뜻을 알아채고 물었다.

"가득 하면 기우러지는 것이 천하의 이치가 아니던가. 썩은 물은 퍼내지고 새 물은 채워지기 마련이지. 무엇이 그리 하는가? 천지의 도가 사람을 통해 그리 한다네. 그때는 언제인가? 딱히 이날이다 하고 말할 수는 없으나 우리가 그때를 맞을 세대라 생각하고 있다."

"선생님, 마지막으로 한 말씀만 더 묻겠습니다. 그때에 오실 분은 어떤 인물인지요?"

배영기가 조심스럽게 또 물었다.

"이런 말이 있지. 강과 바다가 능히 수많은 골짜기의 왕이 될 수 있는 것은 아래에 머물기를 좋아하기 때문이다. 그러므로 수많은 골짜기의 왕이 되거니와 성인이 타인의 위에 있고자 하면, 말을 낮추어야 하고, 먼저 몸을 타인의 뒤에 두어야 한다. 그리 하면 성인이 타인의 윗자리에 있어도, 사람들은 성인 앞에서 중압감을 갖지 않고 마음을 상하지도 않는다. 이런 까닭에 천하는 성인을 기쁘게 추대하여 불복하지 않는다. 이에 천하의 그 누구도 성인과 경쟁할 수 없으며 천하의 일을 막지 못한다 하였다. 장차 우리에게 오실 그분은 바로 그런 분이시다. 다시 말해서 그 마음이 광대한 바다와 같아서 항상 아래에 거하면서 천하의 모든 것을 다 받아들이는 분이시지."

"…!"

"그러므로 그 마음의 그릇이 이와 같은 분이시지!"

"…?"

"그 마음은 원대하여 모나지 않으며, 그릇_{우주, 성인의 마음}은 한없이 크고 텅 비었으나 천하 만물을 다 끌어안고 있다 하였네. 그리고 사사로움이 없으니 크고 작음을 분별하지 않고 귀하게 여기며, 베풀어서 오히려 원한을 갚는다네."

"……!"

"뿐만 아니라 자신의 몸으로 타인의 몸을 살피고, 자신의 가정에서 타인의 가정을 살피고, 자신의 마을에서 타인의 마을을 살피고, 자신의 나라에서 다른 나라를 살피고, 천하에 거하면서 천하의 현재와 후일을 살핀다 하는 말을 실행하시는 분이시지. 또 작고 적은 것을 크고 많게 여기고, 원한을 덕으로 보답하고, 어려운 일은 쉬운 일에서 쉽게 원만하게 해결하고, 큰일은 작은 일에서 작게 해결한다 하는 말을 실행하시는 분이시네. 그러므로 만 가지 크고 어려움을 손쉽게 해결하므로 천하 백성이 고통을 겪지 않도록 해준다네."

"…!"

"자네들도 내가 한 말을 잘 기억하게, 앞으로 일하면서 작은 일은 크게 생각하고 적은 것을 많게 여겨야 하고, 큰일은 오히려 쉬운데서 쉽게 해결하고, 어려운 일은 쉬운 것에서 쉽게 해결하는 지혜가 필요하다. 그리 하면 우리 법인은 물론이고 그대들의 가정 역시 편안해질 것이다."

"…!"

"그리고 그분은 보기 좋은 포장처럼 자신을 내세우지 않고 깎지 않은 통나무처럼 질박하므로 위대함이 돋보이는 분이시다. 그러므로 국운이 크게 떨쳐질 터인데, 그 품을 벗어나는 자, 이 연못의 잉어를 마른 땅으로 퍼내듯 할 테니 어떻게 생명을 유지할까?"

한성민은 노니는 잉어 무리들을 보면서 말을 맺었다.

그리고 침묵하여 생각했다.

폭풍 뒤에 고요가 오듯 천하가 편안해지기 전에는 마군魔群이 무더기로 출현해 발악을 하는 법, 지금이 그때인 듯싶었다.

전쟁의 빌미를 노골적으로 제공하는 검은 그림자들, 그리고 도처에 득실대는 하이에나 같은 인간 군상들이 음식 찌꺼기에 달라붙은 버러지들처럼 눈앞을 스쳐지 나갔다.

그러나 오염에 허연 배를 뒤집어 물 위에 둥둥 뜨는 헤아릴 수 없는 물고기 떼처럼 죽어 자빠져 썩어가는 그들의 주검이 떠올라 슬펐다.

도리천 가는 길 〈2〉 정글의 지배자들

저자 정경대
발행인 윤선경
편집위원 권응두, 박영옥

인쇄 2018년 3월 05일
발행 2018년 3월 12일

펴낸곳 도서출판 아름원
주소 서울특별시 종로구 삼일대로 461 운현궁SK허브 102-210
대표번호 02-2264-3334

후원 (주)이플랜텍, 韓國馨命學會

©도서출판 아름원, 2018

※ 잘못된 책은 교환해 드립니다.

ISBN 979-11-89104-00-9
ISBN 979-11-950201-8-8 (세트)
값 15,000원